高质量发展研究报告 2021

21世纪马克思主义研究院经济社会文化发展战略研究中心／编

當代中國出版社
Contemporary China Publishing House

图书在版编目(CIP)数据

高质量发展研究报告 . 2021 / 21 世纪马克思主义研究院经济社会文化发展战略研究中心编 . -- 北京 : 当代中国出版社 , 2021.12
ISBN 978-7-5154-1157-6

Ⅰ . ①高… Ⅱ . ① 2… Ⅲ . ①区域经济发展—研究报告—中国— 2021 Ⅳ . ① F127

中国版本图书馆 CIP 数据核字(2021)第 262238 号

出 版 人　冀祥德
责任编辑　宋卫云
责任校对　贾云华
印刷监制　刘艳平
封面设计　李海霞
出版发行　当代中国出版社
地　　址　北京市地安门西大街旌勇里 8 号
网　　址　http://www.ddzg.net　邮箱：ddzgcbs@sina.com
邮政编码　100009
编 辑 部　(010)66572264　66572154　66572132　66572180
市 场 部　(010)66572281　66572161　66572157　83221785
印　　刷　北京润田金辉印刷有限公司
开　　本　720 毫米 × 1060 毫米　1/16
印　　张　20.75 印张　1 插页　306 千字
版　　次　2021 年 12 月第 1 版
印　　次　2021 年 12 月第 1 次印刷
定　　价　76.00 元

本书编委会

序　言

21世纪马克思主义研究院院长　王伟光

习近平总书记在党的十九大报告中指出，中国特色社会主义进入新时代，是决胜全面建成小康社会、进而全面建设社会主义现代化国家的时代，“我国经济已由高速增长阶段转向高质量发展阶段”。在《中共中央关于制定国民经济和社会发展第十四个五年规划和二〇三五年远景目标的建议》的说明中，习近平总书记强调指出，“十四五”时期经济社会发展要以推动高质量发展为主题，这是根据我国发展阶段、发展环境、发展条件变化作出的科学判断。新时代新阶段的发展必须贯彻新发展理念，必须是高质量发展。

为了深入学习贯彻高质量发展主题，21世纪马克思主义研究院经济社会文化发展战略研究中心牵头组织部分理论工作者和实际工作者，就当前经济社会发展各领域的若干重要理论问题与实践问题进行分析研究，形成了关于高质量发展的十三个专题研究报告。现结集成书出版。

本书有以下几个特点：

一是坚持以马克思主义为指导。习近平总书记在哲学社会科学工作座谈会上的讲话中指出：“坚持以马克思主义为指导，最终要落实到怎么用上来。”本书作者坚持马克思主义基本原理和贯穿其中的立场、观点、方法，把马克思主义指导，落到研究我国经济社会发展和我们党执政面临的重大理论和实践问题上来，落到各地如何坚定不移贯彻创新、协调、绿色、开放、共享的新发展理念上来，落到提出解决问题的正确思路和有效办法上来。坚持用联系的发展的眼光看问题，进行战略性、系统性思维，既看存在问题又看发展趋势，提出的观点、作出的结论应该符合客观实际。

二是坚持问题导向。习近平总书记指出："坚持问题导向是马克思主义的鲜明特点。问题是创新的起点，也是创新的动力源。只有聆听时代的声音，回应时代的呼唤，认真研究解决重大而紧迫的问题，才能真正把握住历史脉络、找到发展规律，推动理论创新。"本书围绕高质量发展主题，研究范围涉及科技自立自强、数字经济、双循环与新经济格局、市场主体、追溯体系、生态文明、乡村振兴、应急管理、超大城市治理、文旅产业、财政效能、经济建设与国防建设融合发展、党建高质量发展等专题，突出问题导向，对当前各领域高质量发展现状及趋势进行了分析，提出了建设性意见。

三是坚持理论创新与实践创新相结合。习近平总书记对理论创新和实践创新做过多次重要论述，指出"我们党之所以能够历经考验磨难无往而不胜，关键就在于不断进行实践创新和理论创新"，党的十九大报告要求"不断推进理论创新、实践创新、制度创新、文化创新以及其他各方面创新"。本书及时分析研究了高质量发展中的若干现实问题，在新理念、新观点、新方法等方面有一定的创新，实践了习近平总书记关于"阐明一个道理是创新，创造一种解决问题的办法也是创新"的要求。

马克思主义具有与时俱进的理论品质。实践没有止境，理论创新也没有止境。希望本书作者继续围绕高质量发展问题进行系统深入研究，咨政建言，提出更多符合客观实际的建议。

2021 年 11 月 1 日

目　录

第一章　坚持科技自立自强，推动高质量发展

习近平总书记指出，构建新发展格局最本质的特征是实现高水平的自立自强，必须更强调自主创新。“十四五”时期要不断强化国家战略科技力量布局、突出企业创新主体地位、加大对基础科学研究的支持力度、高度重视人才培养、积极推动国际合作与交流，以科技自立自强推进产业自立自强、经济自立自强，提高经济发展质量。

第一节　科技自立自强是国家发展的战略支撑

党的十九届五中全会提出：“坚持创新在我国现代化建设全局中的核心地位，把科技自立自强作为国家发展的战略支撑”。

一、充分认识实现科技自立自强的重要意义

（一）实现科技自立自强是不断满足人民日益增长的美好生活需要的重要法宝

独立自主是我们党和国家的重要原则，自力更生是中华民族走向世界的起点，而“科学技术是第一生产力”是马克思主义中国化的重要理论创新。新中国成立后，西方国家在武力上威胁我们、在技术上对我们实行封锁，20 世纪 50 年代末 60 年代初苏联撕毁与我们签订的一系列合同、撤走援助我们建设的技术专家，面对双重困难，党中央领导全国人

民，充分发挥集中力量办大事的社会主义制度优势，广大科研人员发扬“自力更生、无私奉献”的精神，勇攀科技高峰，取得了原子弹、氢弹爆炸成功，导弹、人造地球卫星发射成功等一系列令世界瞩目的科技成就。改革开放以来，我国始终坚持科技自立自强，更加强调科技创新方面的投入和突破，经济发展、基础设施改善，在国防、航天、计算机等领域取得了一系列具有国际先进水平的科技成果，人民生活水平不断提高。但是，我们在一些关键核心技术上至今仍受制于人。历史经验和教训告诫我们，关键核心技术是要不来、买不来、讨不来的。在我们这个拥有14亿多人口的社会主义大国，要不断满足人民日益增长的美好生活需要，就必须坚持科技自立自强。

（二）实现科技自立自强是推动高质量发展的时代要求

构建新发展格局最本质的特征是实现高水平的自立自强，实现高质量发展，必须实现依靠创新驱动的内涵型增长。发展现代产业体系，推动经济体系优化升级，需要强大的科技支撑；加快构建新发展格局，提高供给体系质量和水平，更需要强大的科技支撑。关键核心技术是国之重器，进入新阶段，世界强国在关键技术领域的竞争将会越来越激烈。在实现高质量发展的过程中，在技术上还有很多“卡脖子”的难题。只有坚持科技自立自强，加快提高原始创新能力，推出原创性的新成果，实现更多“从0到1”的突破，掌握更多核心技术，才能在竞争和发展中赢得主动，推动经济社会高质量发展。

（三）实现科技自立自强是应对前进道路上机遇和挑战的必然选择

当今国际格局、世界秩序和全球产业布局正处于一个大变革、大调整、大冲突“三重叠加”的时代，全球科技领域竞争格局发生重大变化，国际力量对比呈现趋势性变迁。在突如其来的新冠肺炎疫情影响下，逆全球化趋势更加明显，保护主义、单边主义等科技封锁日益加重，各国纷纷加大对基础研究领域及创新的投入，力图抢占科技创新制高点。未来的竞争是科技的竞争，科技竞争的关键是核心技术的竞争。只有以关键共性技术、前沿引领技术、现代工程技术、颠覆性技术创新为突破口，努力实现关键核心技术自主可控，才能在新的竞争格局中抢占先机、赢得主动。[①]

（四）实现科技自立自强是畅通国际国内双循环发展格局的根本动力

科技自立自强，并不是拒绝开放合作，而是更强调自主创新的能动性，是要实施更加开放包容、互惠共享的国际科技合作战略。2020 年 5 月以来，习近平总书记多次强调加快形成以国内大循环为主体、国内国际双循环相互促进的新发展格局。培育新形势下我国参与国际合作和竞争新优势。加强关键核心技术攻关，增强关键环节、关键领域、关键产品的保障能力，推动我国产业链从下游逐渐向中上游转移，实现价值链从低端向中高端升级，畅通国民经济循环，打通从生产、分配到流通、消费等诸多环节的堵点，为我国扩大内需提供物质基础。[②]同时，在推进国际科技交流合作中坚持更加开放的思想和措施，主动融入全球创新网络，将国内外高端创新资源汇集起来，充分利用国内外市场，形成以我们为主的全球科技创新网络。如此一来，我国将成为全球科技开放合作的中心，我国科技创新将更好造福人类，为构建人类命运共同体作出更大贡献。

二、科技自立自强思想在党和国家发展战略中的实施

建党 100 年来，在革命、建设、改革各个历史时期发展形成的科技自立自强思想，在新中国成立后的国家发展中得到全面实施。从新中国成立后吹响“向科学进军”的号角，到改革开放提出“科学技术是第一生产力”的论断；从进入新世纪深入实施知识创新工程、科教兴国战略、人才强国战略，不断完善国家创新体系、建设创新型国家，到党的十八大后提出创新是第一动力、全面实施创新驱动发展战略、建设世界科技强国，科技自立自强思想在党和人民的科技事业中始终具有十分重要的战略地位、发挥了十分重要的战略作用，[③]推动国家发展不断实现着新的历史跨越。

---

① 贾永飞、宋艳敬：《创新，瞄准科技自立自强》，《科技日报》2021 年 2 月 1 日。

② 贾永飞、宋艳敬：《创新，瞄准科技自立自强》，《科技日报》2021 年 2 月 1 日。

③ 习近平：《在中国科学院第二十次院士大会、中国工程院第十五次院士大会、中国科协第十次全国代表大会上的讲话》，新华每日电讯，2021 年 5 月 29 日，http://www.xinhuanet.com/mrdx/2021-05/29/c_139976698.htm.

（一）科技战略高瞻远瞩

1. 重建科研机构。新中国的科技事业从重视科研机构和知识分子开始。新中国成立之初，党和国家就开始着手重建我国的科技事业。1949 年 11 月 1 日中国科学院即宣布成立。此后，以中科院为中心，逐步形成了由各高等学校、国家部属科研院所、国防科研院所和地方科研单位组成的科研体系，到 1955 年，科研机构和科研人员分别从 1949 年 10 月的 30 多个 4 万多人发展到 840 多个 40 多万人，吸引了华罗庚、邓稼先、钱学森等近 2000 名海外科学家回国投身国家科技事业。我国科学技术事业进入了自力更生阶段。

2. 制定科技规划。1956 年，在第二届全国政协会议上周恩来总理发出“向科学进军”的号召。在这一年，我国第一个中长期科技规划《1956—1967 年科学技术发展远景规划》颁布，规划指出，在 12 年内依靠自己的力量解决科学技术问题，在国际合作中按照力求自力更生的原则进行，虚心地学习外国长处，使国家在科学技术事业方面建立起自力更生的基础，在某些重要的和急需的部门接近或赶上世界先进水平。在科学规划的指导下，我国初步建立起了现代科学技术体系，特别是在国防尖端科技方面取得重大进展，尽管受“文化大革命”的影响，我国也于 1960 年造出导弹；第一颗原子弹、第一颗氢弹也分别在 1964 年、1967 年爆炸成功；第一颗人造地球卫星在 1970 年进入太空，军工、国防领域也取得了一些突出的成绩。

（二）改革创新勇探新路

1. 制定科学技术发展方针。1977 年 8 月，全国科教座谈会召开，科教领域拨乱反正拉开序幕。1978 年 3 月，在全国科学大会开幕式上，邓小平指出“科学技术是生产力”①，作出了“知识分子是工人阶级的一部分”② 的判断，10 月，《1978—1985 年全国科技发展规划纲要》由中共中央正式发布实施，《中华人民共和国发明奖励条例》《中华人民共和国自然科学奖励条例》《中华人民共和国技术改进奖励条例》《中华人民共和国科学技术进步奖励条例》《中华人民共和国专利法》等法律法规相继颁布实施，科技事业发展迎来春天。党的十一届三中全会后，随着党和国家工作中心转移到经济建设上

---

① 邓小平：《在全国科学大会上的讲话》，《人民日报》1978 年 3 月 22 日。

② 邓小平：《在全国科学大会上的讲话》，《人民日报》1978 年 3 月 22 日。

来，我国科技指导方针也作出相应调整。1981 年 4 月，中共中央、国务院转发由国家科委党组研究并拟定的《关于我国科学技术发展方针的汇报提纲》，要求要“坚定不移地贯彻执行科技工作为经济服务的方针”[①]。这是新时期我国发展科学技术的基本方针。1982 年全国科技奖励大会明确了“经济建设要依靠科学技术，科技工作要面向经济建设”的指导方针。

2. 改革科技体制。1985 年，党中央发布《关于科学技术体制改革的决定》，科技体制改革正式拉开序幕。在初期探索阶段，主要是改革科技拨款制度和扩大科研机构自主权。[②] 为落实科技体制的改革，在《决定》的基础上，国务院于 1987 年颁布了《关于进一步推进科技体制改革的若干规定》，1988 年颁布了《关于深化科技体制改革若干问题的决定》。在这三项政策规定的大框架下，自 1985 年到 1993 年，国家先后出台一系列科技政策：1985 年，国家科委、教育部、中科院开始试办博士后流动站；实施星火计划。1986 年，国务院发布改革科学技术拨款管理制度，对于开发型科研机构开始逐步减拨事业经费；实施“863”计划，实行首席科学家制，科研项目通过竞争获得；国家自然科学基金委成立。1987 年，全国人大审议通过技术合同法；第一家科技企业孵化器在武汉东湖挂牌。1988 年，北京市在海淀区设立新技术开发区；中国科学院实施“一院两制”发展模式；火炬计划诞生。1989 年，中科院、国家教委建立开放实验室制度；第一个大学科技园在东北大学成立。1990 年，著作权法颁布。1991 年，国家科委颁布《国家高新技术产业开发区若干政策》《国家高新技术产业开发区税收政策》。1992 年，实施攀登计划；国家科委、体改委颁布《关于分流人才、调整机构、进一步深化科技体制改革的若干意见》。由此，计划经济时期长期存在的造成科技与产业脱节的科技体制逐渐松动，科技创新能力不断增强。

3. 实施科教兴国战略。1995 年，党和国家充分认识到必须依靠科技进步和劳动者素质提高来实现经济集约式增长，必须加强技术创新和高

---

① 《三中全会以来重要文献选编》（下），中央文献出版社 2011 年版，第 99 页。

② 王子晨、郭江江：《我国科技自立自强的历史沿革、现实路径与制度保障》，《甘肃理论学刊》2021 年第 2 期，第 15 页。

科技发展，继而印发《关于加速科学技术进步的决定》，提出科教兴国战略。为此，国家相关部门推出了一系列科技政策，如针对企业的“技术创新计划”、中国科学院知识创新工程、教育部 21 世纪教育振兴行动计划以及世界一流大学计划（“985 工程”）、科技部国家重点基础研究发展计划（“973 计划”）、国家自然科学基金杰出青年基金项目等。[①] 自此，我国科技政策逐步转向实施科教兴国战略、加强国家创新体系的建设方面。1999 年，颁布《中共中央、国务院关于加强技术创新，发展高科技，实现产业化的决定》，提出对科技产业化项目实行财政、金融扶持政策，对科研机构转制为企业给予专项政策支持，为实施自主创新战略奠定基础。

4. 探索自主创新。党的十六大后，我国科学技术事业进入自主创新阶段。2006 年，党中央、国务院先后颁布了《国家中长期科学和技术发展规划纲要（2006—2020 年）》《中共中央国务院关于实施科技规划纲要增强自主创新能力的决定》，明确我国科学和技术发展要以提升国家竞争力为核心，提出今后 15 年科技工作以“自主创新，重点跨越，支撑发展，引领未来”为指导方针。[②]2008 年，又颁布了《国家知识产权战略纲要》，为自主创新提供政策支撑。

（三）创新型国家砥砺奋进

1. 大众创业，万众创新。党的十八大以来，以习近平同志为核心的党中央着力实施创新驱动发展的国家战略，先后出台了《深化科技体制改革实施方案》《国家创新驱动发展战略纲要》等系列重要文件，对科技创新进行战略性、全局性、长远性系统谋划。以这些重要文件为纲，中央和地方推出一系列相关的法律法规、科技体制机制改革政策、财政引导政策、企业技术创新政策、科技人才政策等等，努力开创科技创新和体制机制创新双轮驱动的发展新局面。[③]

2012 年 9 月，为全面落实《国家中长期科学和技术发展规划纲要（2006—2020 年）》，加快推进创新型国家建设，中共中央、国务院印发

① 洪蔚：《改革开放以来科技政策大事记》，《中国科学报》2012 年 3 月 5 日。

② 洪蔚：《改革开放以来科技政策大事记》，《中国科学报》2012 年 3 月 5 日。

③ 邱海平：《中国特色自主创新道路的辉煌成就和经验》，光明网，2017 年 9 月 22 日，https://theory.gmw.cn/2017-09/22/content_26284648.htm.

《关于深化科技体制改革加快国家创新体系建设的意见》，提出以提高自主创新能力为核心，以促进科技与经济社会发展紧密结合为重点，进一步深化科技体制改革，着力解决制约科技创新的突出问题，充分发挥科技在转变经济发展方式和调整经济结构中的支撑引领作用，加快建设中国特色国家创新体系，为2020年进入创新型国家行列、全面建成小康社会和新中国成立100周年时成为世界科技强国奠定坚实基础。[①]2013年3月，《国务院关于印发国家重大科技基础设施建设中长期规划（2012—2030年）的通知》，对未来20年我国重大科技基础设施发展方向和“十二五”时期建设重点作了明确。2014年国务院及有关部门先后印发了《国务院关于改进加强中央财政科研项目和资金管理的若干意见》《国务院办公厅转发科技部关于加快建立国家科技报告制度指导意见的通知》《财政部、科技部、国家知识产权局关于开展深化中央级事业单位科技成果使用、处置和收益管理改革试点的通知》《国务院关于加快科技服务业发展的若干意见》《关于国家重大科研基础设施和大型科研仪器向社会开放的意见》《关于加强中国特色新型智库建设的意见》《国务院印发关于深化中央财政科技计划（专项、基金等）管理改革的方案的通知》等一系列推动“大众创业，万众创新”的意见、通知，大大激发了国人创业创新的热情，为科技创新和经济发展注入了强大活力。2015年又印发《国务院办公厅关于转发知识产权局等单位深入实施国家知识产权战略行动计划（2014—2020年）的通知》《设立国家新兴产业创业投资引导基金的决定》《中华人民共和国促进科技成果转化法修正案》《中共中央国务院关于深化体制机制改革加快实施创新驱动发展战略的若干意见》，9月，中共中央办公厅、国务院办公厅印发的《深化科技体制改革实施方案》，明确了到2020年进入创新型国家行列的目标，部署了到2020年要完成的143条改革任务这些改革任务到2018年已完成110多条，在科技领域存在多年一直想解决但没能解决的难题，都取得了实质性突破，科

① 《关于深化科技体制改革加快国家创新体系建设的意见》，中国政府网，2012年9月23日，http://www.gov.cn/jrzg/2012-09/23/content_2231413.htm.

技人员的积极性被充分调动起来，自主创新能力不断增强。[①]党的十八届三中全会之后，我国科技事业进入全面深化改革阶段。2016 年发布的《“十三五”国家科技创新规划》和《国家创新驱动发展战略纲要》，首次将创新驱动作为一项系统工程进行部署，明确提出实施创新驱动关键在于科技创新和体制机制创新两个轮子一起转。[②]

2. 打造“双创”升级版。党的十九大确立加快建设创新型国家目标后，党中央国务院和国家有关部门先后出台了《关于进一步完善中央财政科研项目资金管理等政策的若干意见》《关于实行以增加知识价值为导向分配政策的若干意见》《关于深化项目评审、人才评价、机构评估改革的意见》《关于分类推进人才评价机制改革的指导意见》《国务院关于全面加强基础科学研究的若干意见》《关于深化科技奖励制度改革的方案》[③]《科技部国资委关于进一步推进中央企业创新发展的意见》，大力推进科技创新。2018 年，中共中央、国务院发布《关于新时代加快完善社会主义市场经济体制的意见》，指出要全面完善科技创新制度和组织体系；[④]《国务院关于全面加强基础科学研究的若干意见》提出了“进一步加强基础科学研究，大幅提升原始创新能力，夯实建设创新型国家和世界科技强国的基础”[⑤]的具体要求和措施；《国务院关于推动创新创业高质量发展打造“双创”升级版的意见》要求，要“按照高质量发展要求，深入实施创新驱动发展战略，通过打造‘双创’升级版，进一步优化创新创业环境”[⑥]。党的十九届四中全会提出要完善科技创新体制机制。

3. 科技自立自强。党的十九届五中全会明确科技自立自强是国家发展的战略支撑，这是中国特色社会主义自主创新道路的最新实践与战略

---

① 李东松：《新时代马克思主义科技观的创新发展》，《光明日报》2018 年 9 月 21 日。

② 王子晨，郭江江：《我国科技自立自强的历史沿革、现实路径与制度保障》，《甘肃理论学刊》2021 年第 2 期，第 16 页。

③ 李东松：《新时代马克思主义科技观的创新发展》，《光明日报》2018 年 9 月 21 日。

④ 《中共中央国务院关于新时代加快完善社会主义市场经济体制的意见》，中国政府网，2020 年 5 月 18 日，http://www.gov.cn/zhengce/2020-05/18/content_5512696.htm.

⑤ 《国务院关于全面加强基础科学研究的若干意见》，中国政府网，2018 年 1 月 31 日，http://www.gov.cn/zhengce/content/2018-01/31/content_5262539.htm.

⑥ 《国务院关于推动创新创业高质量发展打造“双创”升级版的意见》，中国政府网，2018 年 9 月 26 日，http://www.gov.cn/zhengce/content/2018-09/26/content_5325472.htm.

安排。[①]2020 年 1 月，科技部、发展改革委、教育部、中科院、自然科学基金委联合制定了《加强“从 0 到 1”基础研究工作方案》，要求要面向世界科技前沿、面向国家战略需求、面向国民经济主战场，围绕重大科学问题和关键核心技术突破，强化基础研究的原创导向，激发科研人员创新活力，努力取得更多重大原创性成果，为建设世界科技强国提供强有力的支撑。[②]2021 年 3 月，十三届全国人大四次会议通过了《中华人民共和国国民经济和社会发展第十四个五年规划和 2035 年远景目标纲要》，提出了到 2035 年实现“关键核心技术实现重大突破，进入创新型国家前列”的远景目标，并对科技创新作了专篇规划部署。

近年来，我国相继在上海张江、安徽合肥、北京怀柔和深圳等地布局建设综合性国家科学中心，探索打通科技创新“最先一公里”，打造原始创新策源地。在创业板之外设立科创板，进一步促进创新链、产业链、资金链三链融合，破解科技经济两张皮，促进科技成果转化，提速打通科技创新“最后一公里”，在建设社会主义现代化国家新征程中吹响建设世界科技强国的号角。[③]

第二节　发达国家科技创新的主要做法

回顾近现代史可以看出，世界强国都是在强大的科技创新能力支撑下逐步发展起来的。

一、美国的科技创新

美国建国仅有 240 多年，但源源不断的创新创造，大大提高了它的

① 王子晨，郭江江：《我国科技自立自强的历史沿革、现实路径与制度保障》，《甘肃理论学刊》2021 年第 2 期，第 16 页。

② 《加强“从 0 到 1”基础研究工作方案》，中国科学院网，2020 年 3 月 3 日，http://www.cas.cn/zcjd/202003/t20200303_4736354.shtml.

③ 王子晨，郭江江：《我国科技自立自强的历史沿革、现实路径与制度保障》，《甘肃理论学刊》2021 年第 2 期，第 16 页。

生产力和综合实力，使其在很短的时间内成为世界第一强国。一部美国发展史就是一部创新创业史。

（一）富于进取的冒险精神和创新文化

移民国家的特点造就了美国人的冒险和创新精神。从最早的移民开始，他们就认为，机会到处都是，关键在于怎样去发现和利用。凭借这种冒险精神，他们赢得了独立战争的胜利，建国之后又将这种精神运用到科学研制当中。普遍的全民创新意识，造就了美国强大的创新文化基因。

（二）政府支持科技创新

政府鼓励社会各界从事基础科学研究，多渠道增加科技投入。为鼓励研究和开发，对于基础研究、重点行业关键和尖端通用技术研究、军事科学技术研究等市场失灵的项目，政府不仅给予财政资金支持，而且在高技术产品投资税、企业税、财产税和高技术企业工商税等方面采取降低或免除措施，鼓励企业增加研究和开发投资，不仅公司，个人同样可以享受退税；为促进科技成果转化，对于开展产学研合作和军民科研合作项目的中小企业、创业投资发展，政府实行税收优惠政策给予扶持；为培育需求，政府以大量商业合同的方式，通过军事订单和高于市场价格的政府采购支持创新产品，而且优先考虑国内供应商。

（三）重视科技成果转化

在高新技术领域，建立由联邦政府、州政府、企业、科研机构和大学组成的联合研发生产机制。规定联邦实验室要将一定比例的经费用于工业合作，与企业签订协议或承担工业界委托的合同；一些美国大公司向大学和国家实验室提供研究经费，并专门派人到大学和国家实验室一起进行合作研究和开发；由政府出面组织企业之间、企业与大学和政府研究机构之间建立各种合作研究团体。在合作中，通过共同确定研究和开发重点，减少盲目性，避免重复和浪费，快速实现科技成果产业化。[①]

（四）重视创新人才的培养和引进

美国重视高素质的国民教育，建立了世界上最大和最先进的教育体

---

① 胡春华：《国外科技创新平台建设分析与启示》，《现代商贸工业》2017 年第 20 期，第 129 页。

系，特别是在高等教育方面，远远领先于其他国家。美国科学基金会设立了总统青年研究奖等奖励机制，鼓励人才流动，以促进高层次人才的成长；加强人才的继续教育，要求政府部门、企业和研究机构的科技人才每年必须参加继续教育。积极引进国际顶尖人才，放宽移民限制，增加签证配额，而不是强制外国移民放弃原国籍；为引进的科技人才提供丰厚的待遇，对失败者宽容，积极营造宽松的环境，让他们潜心科研创新工作。

（五）注重发展创新集群

美国拥有世界上最多的创新集群，首创“生态系统”式的创新集群模式，其著名的硅谷高新技术产业集群是创新集群的典型代表，完善的创新基础设施和开放包容的创新文化使得硅谷拥有更加肥沃的创新土壤，形成“创新基础设施 + 创新环境（自然环境、鼓励创新宽容失败的文化环境）”的创新体系，建成微电子产业、信息技术产业、新能源产业、生物医学产业等产业集群。①

二、德国的科技创新

德国统一后，抓住第二次工业革命的时机，实现了经济的巨大飞跃，在 30 多年里超过了英国，成为欧洲第一经济强国。德国能够在短时间内迅速崛起，在很大程度上归功于其技术创新的长期积累。

（一）发挥政府主导作用

德国政府一贯重视科技创新的政策连贯性和对创新保护与支持，科技政策的制定与科技发展战略高度融合，为不同时期、不同领域的科技发展指明方向。20 世纪 80 年代初到 90 年代初，德国颁布了促进创建新技术企业和改组科学研究的方案指导方针，为科学研究的改革指明了方向，诞生了一批高科技公司。进入 21 世纪，政府开始实施高科技战略计划。2004 年，出台保障科研经费的研究与创新协议；为应对全球挑战，从 2006 年提出高科技战略计划，到 2010 年政府发布《德国 2020 高技术战

---

① 袁传思、袁俪欣：《英美德日科技创新发展特点及启示》，《中国高校科技》2019 年第 A1 期，第 12—15 页。

略》报告，再到 2012 年推出《高科技战略行动计划》、2018 年出台“高科技战略 2025”，高科技战略涵盖领域从最初的健康、通信及交通、前沿科技逐步扩展到环境保护、气候与能源、健康与营养、移动交通、安全、通信等众多领域，其中就包括世人熟知的“工业 4.0”，研究方向也从单纯技术转向需求。在政府的主导下，德国逐步成为世界科技创新的领导者。

（二）完备的国家创新体系

德国具有较强的创新能力与其分工明确、整体协调互补、高效运作的多层次公共科研体系密切相关。在战略基础研究、应用研究和跨学科研究方面都有国家研究机构。德国公共科研体系由马克斯·普朗克学会（MPG，简称马普学会，主要从事基础研究）、亥姆霍兹国家研究中心联合会（HGF，主要从事前瞻性的高新技术研究）、弗劳恩霍夫应用研究促进协会（FhG，欧洲最大的应用科学研究机构）和莱布尼茨科学联合会（WGL，主要从事专业方向研究）四大非营利科研机构，公立科研院所和大学科研机构等构成，这些机构具有特色鲜明的分工，通过合理配置政府、企业、科技界和社会其他科研力量，形成创新网络，通过密切合作和信息共享，实现创新知识的全社会产品转化，为研究和创新活动提供了持续的动力。

（三）企业创新主体地位突出

拥有一批具有强大创新能力的企业是德国创新系统最大的特色。企业研发部门在德国的创新体系中扮演着非常重要的角色，研发投入的 70% 来自企业，80% 的大型企业集团拥有独立研发机构，中小企业是德国创新的隐形冠军。此外，政府鼓励扶持企业研发创新，鼓励企业与高校和科研机构合作进行技术研究与开发。①

（四）专业化科技成果转化服务体系层次众多

在科研体系内建立专门的转化服务机构是德国科技成果转化体系最显著的特点。这一点在高等学校特别是工科院校尤为突出，德国高学均设立科技成果转化专业中心。在高校和科研机构外，还有很多市场化的独立科技成果转化机构，业务范围包括评估和监督政府资助的科技项目，

---

① 张明妍:《德国科技发展轨迹及创新战略》,《今日科苑》2017 年第 12 期，第 13 页。

企业成立、发展过程中的信息咨询、职业培训，知识和技术从研发方向生产方的转让。多层次的科技中介服务，有力地促进了科技成果的转化。

（五）重视优质创新人才培养

教育体系是德国创新驱动发展的关键。德国教育体制和教育资源培养类型众多，双轨制职业教育培训体系为德国制造业培养各类高水平的专业人才，为高质量产品生产提供了根本保证，也为研究与创新活动成功提供了人才保障。

三、日本的科技创新

日本是世界科技强国，其经济在第二次世界大战后迅速发展，与其适应时代发展、与时俱进地调整科技发展与创新战略密不可分。日本的科技创新战略主要包括技术立国战略、科学技术创新立国战略以及创新立国战略三个方面。概括起来具有以下特点。

（一）政府支持

政府将保持科研优势作为应对战后挑战的重要手段，出台《通过推进研发体系改革强化研发能力及提高研发效率》（简称《研发力强化法》），制定《创新型技术战略》《环境能源技术创新计划》《宇宙基本法》《依靠科学技术增强地方活力战略》等多项科技发展战略与政策，促进日本科技创新的快速发展。

（二）重视技术引进消化吸收再创新

科技创新的重点是应用研究、产品及工艺的开发，在硬件引进中强调技术许可证和专利的购买，在模仿、引进国外先进技术成果的基础上，结合不同历史时期和发展阶段的需求，创建不同科技创新模式。通过吸收、利用先进技术，对原有技术加以改造、优化，形成自身的科技优势，快速提升国内的科技水平，提高技术进口的经济效益，缩小与发达国家的差距。

（三）军民科技深度融合

战后通过满足百姓生活的诉求，在家电、公路和铁路等基础民用科技方面实现了质的提高，在民用产业逐渐成熟后，将其技术深入到军用武器装备的中枢部件中，从而实现了民用科学技术向军用科学技术的转化。

（四）推行官产学研模式

1996 年《科学技术基本法》明确提出了以政府、产业、教育和科研为核心的官产学研相结合的“科学技术创造立国”战略，强化官学结合、产学结合的科研协作体制。通过大学的产学联动，推进人才培养；通过利用民间企业赞助开展讲座和研究，不断推动大学和产业界的协作与联合；通过强调加强“产官学”结合，以大学和科研机构为依托，与产业集聚型企业相互依存，形成有机联系，使得大学和科研机构的基础研究成果和应用成果可以迅速产业化。

（五）企业是研发投入主体

第二次世界大战后，日本成立了“两行、十库、一局”等政策性金融机构，为进行技术创新的企业提供融资便利。据统计，多年来，企业的研发投资占全国研发投资总额的近 80%。在创新模式中，大型企业是创新的主体，企业在人工智能、自动驾驶、物联网和医疗保健等多个领域大举投资，由大公司完成的创新占了绝大多数。

第三节　推动科技自立自强的保障措施

2021 年 5 月 28 日，习近平总书记在中国科学院第二十次院士大会、中国工程院第十五次院士大会、中国科学技术协会第十次全国代表大会上强调：“坚持把科技自立自强作为国家发展的战略支撑，加快建设科技强国，实现高水平科技自立自强。”推动科技自立自强需从以下几方面给予保障。

一、坚持和加强党对科技事业的领导

党的坚强领导是我国科技创新的最大政治优势，是推动科技事业繁荣发展的重要法宝，是建设创新型国家和世界科技强国的根本保证，[①]这是我国科技事业发展的根本经验。

① 《坚定不移走中国特色自主创新道路》，《科技日报》2018 年 12 月 18 日。

（一）把政治建设摆在首位

牢固树立“四个意识”，坚定“四个自信”，坚决践行“两个维护”，始终在思想上政治上行动上同以习近平同志为核心的党中央保持高度一致，确保科技创新、改革发展始终遵循正确的政治方向。引导广大科技工作者加强理论武装，深入研究和把握习近平新时代中国特色社会主义思想的科学内涵、精神实质、现实意义和历史地位，以习近平总书记关于科技创新的重要论述为指导，将贯彻落实习近平总书记重要指示精神，作为检验科技工作实效的基本标准。

（二）坚持“四个需要”“四个面向”

坚持创新在我国现代化建设全局中的核心地位，把科技自立自强作为国家发展的战略支撑，按照“加快科技创新是推动高质量发展的需要，是实现人民高品质生活的需要，是构建新发展格局的需要，是顺利开启全面建设社会主义现代化国家新征程的需要”“面向世界科技前沿、面向经济主战场、面向国家重大需求、面向人民生命健康”[①]，深入实施科教兴国战略、人才强国战略、创新驱动发展战略，完善国家创新体系，加快建设科技强国。

（三）优化科技生态

进一步加快政府科技管理职能转变，充分发挥党和国家作为科技创新主要组织者的作用，协调国家紧迫和长远需要，加强科技创新体系的规划布局，加强系统谋划和顶层设计，按照筑底板、建长板、补短板的整体思路，对关键共性核心技术进行分级管理，细化关键问题攻关进度计划，提高各创新主体的政治站位，合理分工，压实责任，统筹推动各领域、各行业、各地区、各机构的科技创新及治理工作；坚持“四个面向”，推进科技力量优化组合，协调教育、科研、产业、贸易、金融、军地等各方力量共同行动，构建目标一致、有机融合、共生共荣的科技创新体系。[②]

① 习近平：《在科学家座谈会上的讲话》，新华网，2020 年 9 月 11 日，http://www.xinhuanet.com/2020-09/11/c_1126483997.htm.

② 李晓红：《着力提升科技创新能力 实现科技高水平自立自强》，《求是》2021 年第 6 期。

二、强化国家战略科技力量

战略性科技力量的影响和支持，直接关系到我国综合国力和国际竞争力的提升，是推动经济社会发展、保障国家安全的“压舱石”。

（一）坚守国家战略科技力量的定位

以国家战略需要为指导，推进现代科研机构改革，加快建立和完善国家战略科研攻关体系，建设重大科技创新平台，着力解决影响国家整体发展和长远利益的重大科技问题。协同创新将得到大力推行。鼓励龙头企业率先组建创新联盟，推动产业链上、中、下游的各类企业融合创新，形成强大的自主创新协同效应。打造原始创新策源地，加快培育一批能够掌握关键核心技术的科技型企业和产业集群，努力抢占科技制高点，打造一批具有国际竞争力的区域创新高地，实现高端技术、产品和装备自主可控。

（二）着力提升国家创新体系整体效能

优化和强化技术创新体系顶层设计，明确企业、高校、科研院所创新主体在创新链不同环节的功能定位，激发各类主体创新激情和活力。各地区立足自身优势，结合产业发展需求，科学合理布局科技创新。支持有条件的地方建设综合性国家科学中心或区域科技创新中心，使之成为世界科学前沿领域和新兴产业技术创新、全球科技创新要素的汇聚地。[①]

（三）发挥科研机构创新引领作用

国家实验室要按照“四个面向”的要求，紧跟世界科技发展大势，适应我国发展对科技发展提出的使命任务，多出战略性、关键性重大科技成果；国家科研机构要以国家战略需求为导向，着力解决影响制约国家发展全局和长远利益的重大科技问题，加快建设原始创新策源地，加快突破关键核心技术；高水平研究型大学要发挥基础研究深厚、学科交叉融合的优势，成为基础研究的主力军和重大科技突破的生力军；科

① 习近平:《在中国科学院第二十次院士大会、中国工程院第十五次院士大会、中国科协第十次全国代表大会上的讲话》，新华每日电讯，2021 年 5 月 29 日，http://www.xinhuanet.com/mrdx/2021-05/29/c_139976698.htm.

技领军企业要发挥市场需求、集成创新、组织平台的优势，打通从科技强到企业强、产业强、经济强的通道。[①]发挥中国科学院、中国工程院作为国家队的学术引领作用、关键核心技术攻关作用、创新人才培养作用，解决重大原创的科学问题，勇闯创新“无人区”，突破制约发展的关键核心技术，发现、培养、集聚一批高素质人才和高水平创新团队。

三、突破关键核心技术

将创新作为引领发展的第一动力，加强对新一轮科技革命发展趋势的研判，根据全球科技创新的最新趋势，确定关键核心技术突破方向，超前谋划部署，推动基础性、前瞻性、战略性研究长期稳定的制度性资源保障，不断探索新领域、开辟新方向，努力取得重大原创成果。

（一）确定关键核心技术突破方向

以应用研究倒逼基础研究、以基础研究推动应用研究，从经济社会发展和国家安全面临的实际问题中凝练科学问题。完善共同基础技术供应体系，促进创新链产业链深度整合，充分发挥跨学科整合优势，支持现代工程技术的科学发展，突出龙头企业的主导作用，把打造世界级创新型企业和龙头创新型企业作为重点任务，显著提高企业的技术创新能力，扩大产业集群，提升民营企业创新能力，形成完整的现代科技体系。

（二）加强原创性引领性科技攻关

瞄准人工智能、量子信息、集成电路、生命健康、脑科学、生物育种、空天科技、深地深海等前沿领域，实施一批具有前瞻性、战略性的国家重大科技项目。从国家的紧迫和长期需要出发，重点关注新发突发传染病和生物安全风险防控、医药和医疗设备、关键零部件和基础材料、油气勘探开发等领域的关键技术。

（三）加强基础研究

制定并实施基础研究行动计划，优化基础研究布局。增加对基础研

① 《强化国家战略科技力量——论学习贯彻习近平总书记在两院院士大会中国科协十大上重要讲话》，《人民日报》2021 年 6 月 1 日。

究的投资，学习美国基础研究投资主体多样化的经验，建立以政府投入为主体、企业与非营利组织相互协调的投资主体多样化机制，充分发挥财政资金和企业在基础研究中的重要作用，基础科学旨在通过前沿突破性的项目在一些领域取得重大的原创性突破。完善基础研究评价体系，采用灵活便捷的管理模式，促进多学科联合参与，解决重大前沿问题。

四、完善科技创新体制机制

新型举国体制蕴藏着我国社会主义制度集中力量办大事的独特制度优势，是我国实现科技自立自强的制度保障和核心武器，有利于我国调动创新资源集中攻关，加快科技补短板、扬长项，破解卡脖子，锻造“杀手锏”，加快筑牢国家安全的科技堤坝。

（一）持续完善和巩固新型举国体制

充分发挥国家作为重大科技创新组织者的作用，支持周期长、风险大、难度高、前景好的战略性科学计划和项目。深化科技评价体系改革，全面准确地反映科研成果的创新水平、转化应用绩效和对经济社会发展的实际贡献，加快建立与国家战略科技力量相适应的机构、人才、项目分类评价体系和激励政策。

（二）推动科研院所深化改革

转变科技管理职能，给予科研机构和科学家更多的研究自主权。坚持破立并举，破除“五唯”，实行“揭榜挂帅”“赛马”，鼓励科研人员研究真问题、真研究问题，探索重大科技任务凝聚、部署和组织实施的新机制，使真才实学的科技人才充分发挥作用。

（三）健全知识产权保护运用体制

实施知识产权强国战略，实行严格的知识产权保护制度，完善知识产权相关法律法规，加快新领域新业态知识产权立法。加强知识产权的司法保护和行政执法，完善仲裁、调解、公证和权利保护协助制度。完善知识产权侵权惩罚性损害赔偿制度，加大损害赔偿力度。完善专利融资、激励政策和评估机制，更好地保护和激励高价值专利，培育专利密集型产业。改革国有知识产权归属和权益分配机制，扩大科研机构和高等院校知识产权处置自主权。完善无形资产评估制度，形成激励与监管相协调的管理机制。构建知识产权保护运用公共服务平台。

（四）加快科研成果转化应用

建立各类科技成果转让转化机构和技术交易市场，完善科技服务体系，发挥市场导向作用，深化产学研合作，不断增强科学技术对经济社会发展的贡献。构建科技成果市场化新机制，实现资金、技术、应用和市场的协同发展。打通科技到经济“最后一公里”，加快科研成果转化应用，开辟更多新增长点，有效拓展生产空间，培育新优势，为经济发展注入新动力。

五、造就更多高水平科技人才

人才是创新的基础，创新的关键在于“人才驱动”。面对新一轮科技革命和产业转型，我们应以“开放”的态度推动“智力”流动，深化区域间合作和人才资源共享，实现科技创新更多“从 0 到 1”的突破，为高质量发展提供强劲动力。

（一）重视人才自主培养

遵循人才成长规律和科研活动规律，完善战略科技人才、科技领军人才和创新团队培养发现机制，加强创新人才、应用人才和技能人才的培养，以科教融合培养高水平创新人才，在重大科技攻关实践中培育锻炼人才，实施知识更新工程和技能提升行动，扩大高水平工程技术人才和高技能人才队伍，努力造就一批具有国际影响力的世界级科技人才。

（二）优化创新创业创造生态

大力弘扬新时代科学家精神和工匠精神，充分发挥院士引领学术风气和社会风尚的“头雁”作用，调动和充分尊重广大科技工作者的创新创造精神。加大人才引进力度，关心和爱护青年人才，鼓励青年科技人才脱颖而出，建设完整的人才梯队。

（三）实行更加开放的人才政策

完善国际化人才制度和科研环境，以一流环境吸引一流人才，完善对外永久居留制度，探索建立技术移民制度，形成具有国际竞争力的人才培养和引进体系，为汇聚世界各国优秀人才打造科研新高地。

六、促进科技开放合作

科技向善，合作共赢。2021 年 9 月 24 日，国家主席习近平在向 2021 中关村论坛视频致贺时指出，当今世界，各国更加需要加强科技开放合作，通过科技创新共同探索解决重要全球性问题的途径和方法，共同应对时代挑战，共同促进人类和平与发展的崇高事业[①]。开放合作是科技进步和生产力发展的必然逻辑，是推动世界经济稳定复苏的现实需要，是促进人类社会不断进步的时代要求。

（一）推动全球科技创新协作

以更加开放的姿态加强国际科技交流，积极参与全球创新网络，共同推进基础研究，重点关注气候变化、人类健康等问题，加强与世界各国科学家的联合研发，促进科技成果转化，培育经济发展新动能，加强知识产权保护，营造一流的创新环境，树立科技进步理念，完善全球科技治理。

（二）积极参与国际科技治理

加强对我国科技创新发挥重要支撑作用的政府间双边和多边科技合作，积极配置和利用国际创新资源，推动开放、包容、务实的国际科技交流与合作，全面提升国际科技交流与合作的层次和水平，形成科技伙伴关系一体化网络，推动解决制约我国经济和科技发展的重大科技问题。瞄准国内外科技创新优势领域，加强与国外主要科研机构、知名大学和企业在研发领域的实质性合作，完善政府引导、民间参与、产学研机制互动一体化的对外合作格局，联合世界各国专家，共同应对人类共同挑战。积极构建“一带一路”科技创新共同体，全面提升我国科技创新的国际化水平和影响力。大力倡导和带头落实负责任的科研理念，推动科研诚信和科技道德建设，推动科技创新，更好地维护公共安全，增进人类福祉。

---

① 《习近平向 2021 中关村论坛视频致贺》，新华网，2021 年 9 月 24 日，http://www.news.cn/2021-09/24/c_1127898481.htm.

参考文献

[1] 李海龙、崔梦：《中国共产党科技思想演变及当代落实路径选择》,《中共济南市委党校学报》2021 年 6 月 20 日。

[2] 陈悦：《习近平关于科技创新的重要论述研究》,《攀枝花学院学报》2021 年 7 月 15 日。

[3] 李宏、惠仲阳、陈晓怡、葛春雷：《美国、英国等国家科技创新政策要点分析》,《北京教育（高教）》2020 年第 9 期。

[4] 尹玲：《日本科技创新战略的发展与启示》,《白城师范学院学报》2021 年 6 月 20 日。

[5] 聂运义：《坚持把科技自立自强作为国家发展战略支撑》,《解放军报》2021 年 8 月 16 日。

[6] 唐登芸：《科技自立自强：促进发展大局的根本支撑》，党建网，2021 年 1 月 22 日，http://www.dangjian.com/shouye/sixianglilun/dangjianpinglun/202101/t20210122_5926382.shtml.

[7] 丁茂战：《以科技自立自强支撑新发展格局》，中国经济网，2021 年 1 月 25 日，http://www.ce.cn/xwzx/gnsz/gdxw/202101/25/t20210125_36254135.shtml.

[8] 李军凯：《高水平科技自立自强》,《人民日报》2021 年 8 月 16 日。

[9] 侯建国：《肩负起实现高水平科技自立自强的时代重任（深入学习贯彻习近平新时代中国特色社会主义思想）》,《人民日报》2021 月 6 月 15 日。

[10] 王志刚：《矢志科技自立自强 加快建设科技强国》,《智慧中国》2021 年 4 月 25 日。

撰稿人：张群，21 世纪马克思主义研究院经济社会文化发展战略研究中心特约研究员

参加者：马平，中国生产力学会循环经济委员会副秘书长、21 世纪马克思主义研究院经济社会文化发展战略研究中心副主任；赵晓军，中国社会科学院

第二章　乡村振兴与高质量发展

“十四五”时期，是以高质量发展保障和全面推进乡村振兴的第一个五年。为此，我们需要把握乡村振兴与高质量发展的内在联系，明确乡村振兴高质量发展的必备条件，认真落实乡村振兴高质量发展的重点工作。

第一节　乡村振兴与高质量发展的内在联系

乡村振兴与高质量发展是什么关系？对此，我们必须明确：乡村振兴是新时代乡村发展的特定概念，高质量发展是新时代发展的集中体现。因此，新时代的乡村振兴，必然是高质量发展的乡村振兴。

一、乡村振兴是新时代乡村发展的特定概念

（一）党的十七大明确提出“统筹城乡发展，推进社会主义新农村建设”

2005 年 10 月 11 日，党的十六届五中全会明确提出要“坚持把解决好‘三农’问题作为全党工作的重中之重，实行工业反哺农业、城市支持农村，推进社会主义新农村建设，促进城镇化健康发展”。“三农”问题，即农业、农村、农民问题，一直是全党和各级政府高度关注的重点。

2007 年 10 月 15 日，党的十七大报告中明确指出：“解决好农业、农村、农民问题，事关全面建设小康社会大局，必须始终作为全党工作

的重中之重。要加强农业基础地位，走中国特色农业现代化道路，建立以工促农、以城带乡长效机制，形成城乡经济社会发展一体化新格局”，“统筹城乡发展，推进社会主义新农村建设”。并且明确提出统筹城乡发展、推进社会主义新农村建设的九大重要内容，一是要“坚持把发展现代农业、繁荣农村经济作为首要任务，加强农村基础设施建设，健全农村市场和农业服务体系”。二是要“加大支农惠农政策力度，严格保护耕地，增加农业投入，促进农业科技进步，增强农业综合生产能力，确保国家粮食安全”。三是要“加强动植物疫病防控，提高农产品质量安全水平”。四是要“以促进农民增收为核心，发展乡镇企业，壮大县域经济，多渠道转移农民就业”。五是要“提高扶贫开发水平”。六是要“深化农村综合改革，推进农村金融体制改革和创新，改革集体林权制度”。七是要“坚持农村基本经营制度，稳定和完善土地承包关系，按照依法自愿有偿原则，健全土地承包经营权流转市场，有条件的地方可以发展多种形式的适度规模经营”。八是要“探索集体经济有效实现形式，发展农民专业合作组织，支持农业产业化经营和龙头企业发展”。九是要“培育有文化、懂技术、会经营的新型农民，发挥亿万农民建设新农村的主体作用”。①

（二）党的十八大明确提出“推动城乡发展一体化”

2012年11月8日，党的十八大报告明确指出：“解决好农业农村农民问题是全党工作重中之重，城乡发展一体化是解决‘三农’问题的根本途径。要加大统筹城乡发展力度，增强农村发展活力，逐步缩小城乡差距，促进城乡共同繁荣”，“推动城乡发展一体化”。并且明确提出了推动城乡发展一体化的七大主要内容，一是要“坚持工业反哺农业、城市支持农村和多予少取放活方针，加大强农惠农富农政策力度，让广大农民平等参与现代化进程、共同分享现代化成果”。二是要“加快发展现代农业，增强农业综合生产能力，确保国家粮食安全和重要农产品有效供给”。三是要“坚持把国家基础设施建设和社会事业发展重点放在农村，深入推进新农村建设和扶贫开发，全面改善农村生产生活条件”。四是

---

①《十七大报告辅导读本》，人民出版社2007年版，第22—23页。

要“着力促进农民增收，保持农民收入持续较快增长”。五是要“坚持和完善农村基本经营制度，依法维护农民土地承包经营权、宅基地使用权、集体收益分配权，壮大集体经济实力，发展农民专业合作和股份合作，培育新型经营主体，发展多种形式规模经营，构建集约化、专业化、组织化、社会化相结合的新型农业经营体系”。六是要“改革征地制度，提高农民在土地增值收益中的分配比例”。七是要“加快完善城乡发展一体化体制机制，着力在城乡规划、基础设施、公共服务等方面推进一体化，促进城乡要素平等交换和公共资源均衡配置，形成以工促农、以城带乡、工农互惠、城乡一体的新型工农、城乡关系”。[①]

党的十八大以来，以习近平同志为核心的党中央，坚持把解决好“三农”问题作为全党工作的重中之重，不断推进“三农”工作理论创新、实践创新、制度创新，推动农业农村发展取得举世瞩目的历史性成就，发生了历史性变革。期间，习近平总书记发表了一系列重要讲话，为推进“三农”工作指明方向。

2013 年 7 月 22 日，习近平总书记在湖北省鄂州市长港镇峒山村考察农村工作并同部分村民座谈时指出：“农村绝不能成为荒芜的农村、留守的农村、记忆中的故园。城镇化要发展，农业现代化和新农村建设也要发展，同步发展才能相得益彰，要推进城乡一体化发展。……我们既要有工业化、信息化、城镇化，也要有农业现代化和新农村建设，两个方面要同步发展。要破除城乡二元结构，推进城乡发展一体化，把广大农村建设成农民幸福生活的美好家园。”明确提出要通过“推进城乡发展一体化，把广大农村建设成农民幸福生活的美好家园”。

2013 年 11 月 9 日，习近平总书记就《中共中央关于全面深化改革若干重大问题的决定（讨论稿）》所作的说明中指出：“城乡发展不平衡不协调，是我国经济社会发展存在的突出矛盾，是全面建成小康社会、加快推进社会主义现代化必须解决的重大问题。改革开放以来，我国农村面貌发生了翻天覆地的变化。但是，城乡二元结构没有根本改变，城乡发展差距不断拉大趋势没有根本扭转。根本解决这些问题，必须推进城

① 《十八大报告辅导读本》，人民出版社 2012 年版，第 23—24 页。

乡发展一体化。”怎样推进城乡发展一体化？

2013 年 12 月 12 日，习近平总书记在中央城镇化工作会议上指出：“城镇化与工业化一道，是现代化的两大引擎。走中国特色、科学发展的新型城镇化道路，核心是以人为本，关键是提升质量，与工业化、信息化、农业现代化同步推进。……要以人为本，推进以人为核心的城镇化，提高城镇人口素质和居民生活质量，把促进有能力在城镇稳定就业和生活的常住人口有序实现市民化作为首要任务。”也就是说，推进城乡发展一体化，关键是以人为本、提升质量，推进以人为核心的城镇化建设。怎样推进以人为核心的城镇化建设？

2014 年 9 月 29 日，习近平总书记在中央全面深化改革领导小组第五次会议上明确指出：“要尊重农民意愿，坚持依法自愿有偿流转土地经营权，不能搞强迫命令，不能搞行政瞎指挥。要坚持规模适度，重点支持发展粮食规模化生产。要让农民成为土地适度规模经营的积极参与者和真正受益者。要根据各地基础和条件发展，确定合理的耕地经营规模加以引导，不能片面追求快和大，更不能忽视了经营自家承包耕地的普通农户仍占大多数的基本农情。对工商企业租赁农户承包地，要有严格的门槛，建立资格审查、项目审核、风险保障金制度，对准入和监管制度作出明确规定。”因为只要这样，才可以促使农业、农村的生产方式和农民的生产生活方式发生根本改变，促使农业农村和农民以全新的姿态由传统农业跨越到现代农业，实现农业现代化，推进工业化、信息化、城镇化、农业现代化同步发展。

2014 年 12 月 13 日至 14 日，习近平总书记在江苏省调研时指出：“没有农业现代化，没有农村繁荣富强，没有农民安居乐业，国家现代化是不完整、不全面、不牢固的。发达地区在这方面一定要带好头、领好向，把工业化、信息化、城镇化、农业现代化同步发展真正落到实处。”当然，“四化”同步只是发展的手段，并不是发展的目的，发展的目的是满足农民“对美好生活的向往”。习近平强调：“要更加重视促进农民增收，让广大农民都过上幸福美满的好日子，一个都不能少，一户都不能落”。农业、农村、农民生产生活中面临的问题千差万别、情况多样，怎样确保“让广大农民都过上幸福美满的好日子，一个都不能少，一户都不能落”呢?

2015 年 1 月 20 日，习近平总书记在大理市湾桥镇古生村考察工作时明确指出：“新农村建设一定要走符合农村实际的路子，遵循乡村自身发展规律，充分体现农村特点，注意乡土味道，保留乡村风貌，留得住青山绿水，记得住乡愁。”

2015 年 4 月 30 日，习近平总书记在主持中央政治局第二十二次集体学习时进一步指出：“推进城乡发展一体化要坚持从国情出发，从我国城乡发展不平衡不协调和二元结构的现实出发，从我国的自然禀赋、历史文化传统、制度体制出发，既要遵循普遍规律、又不能墨守成规，既要借鉴国际先进经验、又不能照抄照搬。要把工业和农业、城市和乡村作为一个整体统筹谋划，促进城乡在规划布局、要素配置、产业发展、公共服务、生态保护等方面相互融合和共同发展。着力点是通过建立城乡融合的体制机制，形成以工促农、以城带乡、工农互惠、城乡一体的新型工农城乡关系，目标是逐步实现城乡居民基本权益平等化、城乡公共服务均等化、城乡居民收入均衡化、城乡要素配置合理化，以及城乡产业发展融合化。”

2015 年 7 月 16 日至 18 日，习近平总书记在吉林调研时指出：“任何时候都不能忽视农业、不能忘记农民、不能淡漠农村，必须始终坚持强农惠农富农政策不减弱、推进农村全面小康不松劲，在认识的高度、重视的程度、投入的力度上保持好势头。”

2015 年 11 月 27 日，习近平总书记在中央扶贫开发工作会议上的讲话中指出：“反贫困是古今中外治国理政的一件大事。消除贫困、改善民生、逐步实现共同富裕，是社会主义的本质要求，是我们党的重要使命。新中国成立前，我们党领导广大农民‘打土豪、分田地’，就是要让广大农民翻身得解放。现在，我们党领导广大农民‘脱贫困、奔小康’，就是要让广大农民过上好日子。”

2016 年 4 月 25 日，习近平总书记在安徽凤阳县小岗村主持召开农村改革座谈会上的讲话中指出：“中国要强农业必须强，中国要美农村必须美，中国要富农民必须富。要坚持把解决好‘三农’问题作为全党工作重中之重，加大推进新形势下农村改革力度，加强城乡统筹，全面落实强农惠农富农政策，促进农业基础稳固、农村和谐稳定、农民安居乐业。”“当前，农业还是现代化建设的短腿，农村还是全面建成小康社会的短板。全党必须始终高度重视农业、农村、农民问题，把‘三农’工作牢牢抓住、紧紧抓好，不断抓出新的成效。”由此可见，习近平总书记告诫全党“要坚持从国情出发”，“要走符合农村实际的路子”，“要把工业和农业、城市和乡村作为一个整体统筹谋划”，“任何时候都不能忽视农业、不能忘记农民、不能淡漠农村”，“我们党领导广大农民‘脱贫困、奔小康’，就是要让广大农民过上好日子”要“把‘三农’工作牢牢抓住、紧紧抓好，不断抓出新的成效”，明确系统地给出了“让广大农民都过上幸福美满的好日子，一个都不能少，一户都不能落”的通盘部署。习近平总书记的这一系列重要讲话，为新时代“三农”工作的新跃升——乡村振兴，指明了方向，铺平了道路。

（三）党的十九大明确提出“实施乡村振兴战略”

在中国特色社会主义新时代，怎样才能“把‘三农’工作牢牢抓住、紧紧抓好，不断抓出新的成效”？2017 年 10 月 18 日，党的十九大报告明确指出：“农业农村农民问题是关系国计民生的根本性问题，必须始终把解决好“三农”问题作为全党工作重中之重。要坚持农业农村优先发展，按照产业兴旺、生态宜居、乡风文明、治理有效、生活富裕的总要求，建立健全城乡融合发展体制机制和政策体系，加快推进农业农村现代化”，“实施乡村振兴战略”。并且明确提出实施乡村振兴战略的八大主要内容，一是要“巩固和完善农村基本经营制度，深化农村土地制度改革，完善承包地‘三权’分置制度”。二是要“保持土地承包关系稳定并长久不变，第二轮土地承包到期后再延长三十年”。三是要“深化农村集体产权制度改革，保障农民财产权益，壮大集体经济”。四是要“确保国家粮食安全，把中国人的饭碗牢牢端在自己手中”。五是要“构建现代农业产业体系、生产体系、经营体系，完善农业支持保护制度，发展多种形式适度规模经营，培育新型农业经营主体，健全农业社会化服务体系，实现小农户和现代农业发展有机衔接”。六是要“促进农村一二三产业融合发展，支持和鼓励农民就业创业，拓宽增收渠道”。七是要“加强农村基层基础工作，健全自治、法治、德治相结合的乡村治理体系”。八是要

“培养造就一支懂农业、爱农村、爱农民的‘三农’工作队伍”。[①]

从“统筹城乡发展，推进社会主义新农村建设”，到“推动城乡发展一体化”，再到“实施乡村振兴战略”；从“要加强农业基础地位，走中国特色农业现代化道路，建立以工促农、以城带乡长效机制，形成城乡经济社会发展一体化新格局”，到“要加大统筹城乡发展力度，增强农村发展活力，逐步缩小城乡差距，促进城乡共同繁荣”，再到“要坚持农业农村优先发展，按照产业兴旺、生态宜居、乡风文明、治理有效、生活富裕的总要求，建立健全城乡融合发展体制机制和政策体系，加快推进农业农村现代化”；从“以促进农民增收为核心，发展乡镇企业，壮大县域经济，多渠道转移农民就业”，到“着力促进农民增收，保持农民收入持续较快增长”和“改革征地制度，提高农民在土地增值收益中的分配比例”，再到“深化农村集体产权制度改革，保障农民财产权益”和“促进农村一二三产业融合发展，支持和鼓励农民就业创业，拓宽增收渠道”；从“坚持农村基本经营制度，稳定和完善土地承包关系，按照依法自愿有偿原则，健全土地承包经营权流转市场，有条件的地方可以发展多种形式的适度规模经营”，到“坚持和完善农村基本经营制度，依法维护农民土地承包经营权、宅基地使用权、集体收益分配权，壮大集体经济实力，发展农民专业合作和股份合作，培育新型经营主体，发展多种形式规模经营，构建集约化、专业化、组织化、社会化相结合的新型农业经营体系”，再到“巩固和完善农村基本经营制度，深化农村土地制度改革，完善承包地‘三权’分置制度”“保持土地承包关系稳定并长久不变，第二轮土地承包到期后再延长三十年”和“构建现代农业产业体系、生产体系、经营体系，完善农业支持保护制度，发展多种形式适度规模经营，培育新型农业经营主体，健全农业社会化服务体系，实现小农户和现代农业发展有机衔接”；等等，不仅诠释了我们党将解决好“三农”问题作为全党工作重中之重的实际行动，促使“三农”问题的解决逐步深入、精准和不断跨越新的台阶，而且诠释了实施乡村振兴战略的新时

① 习近平：《决胜全面建成小康社会　夺取新时代中国特色社会主义伟大胜利——在中国共产党第十九次全国代表大会上的报告》，《人民日报》2017 年 10 月 28 日。

代特征，宣示了乡村振兴是新时代保障乡村全面、长足发展的特定概念，也是适应新时代要求，“把‘三农’工作牢牢抓住、紧紧抓好，不断抓出新的成效”的总抓手。

二、高质量发展是新时代发展的集中体现

（一）“发展才是硬道理”

发展，是中国共产党人领导中国革命、建设和改革的不懈追求之一。早在 1942 年，毛泽东就针对抗日时期的经济问题和财政问题明确指出：“发展经济，保障供给，是我们的经济工作和财政工作的总方针。……如果不发展人民经济和公营经济，我们就只有束手待毙。财政困难，只有从切切实实的有效的经济发展上才能解决。忘记发展经济，忘记开辟财源，而企图从收缩必不可少的财政开支去解决财政困难的保守观点，是不能解决任何问题的。”[①]1949 年 10 月，新中国的成立，使中国人民真正站立了起来，我们积贫积弱的祖国“解放了生产力，土地改革把占人口百分之八十的农民的生产力解放出来了。但是解放了生产力以后，如何发展生产力，这件事做得不好。主要是太急，政策偏‘左’，结果不但生产力没有顺利发展，反而受到了阻碍。一九五七年开始，我们犯了‘左’的错误，政治上的‘左’导致一九五八年经济上搞‘大跃进’，使生产遭到很大破坏，人民生活很困难。一九五九、一九六〇、一九六一年三年非常困难，人民饭都吃不饱，更不要说别的了。一九六二年开始好起来，逐步恢复到原来的水平。但思想上没有解决问题，结果一九六六年开始搞‘文化大革命’，搞了十年，这是一场灾难。”[②]“我们总结了我国革命和建设正反两个方面的经验，从一九七八年党的十一届三中全会开始，制定了一系列新的方针政策。这些方针政策，归根到底就是恢复和坚持毛泽东同志提出的实事求是的思想路线，根据这条思想路线来探索中国怎样建设社会主义。我们现在干的事业是全新的事业。”[③] 怎样干好这个伟大

① 《毛泽东选集》第 3 卷，人民出版社 1991 年版，第 891—892 页。

② 《邓小平文选》第 3 卷，人民出版社 1993 年版，第 227 页。

③ 《邓小平文选》第 3 卷，人民出版社 1993 年版，第 254 页。

的全新的事业？邓小平 1992 年在南方谈话中明确指出：“看起来我们的发展，总是要在某一个阶段，抓住时机，加速搞几年，发现问题及时加以治理，尔后继续前进。从根本上说，手头东西多了，我们处理各种矛盾和问题时就立于主动地位。对于我们这样发展中的大国来说，经济要发展得快一点，不可能总是那么平平静静、稳稳当当。要注意经济稳定、协调发展，但稳定和协调也是相对的，不是绝对的。发展才是硬道理。”①

（二）“深入贯彻落实科学发展观”

“发展才是硬道理”，发展是中国共产党领导人民治国理政的永恒主题，发展中遇到的问题，也需要用发展的办法加以解决。新时期我们党领导人民一心一意谋发展遇到了什么问题？1997 年党的十五大报告在总结了“过去五年的工作”成功经验之后，明确指出存在的缺点和不足主要是：“国民经济整体素质和效益不高，经济结构不合理的矛盾仍然比较突出，特别是部分国有企业活力不强；……收入分配关系尚未理顺，地区发展差距还明显存在，城乡部分群众生活比较困难；人口增长、经济发展给资源和环境带来巨大的压力等等。”②

怎样解决发展中出现的不平衡和不协调问题？2002 年 9 月 2 日，中央政治局常委、中央书记处书记胡锦涛在中央党校秋季开学典礼上的讲话中明确指出：“发展是硬道理，解决中国所有问题的关键在于发展。我们党要承担起推动中国社会发展的历史使命，必须始终紧紧抓住发展这个主题不放松，把保持党的先进性和发挥社会主义制度的优越性，落实到发展先进生产力、发展先进文化、维护和实现最广大人民的根本利益上来。把握住这一点，就从根本上把握了人民的愿望，把握了社会主义现代化建设的本质。这里所说的发展，是以经济建设为中心、经济政治文化相协调的发展，是立足于实现中国的现代化又顺应世界发展潮流、具有时代特征的发展，是促进人与自然相和谐的可持续发展。”③2003 年 7 月 28 日，胡锦涛总书记在全国防治非典工作会议上的讲话中明确指出：

---

① 《邓小平文选》第 3 卷，人民出版社 1993 年版，第 377 页。

② 《十五大以来重要文献选编》（上），人民出版社 2000 年版，第 8 页。

③ 《十五大以来重要文献选编》（下），人民出版社 2003 年版，第 2542 页。

“促进经济社会协调发展，是建设中国特色社会主义的必然要求，也是全面建设小康社会的必然要求。发展绝不只是指经济增长，而是要坚持以经济建设为中心，在经济发展的基础上实现社会全面发展。要更好坚持全面发展、协调发展、可持续发展的发展观，更加自觉地坚持推动社会主义物质文明、政治文明、精神文明协调发展，坚持在经济社会发展的基础上促进人的全面发展，坚持促进人与自然的和谐。”①10月14日，胡锦涛在党的十六届三中全会上的讲话中进一步明确指出：“树立和落实全面发展、协调发展、可持续发展的科学发展观，是二十多年改革开放实践的经验总结，是战胜非典疫情给我们的重要启示，也是推进全面建设小康社会的迫切要求。实现全面建设小康社会宏伟目标，必须促进社会主义物质文明、政治文明、精神文明协调发展，坚持在经济发展的基础上促进社会全面进步和人的全面发展，坚持在开发利用自然中实现人与自然的和谐相处，实现经济社会可持续发展。树立和落实科学发展观，十分重要的一环就是要正确处理增长数量和质量、速度和效益的关系。”②

2007年10月15日，党的十七大报告明确指出：“在新的发展阶段继续全面建设小康社会、发展中国特色社会主义，必须坚持以邓小平理论和‘三个代表’重要思想为指导，深入贯彻落实科学发展观。”“科学发展观，第一要义是发展，核心是以人为本，基本要求是全面协调可持续，根本方法是统筹兼顾。”③

（三）“新时代新阶段的发展必须贯彻新发展理念，必须是高质量发展”

党的十八大以来，习近平总书记发表了一系列重要讲话，带领全党、全国人民破解新时代的发展难题。2012年11月17日，习近平总书记在十八届政治局第一次集体学习时明确指出：“解放和发展社会生产力是中国特色社会主义的根本任务，所以必须坚持以经济建设为中心，以科学发展为主题，实现以人为本、全面协调可持续的科学发展。”④新时代如

---

① 《胡锦涛文选》第2卷，人民出版社2016年版，第67页。

② 《胡锦涛文选》第2卷，人民出版社2016年版，第104、105页。

③ 《中国共产党第十七次全国代表大会文件汇编》，人民出版社2007年版，第12、14页。

④ 《十八大报告辅导读本》，人民出版社2012年版，第8页。

何“以科学发展为主题，实现以人为本、全面协调可持续的科学发展”？

习近平总书记明确指出：“面向未来，中国将相继朝着两个宏伟目标前进：一是到二〇二〇年国内生产总值和城乡居民人均收入比二〇一〇年翻一番，全面建成惠及十几亿人口的小康社会。二是到二〇四九年新中国成立一百年时建成富强民主文明和谐的社会主义现代化国家。”“为了实现这两大目标，我们将继续把发展作为第一要务，把经济建设作为中心任务，继续推动国家经济社会发展。我们将坚持以人为本，全面推进经济建设、政治建设、文化建设、社会建设、生态文明建设，促进现代化建设各个方面、各个环节相协调，建设美丽中国。”① “面向未来，我们必须坚持抓好发展这个第一要务。发展才能自强，科学发展才能永续发展。我们要坚持以经济建设为中心、以科学发展为主题、以造福人民为根本目的，不断解放和发展社会生产力，全面推进经济建设、政治建设、文化建设、社会建设、生态文明建设，不断开拓生产发展、生活富裕、生态良好的文明发展道路，为实现全体人民共同富裕而不懈努力。”②

怎样促使发展在“坚持以经济建设为中心、以科学发展为主题、以造福人民为根本目的”前提下，“不断解放和发展社会生产力”、全面推进五大建设？习近平总书记明确指出：“我多次强调，以经济建设为中心是兴国之要，发展是党执政兴国的第一要务，是解决我国一切问题的基础和关键。同时，我也反复强调，我们要的是有质量、有效益、可持续的发展，要的是以比较充分就业和提高劳动生产率、投资回报率、资源配置效率为支撑的发展。”③ 对于发展的质量和效益问题，习近平总书记强调：“发展是基础，经济不发展，一切都无从谈起。改革开放以来，我们靠聚精会神搞建设、一心一意谋发展，取得了骄人的成就。实现全面建成小康社会奋斗目标，仍然要把发展作为第一要务，努力使发展达到一个新水平。发展是硬道理的战略思想要坚定不移坚持，同时必须坚持科

---

① 习近平：《携手合作，共同发展》，《人民日报》2013 年 3 月 28 日。

② 习近平：《在庆祝中华人民共和国成立六十五周年招待会上的讲话》，《十八大以来重要文献选编》（中），中央文献出版社 2016 年版，第 82 页。

③ 习近平：《经济工作要适应经济发展新常态》，《十八大以来重要文献选编》（中），中央文献出版社 2016 年版，第 245—246 页。

学发展，加大结构性改革力度，坚持以提高发展质量和效益为中心，实现更高质量、更有效率、更加公平、更可持续的发展。”①

继2017年10月18日党的十九大报告提出“我国经济已由高速增长阶段转向高质量发展阶段”之后，2020年10月26日，习近平总书记在十九届五中全会第一次全体会议上就《中共中央关于制定国民经济和社会发展第十四个五年规划和二〇三五年远景目标的建议》起草的有关情况向全会作说明时，明确指出：“我国仍处于并将长期处于社会主义初级阶段，我国仍然是世界上最大的发展中国家，发展仍然是我们党执政兴国的第一要务。必须强调的是，新时代新阶段的发展必须贯彻新发展理念，必须是高质量发展。当前，我国社会主要矛盾已经转化为人民日益增长的美好生活需要和不平衡不充分的发展之间的矛盾，发展中的矛盾和问题集中体现在发展质量上。这就要求我们必须把发展质量问题摆在更为突出的位置，着力提升发展质量和效益。”“当今世界正经历百年未有之大变局，我国发展的外部环境日趋复杂。防范化解各类风险隐患，积极应对外部环境变化带来的冲击挑战，关键在于办好自己的事，提高发展质量，提高国际竞争力，增强国家综合实力和抵御风险能力，有效维护国家安全，实现经济行稳致远、社会和谐安定。经济、社会、文化、生态等各领域都要体现高质量发展的要求。”②由此可见，高质量发展不仅是我国经济社会发展逐步提升、拾级而上的必然结果，也是新时代中国共产党人对方方面面发展的根本要求和集中体现。

三、新时代的乡村振兴必然是高质量发展的乡村振兴

（一）乡村是我国经济社会的重要组成部分

我国有14亿多人口，占全球总人口的18%，是世界第一人口大国。我国人口众多，但人均耕地不足1.2亩，不及世界人均的30%。民以食

① 习近平：《以新的发展理念引领发展，夺取全面建成小康社会决胜阶段的伟大胜利》，《十八大以来重要文献选编》(中)，中央文献出版社2016年版，第828页。

② 习近平：《关于〈中共中央关于制定国民经济和社会发展第十四个五年规划和二〇三五年远景目标的建议〉的说明》，《人民日报》2020年11月4日。

为天，我国 14 亿多人口的食物，主要来自乡村。尽管人们在食物喜好上呈现南甜北咸东辣西酸的特点，东西南北中人们的食物结构也多有不同，但有一点是相同的，那就是所有小麦、大米、小米、玉米、大豆以及其他杂粮等都来自于广阔乡村的土地，所有的瓜果蔬菜和薯类、肉蛋奶等，都主要来自广阔的乡村田园。尽管我国每年都进口相当数量的大豆、玉米、肉类以及水果，但这些漂洋过海而来的食物，如同千家万户日常烹饪时的调料，只是我们食物结构中的细微补充调剂和点缀，起不到实质作用。所以，习近平总书记多次就粮食问题明确强调："手中有粮，心中不慌。我国有十三亿人口，如果粮食出了问题谁也救不了我们，只有把饭碗牢牢端在自己手中才能保持社会大局稳定。因此，我们决不能因为连年丰收而对农业有丝毫忽视和放松。"① "我国是个人口众多的大国，解决好吃饭问题始终是治国理政的头等大事。"② "中国人的饭碗任何时候都要牢牢端在自己手上。我们的饭碗应该主要装中国粮。"③ "耕地是我国最为宝贵的资源，我国人多地少的基本国情，决定了我们必须要把关系十几亿人吃饭大事的耕地保护好，决不能有任何闪失。"④ "中国要强，农业必须强；中国要美，农村必须美；中国要富，农民必须富。农业基础稳固，农村和谐稳定，农民安居乐业，整个大局就有保障，各项工作都会比较主动。"⑤ 也正因为如此，乡村不仅必须振兴，而且还必须是高质量的振兴，只有坚持按照高质量发展的要求推进乡村振兴，才有利于确保我国人民把"饭碗牢牢端在自己手中"，才有利于确保解决好全国人民的吃饭问题，才有利于确保"把关系十几亿人吃饭大事的耕地保护好"。

（二）乡村振兴是一个完整的发展体系

乡村振兴是新时代"三农"工作的总抓手，怎样推进乡村振兴？习近平总书记明确指出："乡村振兴是包括产业振兴、人才振兴、文化振兴、生态振兴、组织振兴的全面振兴，是'五位一体'总体布局、'四个

---

① 《习近平关于"三农"工作论述摘编》，中央文献出版社 2019 年版，第 67 页。

② 《习近平关于"三农"工作论述摘编》，中央文献出版社 2019 年版，第 67 页。

③ 《习近平关于"三农"工作论述摘编》，中央文献出版社 2019 年版，第 70、72 页。

④ 《习近平关于"三农"工作论述摘编》，中央文献出版社 2019 年版，第 84 页。

⑤ 《习近平关于"三农"工作论述摘编》，中央文献出版社 2019 年版，第 3 页。

全面’战略布局在‘三农’工作的体现。我们要统筹推进农村经济建设、政治建设、文化建设、社会建设、生态文明建设和党的建设，促进农业全面升级、农村全面进步、农民全面发展。”[①] 由此可见，乡村振兴，首先是产业振兴，而产业要振兴，必须有人才、文化、生态和组织振兴的强力支撑。所以，习近平总书记强调乡村振兴是“全面振兴”，是“‘五位一体’总体布局、‘四个全面’战略布局在‘三农’工作的体现”。单靠任何一个方面的振兴，都不足以实现预期目标。而要实现乡村的全面振兴，按照系统论的观点，这也是一项系统工程，系统的要素之间相互关联，构成了一个不可分割的整体。我们只有坚持高质量发展，促使各个要素都达到最佳状态，系统才能够顺利实现预期目标。因此，我们只有坚持高质量发展，把农村的经济、政治、文化、社会、生态文明和党的建设都建设好，才能真正“促进农业全面升级、农村全面进步、农民全面发展”，乡村的全面振兴才能得以实现。

第二节　乡村振兴高质量发展的必备条件

就乡村振兴高质量发展的必备条件而言，要确保乡村振兴能够按照高质量发展的轨迹运行，一是必须充分发挥党的农村基层组织的领导作用，这是确保乡村振兴高质量发展的根本保证；二是必须坚持深化改革和科技创新，这是确保乡村振兴高质量发展的强力支撑；三是必须充分发挥乡村资源优势，这是确保乡村振兴高质量发展的关键。

一、党的领导是根本保证

（一）党的农村基层组织

乡村振兴是包括产业振兴、人才振兴、文化振兴、生态振兴、组织振兴的全面振兴，也是我们党“五位一体”总体布局和“四个全面”战略布局在“三农”工作中的体现。为了实现乡村振兴高质量发展的目标，

---

① 《习近平谈治国理政》第3卷，外文出版社2020年版，第259页。

我们必须按照《中国共产党章程》关于“党必须按照总揽全局、协调各方的原则，在同级各种组织中发挥领导核心作用”[①]的要求，充分发挥党的农村基层组织总揽全局、协调各方的领导核心作用，在实际工作中，将习近平总书记对“三农”工作、乡村振兴和高质量发展的要求落细落实，统筹推进农村经济建设、政治建设、文化建设、社会建设、生态文明建设和党的建设，促进农业全面升级、农村全面进步、农民全面发展。

何谓党的农村基层组织？根据中共中央颁发、2018 年 12 月 28 日起施行的《中国共产党农村基层组织工作条例》，我国“乡镇党的委员会（以下简称乡镇党委）和村党组织（村指行政村）是党在农村的基层组织，是党在农村全部工作和战斗力的基础，全面领导乡镇、村的各类组织和各项工作。必须坚持党的农村基层组织领导地位不动摇”[②]。

（二）党的农村基层组织的主要职责

党的基层组织如何发挥总揽全局、协调各方的领导核心作用？党的十九大通过的《中国共产党章程》明确规定：“街道、乡、镇党的基层委员会和村、社区党组织，领导本地区的工作和基层社会治理，支持和保证行政组织、经济组织和群众自治组织充分行使职权。”[③]

党的农村基层组织之乡镇党委的主要职责有哪些？《中国共产党农村基层组织工作条例》明确规定，乡镇党委的主要职责一是“宣传和贯彻执行党的路线方针政策和党中央、上级党组织及本乡镇党员代表大会（党员大会）的决议。”二是“讨论和决定本乡镇经济建设、政治建设、文化建设、社会建设、生态文明建设和党的建设以及乡村振兴中的重大问题。需由乡镇政权机关或者集体经济组织决定的重要事项，经乡镇党委研究讨论后，由乡镇政权机关或者集体经济组织依照法律和有关规定作出决定。”三是“领导乡镇政权机关、群团组织和其他各类组织，加强指导和规范，支持和保证这些机关和组织依照国家法律法规以及各自章程履行职责。”四是“加强乡镇党委自身建设和村党组织建设，以及其

① 《中国共产党章程》，《人民日报》2017 年 10 月 29 日。
② 《中国共产党农村基层组织工作条例》，党建读物出版社 2019 年版，第 1 页。
③ 《中国共产党章程》，《人民日报》2017 年 10 月 29 日。

他隶属乡镇党委的党组织建设，抓好发展党员工作，加强党员队伍建设。维护和执行党的纪律，监督党员干部和其他任何工作人员严格遵守国家法律法规。”五是“按照干部管理权限，负责对干部的教育、培训、选拔、考核和监督工作。协助管理上级有关部门驻乡镇单位的干部。做好人才服务和引进工作。”六是“领导本乡镇的基层治理，加强社会主义民主法治建设和精神文明建设，加强社会治安综合治理，做好生态环保、美丽乡村建设、民生保障、脱贫致富、民族宗教等工作。”[①] 这既是我们党乡镇工作的行动指南，也是乡镇党委领导乡村振兴高质量发展的根本遵循。

党的农村基层组织之村党组织的主要职责有哪些?《中国共产党农村基层组织工作条例》明确规定，村党组织的主要职责一是“宣传和贯彻执行党的路线方针政策和党中央、上级党组织及本村党员大会（党员代表大会）的决议。”二是“讨论和决定本村经济建设、政治建设、文化建设、社会建设、生态文明建设和党的建设以及乡村振兴中的重要问题并及时向乡镇党委报告。需由村民委员会提请村民会议、村民代表会议决定的事情或者集体经济组织决定的重要事项，经村党组织研究讨论后，由村民会议、村民代表会议或者集体经济组织依照法律和有关规定作出决定。”三是“领导和推进村级民主选举、民主决策、民主管理、民主监督，推进农村基层协商，支持和保障村民依法开展自治活动。领导村民委员会以及村务监督委员会、村集体经济组织、群团组织和其他经济组织、社会组织，加强指导和规范，支持和保证这些组织依照国家法律法规以及各自章程履行职责。”四是“加强村党组织自身建设，严格组织生活，对党员进行教育、管理、监督和服务。负责对要求入党的积极分子进行教育和培养，做好发展党员工作。维护和执行党的纪律。加强对村、组干部和经济组织、社会组织负责人的教育、管理和监督，培养村级后备力量。做好本村招才引智等工作。”五是“组织群众、宣传群众、凝聚群众、服务群众，经常了解群众的批评和意见，维护群众正当权利和利益，加强对群众的教育引导，做好群众思想政治工作。”六是“领导本村的社会治理，做好本村的社会主义精神文明建设、法治宣传教育、社会

---

① 《中国共产党农村基层组织工作条例》，党建读物出版社 2019 年版，第 4—5 页。

治安综合治理、生态环保、美丽村庄建设、民生保障、脱贫致富、民族宗教等工作。”[①] 村党支部、党小组或者党总支乃至村党委，严格按照这些要求扎扎实实做好各项工作，不仅对推进村党组织工作水平和能力的整体提升具有重要意义，而且直接助力推进乡村振兴高质量发展。

二、改革创新是强力支撑

（一）乡村振兴高质量发展离不开深化改革

习近平总书记指出：“我国发展最大的不平衡是城乡发展不平衡，最大的不充分是农村发展不充分。”[②] 怎样有效解决农村的发展不平衡、不充分问题？党的十九大报告提出了“实施乡村振兴战略”，其中规定的各项重要任务的完成，都需要通过不断深化改革强力推进。比如要“建立健全城乡融合发展体制机制和政策体系”，就需要通过深化改革破除妨碍城乡要素自由流动和平等交换的体制机制壁垒，有效解决城乡要素流动不顺畅、公共资源配置不合理等问题。农村的广阔土地，既是重要的自然资源，也是具有生产功能、生活功能、生态功能和巨大市场价值与发展潜力的重要生产要素，要管好用好农村土地，使之作用功能得以正常发挥，就需要通过不断深化改革，“巩固和完善农村基本经营制度，深化农村土地制度改革，完善承包地‘三权’分置制度。保持土地承包关系稳定并长久不变，第二轮土地承包到期后再延长三十年。”同时，乡村振兴要实现“产业兴旺、生态宜居、乡风文明、治理有效、生活富裕”，在实际工作中许多问题的解决，也需要集体经济的实力支撑。而要壮大集体经济，就需要通过发展农民股份合作等方式“深化农村集体产权制度改革”，激活农村各类生产要素潜能，保障农民财产权益，建立符合市场经济要求的农村集体经济运营新机制，有效解决农村集体资产产权归属不清晰、权责不明确、保护不严格等问题。再如“完善农业保护制度”，就需要坚持农业农村优先发展，进一步深化农业供给侧结构性改革和对农业可持续发展、农业投入保障、农业补贴补偿、支农资金使用管理等方

① 《中国共产党农村基层组织工作条例》，党建读物出版社 2019 年版，第 5—6 页。

② 《习近平谈治国理政》第 3 卷，外文出版社 2020 年版，第 256 页。

面深化改革。

同样，“培育新型农业经营主体”“加强农村基层基础工作”和“培养造就一支懂农业、爱农村、爱农民的‘三农’工作队伍”，这些有关人才、人力资源方面问题的解决，也需要通过深化改革扎实推进，并且应当给予高度重视，因为人的因素居于第一位，“世间一切事物中，人是第一个可宝贵的。在共产党领导下，只要有了人，什么人间奇迹也可以造出来”。[①]

（二）乡村振兴高质量发展离不开科技创新

乡村振兴，是继我国全面建成小康社会目标实现之后，“三农”工作的平稳转型和与新时代的有序衔接，也是新时代推进农业农村现代化的伟大进军。乡村振兴，首要的是产业振兴，实现产业兴旺。乡村振兴的高质量发展，也同样首要的必然是产业高质量发展，这对加快推进农业农村现代化和持续增加农民收入，意义重大和深远。

乡村的产业怎样才能实现高质量振兴？乡村的产业千姿百态、丰富多彩，无论是按照农林牧副渔划分，还是按照种养加划分，或者基于新时代的特点按照一二三产业以及一二三产业融合发展的程度划分，每一个产业的发生发展都有其内在规律，每一个产业的发生发展都要求其产品有市场有需求，能够在市场上顺利进行价值补偿和实物替换；每一个产业的发生发展，都要求其必须尽快适应当前我国农业农村经济发展的基础条件、目标任务等发生的深刻变化，尽快由高度关注增产转向高度关注和充分体现提质增效，向绿色、优质、特色和品牌化发展，形成乡村产品的优质高效、充满活力、具有明显时代特征的体系。在这样的机遇和挑战面前，乡村产业振兴自然而然亟须科技创新提供强有力支撑。比如，加大农业科技创新和科研攻关力度，加大高水平种源技术的研发创新，大力开展蔬菜水果、主要农作物种源“卡脖子”技术攻关，加快实施农业生物育种重大科技项目，对种植业的高质量发展，意义重大。而推进科技创新助力乡村产业高质量振兴，又必然离不开人才振兴，而人才的高质量振兴又离不开组织的高质量振兴、文化的高质量振兴和生

① 《毛泽东选集》第 4 卷，人民出版社 1991 年版，第 1512 页。

态的高质量振兴。由此可见，科技创新不仅是产业振兴高质量发展的重要依托，而且是将乡村振兴各要素联结成高质量发展有机整体的桥梁纽带。

三、充分发挥资源优势是关键

（一）乡村资源优势充分发挥，才顺应天时地利人和

乡村，又称农村，一般是指主要从事农业、人口分布较城镇分散的地方，是人口稀少、以农业生产为主、人们生活基本相似，与城市有所不同、拥有田园风光的地方。当然，随着社会的发展进步，我国乡村的非农产业和服务于农业农村农民的各种产业迅速发展，并且乡村与城市的差距也在逐步缩小。立足于中国特色社会主义新时代，我们在为这样的发展进步和变化感到可喜可贺的同时，需要深入思考乡村振兴的高质量向何处奋进的问题。其中很重要的一个方面，就是不能将全面乡村振兴与城市化画等号。那种“致力于把乡村打造成城市”的做法，不仅不可取，而且对乡村振兴的高质量发展直接有害。

因为相对于城市的喧嚣、拥挤、高楼林立而言，乡村的居住比较分散和拥有田园风光，更为和缓、亲切和弥足珍贵。新时代的全面乡村振兴或者乡村振兴的高质量发展，就是要充分发挥乡村天然的资源优势，在统筹城乡公共服务发展的基础上，进一步提高乡村居民生产、生活水平和便利程度，进一步弘扬乡村居住比较分散、主要以农业为主、拥有田园风光的独特魅力和品格，促进以乡村资源为基础的绿色、低碳、环保、健康的多样性乡村产业蓬勃发展，吸引更多各类市场要素不断向乡村集聚，加快推进农业农村现代化，科学保障城乡长期共生并存的高质量发展，开启城乡融合发展和现代化建设新局面，这是顺应新时代我国天时地利人和发展大势的不二选择。

（二）乡村资源优势充分发挥，才有利于防范大风险

运用底线思维，时刻保持居安思危，是中国共产党人治国理政的一条受益良多的重要经验。对我们这样一个拥有 14 亿多人口的大国而言，我们必须保持对战争、瘟疫和自然灾害、事故灾难等突发事件的高度警惕，确保在大的风险面前能够有效防范。如何防范大风险？可

以用编码知识传播的成功经验和失败教训有千万条，而当我们仔细分析琢磨这些经验乃至教训时，就会发现其中很重要的一条，就是要保持风险冲击目标本身的足够弹性，这是以内功和内在优势防风险的根本和关键。

而对于一个国家和社会而言，广阔的乡村天然具有一定的防范大风险之弹性，我国的乡村也是如此。因为乡村的人口居住比较分散，也就留出了避险和消解风险的弹性空间。因为乡村主要以农业为主，而农业无论种植还是养殖，都基本遵循几个月、半年乃至一两年的动植物生命周期，可以在相应的周期内调节种植或者养殖的品种和数量。同样，乡村的田园风光也不仅仅是具有风景如画可观赏的功能，它本身更多的是具有对各种风险的防范化解功能。比如，它的那种与生俱来的高远宏阔、泥土芬芳，可以涵养千姿百态的应急时期权益食物，可以通过不费吹灰之力的拉大距离切割密集人口的瘟疫传播链条，可以借助“信手拈来”的开阔空间稀释和消解有毒有害气体的危险物质伤害，等等。乡村所具有的各种“独门绝技”，都是城市不具备的，或者是在城市中需要费许许多多的周折，乃至付出许多人财物力，才能够近似解决的。

因此，熟悉乡村资源，珍惜乡村资源，充分发挥乡村资源的优势，将乡村振兴高质量发展的着眼点盯住、盯紧乡村资源优势的充分发挥，将乡村的人口居住比较分散、主要以农业为主和拥有田园风光等等，与新时代党中央对农业农村发展的更高要求精准对接好，全力促进农业全面升级、农村全面进步、农民全面发展，不仅对全面乡村振兴目标的实现意义重大，而且事关新时代中国特色社会主义事业的全局。

第三节　乡村振兴高质量发展的工作重点

目前全国各地正在认真贯彻落实十九届五中全会精神、扎实推进“十四五”规划的组织实施。结合天津市委《关于制定天津市国民经济和社会发展第十四个五年规划和二〇三五年远景目标的建议》的相关要求，我们梳理了乡村振兴高质量发展的工作重点。全国各地可根据自身情况，把乡村振兴高质量发展工作认真做好。

一、加强党对乡村振兴高质量发展的全面领导

（一）健全党领导乡村振兴的组织、制度和工作机制

按照2019年中共中央印发的《中国共产党农村工作条例》（自2019年8月19日起施行）要求，天津市委要求，要“定期研究本地区农村工作，定期听取农村工作汇报，决策农村工作重大事项，召开农村工作会议，制定出台农村工作政策举措，抓好重点任务分工、重大项目实施、重要资源配置等工作”。各区“党委处于党的农村工作前沿阵地，应当结合本地区实际，制定具体管用的工作措施，建立健全职责清晰的责任体系，贯彻落实党中央以及上级党委关于农村工作的要求和决策部署。”“各级党委应当把懂农业、爱农村、爱农民作为基本要求，加强农村工作队伍建设。”要“健全五级书记抓乡村振兴考核机制。地方各级党委和政府主要负责人、农村基层党组织书记是本地区乡村振兴工作第一责任人。上级党委和政府应当对下级党委和政府主要负责人、农村基层党组织书记履行第一责任人职责情况开展督查考核，并将考核结果作为干部选拔任用、评先奖优、问责追责的重要参考。”① 要突出抓基层、强基础、固基本的工作导向，采取有效措施，选优配强乡镇领导班子、村“两委”成员特别是村党支部书记，推动各类资源向基层下沉，为基层干事创业创造更好条件，确保党在乡村振兴高质量发展中总揽全局、协调各方，切实加强党对农村经济建设、政治建设、文化建设、社会建设、生态文明建设和党的建设各项工作的全面领导。

（二）充分发挥农村基层党组织的领导作用

加强农村基层党组织领导力建设，切实提高农村基层组织建设质量。天津市委提出，要严格按照《中国共产党农村基层组织工作条例》的要求，“加强对经济工作的领导，坚持以经济建设为中心，贯彻创新、协调、绿色、开放、共享的发展理念，加快推进农业农村现代化，持续增

---

① 《中国共产党农村工作条例》，《人民日报》2019年9月2日。

加农民收入，不断满足群众对美好生活的需要。”“组织群众学习习近平新时代中国特色社会主义思想，培育和践行社会主义核心价值观，开展中国特色社会主义和实现中华民族伟大复兴的中国梦宣传教育，爱国主义、集体主义和社会主义教育，党的路线方针政策教育，思想道德和民主法治教育，引导农民正确处理国家、集体、个人三者之间的利益关系，培养有理想、有道德、有文化、有纪律的新型农民”。加强“领导班子和干部队伍建设”，加强“党员队伍建设”“加强对各类组织的统一领导，打造充满活力、和谐有序的善治乡村，形成共建共治共享的乡村治理格局”。[①] 充分发挥党组织领办合作社的作用，为乡村振兴高质量发展做出积极贡献。

二、打造现代都市型农业升级版

（一）深化农业供给侧结构性改革

中共天津市委提出，坚持走质量兴农、科技兴农之路，深化农业供给侧结构性改革，构建现代都市型农业生产体系、产业体系、经营体系，不断提高农业综合效益和竞争力。通过产业结构调整，严抓农产品质量安全，加强粮食生产功能区、基本保障型蔬菜生产功能区和特色农产品优势区建设，提高绿色农产品生产能力，进一步强化农产品质量安全监管，健全农产品质量安全标准体系和追溯系统，强化农产品质量安全保障。扎实推进小站稻振兴计划，实施现代种业提升工程，因地制宜、合理布局、做优做精小杂粮、鲜食玉米等特色粮食品种，推进养殖业标准化、规模化、智能化、可持续发展，提升植物保护和动物疫病防控能力，擦亮“津农精品”金字招牌，以“津菜进京”工程为引领，推动优质精品农产品进入全国高端市场。重点培育全国影响力大、辐射带动范围广、国际竞争力强、文化底蕴深厚的农业品牌，实现结构调优，质量提升，绿色、优质、特色农产品供给能力大幅增强，促进农民增收和城乡“菜篮子”丰盈。依托天津山水林田湖海自然资源和古村落、漕运文化、稻

---

① 《中国共产党农村基层组织工作条例》，党建读物出版社 2019 年版，第 7、8、11、15、10 页。

耕文化等文化资源，开发集农事体验、休闲、度假、美食、购物为一体的研学旅游；因地制宜发展农田艺术景观、农业主题公园、农业节庆活动和农业科技创意产业。充分利用京津冀协同发展机遇，着力提升区域要素资源的融合性与互补性，促进农业农村区域协同共赢发展。

（二）坚持最严格的耕地保护制度

通过逐级签订责任书，严格耕地保护责任，层层压实全市各级人民政府耕地保护主体责任。推广并实施耕地保护“田长制”，形成网格化耕地管理保护机制。严格落实国家下达的耕地保护指标，确保粮食安全。立足保障国家粮食安全，强化耕地保护制度。要进一步加大农业基础设施建设力度，深入实施“藏粮于地”战略。严格执行“占一补一、占优补优、占水田补水田”占补平衡要求，更加科学、务实、高效地做好补充耕地工作，促进耕地数量、质量、生态三位一体保护。按照国家统一部署研究制定耕地保护激励性机制。调动耕地保护各方积极性。进一步加强耕地保护考核监督，将违规占用永久基本农田开展绿化造林、挖湖造景、非农建设等耕地“非农化”行为纳入考核内容。对乱占耕地从事非农建设及时预警，构建早发现、早制止、严查处的常态化监管机制，严肃查处违法占用和破坏耕地及永久基本农田的行为，严防耕地“非农化”“非粮化”。建立健全农业农村污染源监管制度体系，加强耕地防治污染保护。以农作物秸秆综合利用、畜禽养殖粪污资源化循环利用、农村生活垃圾处理等为重点，加快建设以市场化运作为主的循环农业。

（三）健全乡村产业服务体系

中共天津市委要求，围绕产业振兴高质量发展加大投入，按照缺啥补啥、整体提升的要求，将乡村产业振兴高质量发展亟需的基础设施和各种类专业服务尽快填平补齐。

一是健全农业科技创新服务体系，推进产学研用结合和农业科技成果转化与推广，加快推进农业机械化转型升级，强化“津字牌”农业特色产业发展科技支撑能力，强化农业科技、装备和服务支撑；聚焦制约全市农业提质增效和绿色发展的突出短板、农业生产普遍存在的关键环节和薄弱领域，大力发展农业社会化服务，实现小农户与现代都市型农业发展有效衔接。

二是大力发展智慧农业和节水农业，有效利用物联网技术、“5S”技术、云计算技术和大数据等信息技术大力发展智慧农业，全面提升以智慧农业为引领的新一代信息技术在农业各领域的应用，推进乡村产业的数字化、智能化、低碳化、生态化、集约化发展；推动农村骨干河渠治理和中小河流综合整治，打通农田水源运输“最后一公里”，加强农村智慧水利建设；推进农业深度节水控水，强化节水压采措施，加强节水灌溉工程建设和节水改造，推进规模化高效节水灌溉。

三是推进国家级现代农业产业园、农业现代化示范区、产业强镇建设，推动农村一、二、三产业深度融合发展，构建结构合理、链条完整的产业集群，加快培育壮大产业融合类农业园区，推进都市型休闲农业和乡村旅游提质增效。

四是加强农村公路和物流基础设施网络建设，加强农村供水和能源基础设施建设，结合一、二、三产业深度融合加快现代信息技术推广应用，大力发展农村电子商务。

三、推动农村全面发展进步

（一）大力实施乡村建设行动

按照乡村全面振兴的要求，大力建设美丽田园、美丽乡村、美丽庭院，打造兴业之乡、宜居之乡、文明之乡、幸福之乡，加快推进乡村产业现代化、生态现代化、文化现代化、治理现代化、生活现代化。严格落实平安乡村建设领导责任制，强化法律维护农民权益的权威地位，提高乡村依法治理能力和水平。统筹城镇和村庄规划建设，优化乡村空间布局，合理保障农村居民住宅用地和新产业新业态用地。充分保留乡村自然风貌，把乡情美景融入现代乡村生活。完善乡村基础设施，建立健全长效运行管护机制。持续改善乡村人居环境，深化“百村示范、千村整治”工程，开展美丽庭院创建行动，依法依规有序开展农村房屋安全隐患排查整治工作，强化农房抗震、节能、风貌改造提升的政策措施，因地制宜推进农村改厕、生活垃圾和污水处理，加强农业面源污染防治，开展农村地区造林绿化，加强村庄绿化建设，提升农村地区造林绿化整体水平，全域推进科技含量高、资源消耗低、环境污染少的绿色生产生活方式，让绿色成为乡村发展的底色和乡村的魅力所在。统筹规划乡村公共文化空间，构建乡村图书馆（农家书屋）、文化馆等公共文化设施网络和农村地区“村村响”系统，规划建设乡村健康广场、全民健身活动中心、多功能运动场等农民健身设施，深入挖掘、继承、创新优秀传统乡土文化，提高农民科技文化素质。推进新型城镇化建设，促进城乡资源均衡配置，提高城镇带动乡村能力。

（二）着力拓展农民增收空间

加强农民科技文化素质和创新创业能力培养，推进高素质农民和双创新农人培育，培养造就高素质农业农村人才队伍。鼓励以第一产业为基础，就近就地发展农村二、三产业，完善利益联结机制，把农业产业链的增值收益、就业岗位尽量留给农民。探索利用土地、金融、税收、人才等政策措施，鼓励农民创新创业，激励用工单位招用农村劳动力。开发农村健康养老和社会管理等服务岗位，加强公益性岗位的规范化、标准化管理，为农民创造更多就业机会。加强乡村创新创业就业服务平台建设，用好政府购买服务等方式，切实提升农民创新创业和就业服务质量。

（三）支持各领域人才入乡创新创业

鼓励科研人员、管理人才到农村合作社、农业企业、新型农业经营主体任职兼职。支持和引导能人返乡、市民下乡、工商企业兴乡，以租赁、合作方式整合利用农村空闲民居创新创业、发展休闲养生产业，投资农业、农产品加工业、服务业以及新产业新业态新模式。支持大中专毕业生、退伍军人和农业科技人员、返乡农民工农村创新创业。通过政府购买、无偿资助、业务奖励等形式，鼓励科研机构、大专院校、行业协会、商会、专业性服务机构、龙头企业面向创业农民提供专业化服务。

四、巩固拓展脱贫攻坚成果同乡村振兴有效衔接

不间断关注相对落后村、少数民族村等重点村的发展动态，帮助重点村进一步升级产业、培育高素质人才、提升基础设施公共服务建设水平。支持帮扶成效好、基础条件好的村庄建成乡村振兴示范村，按照乡村振兴的要求，巩固提升前两轮结对帮扶的达标村。健全农村困难群体常态化主动发现机制，加大对困难群体持续关注和兜底保障，逐步提高兜底保障水

平。加强对低收入群体的精准帮扶。推进农村困难群众危房排查整治和改造迁建。巩固拓展本市结对帮扶困难村、东西部扶贫协作和对口支援成果同乡村振兴有效衔接，着力增强受援地造血能力和内生动力。

五、健全乡村振兴高质量发展体制机制和政策体系

（一）进一步推进城乡基本公共服务均等化

采取有效措施，完善城乡社会保障，健全农村留守儿童、妇女、老年人等“三留守”及残疾人的关爱服务体系。统筹推进区内城乡义务教育一体化改革发展，促进城乡教育资源均衡配置，全面提高义务教育均衡发展水平。设立重大研究专项基金，加强城镇骨干教师、医生到农村执教、行医的激励政策及有效实施研究，全面加强新时代乡村教师、医生队伍建设，切实鼓励城镇骨干教师、医生到农村执教、行医。大力加强农村养老服务设施建设，推动乡村地区医养结合发展，支持主要面向失能、半失能老年人提供服务，整体提升乡村养老服务能力和水平。以街道或片区为单位，建立若干公益性专家学者创新创业服务楼宇，无偿提供给离退休、有资质的医生、律师、教师等，用于为乡村提供无偿服务。

（二）深化农村土地制度改革

巩固和完善农村基本经营制度，落实第二轮土地承包到期后再延长30年政策。总结农村土地制度改革试点经验，深入推进集体经营性建设用地入市、宅基地制度改革、农村土地征收等。探索推进农村集体建设用地整合利用，鼓励农村集体经济组织依法以集体经营性建设用地使用权租赁、入股、联营等形式与其他单位、个人共同开发经营。稳妥推进新一轮宅基地制度改革试点，探索宅基地所有权、资格权、使用权“三权分置”有效实现形式。健全完善城乡统一的建设用地市场，建立同权同价、流转顺畅、收益共享的集体经营性建设用地入市制度。引导农民利用土地入股参与现代农业经营，增加农民财产性收入。鼓励企业等采取租赁、入股等方式盘活闲置农房，发展乡村民宿、乡村客栈。改革农民住宅用地取得方式，探索宅基地资源有偿退出新机制。

（三）深化农村集体产权制度改革

在全面完成农村集体产权制度改革的基础上，进一步完善归属清晰、权能完整、流转顺畅、保护严格的农村集体产权制度，形成产权关系明晰、组织机构健全、经营管理规范的新型村级集体经济体系，发展壮大新型农村集体经济，盘活农村集体资产，增加农民财产性收入。支持村级集体经济组织领办、参办专业合作社，发展多种形式的股份合作。提升集体经济经营管理能力，选好配强集体经济带头人，探索开展农村集体经济组织带头人培育工程。规范集体收益使用，建立健全集体收益分配使用机制。坚持农村集体产权制度改革正确方向，充分发挥村党组织对集体经济组织的领导作用。

鼓励村一级党组织领办合作社等农村集体经济组织，以自主开发、合资合作、出租入股等方式，盘活利用未承包到户的集体“四荒地”、果园、养殖水面以及各类房产设施、集体建设用地等资产资源，发展现代农业、休闲农业和乡村旅游、物业租赁等项目，创新农村集体经济实现形式和运行机制。

（四）完善财政支撑政策和乡村金融保险服务体系

将乡村振兴高质量发展作为财政优先保障领域，健全农业支持保护制度，完善多元投入保障机制。完善农业农村投入优先保障机制，稳步提高土地出让收入用于农业农村比例，到 2025 年土地出让金收益用于农业农村比例达到 50%。充分发挥财政资金的引导和杠杆作用，加强涉农资金统筹整合，优化资金支出结构，引导和撬动更多金融资本和社会资本投向农业农村，加大财政强农惠农富农政策支撑力度。完善乡村金融服务体系，推动农村金融机构回归本源，加快涉农金融产品和服务创新。推动政策性农业保险扩面、增品、提标，切实降低农户生产经营风险。引导工商资本为乡村振兴高质量发展提供资金、产业、技术支持，强化对租赁经营农地的规范监管和风险防范。设立重大研究专项基金，加大财政金融支撑乡村振兴高质量发展的政策体系研究。

撰稿人：王延超，山东省委党校原副校长、教授、一级巡视员

第三章 “双循环”新发展格局与高质量发展

加快构建以国内大循环为主体、国内国际双循环相互促进的新发展格局，是以习近平同志为核心的党中央根据我国新发展阶段、新历史任务、新环境条件作出的重大战略决策。

第一节 新发展阶段构建新发展格局

新发展阶段，构建新发展格局是事关全局的系统性、深层次变革，是立足当前、着眼长远的战略谋划。我们要从全局和战略的高度准确把握加快构建新发展格局的战略构想。

一、党中央科学谋划构建“双循环”新发展格局

2020 年 4 月 10 日，在中央财经委员会第七次会议上，习近平总书记鉴于新冠肺炎疫情防控和国内外发展环境的深刻变化，提出“坚定实施扩大内需战略”“国内循环越顺畅，越能形成对全球资源要素的引力场，越有利于构建以国内大循环为主体、国内国际双循环相互促进的新发展格局，越有利于形成参与国际竞争和合作新优势”。第一次明确提出“构建以国内大循环为主体、国内国际双循环相互促进的新发展格局”的战略构想。

5 月 14 日，习近平总书记在中共中央政治局常务委员会会议上指出，

要深化供给侧结构性改革，充分发挥我国超大规模市场优势和内需潜力，构建国内国际双循环相互促进的新发展格局。

5 月 23 日，习近平总书记在看望参加全国政协十三届三次会议的经济界委员时指出，加快构建完整的内需体系，大力推进科技创新及其他各方面创新，加快推进数字经济、智能制造、生命健康、新材料等战略性新兴产业，形成更多新的增长点、增长极，着力打通生产、分配、流通、消费各个环节，逐步形成以国内大循环为主体、国内国际双循环相互促进的新发展格局，培育新形势下我国参与国际合作和竞争新优势。

7 月 21 日，习近平总书记在企业家座谈会上指出，面向未来，我们要逐步形成以国内大循环为主体、国内国际双循环相互促进的新发展格局。中国开放的大门不会关闭，只会越开越大。以国内大循环为主体，绝不是关起门来封闭运行，而是通过发挥内需潜力，使国内市场和国际市场更好联通，更好利用国际国内两个市场、两种资源，实现更加强劲可持续的发展。从长远看，经济全球化仍是历史潮流，各国分工合作、互利共赢是长期趋势。我们要站在历史正确的一边，坚持深化改革、扩大开放，加强科技领域开放合作，推动建设开放型世界经济，推动构建人类命运共同体。企业家要努力成为新时代构建新发展格局、建设现代化经济体系、推动高质量发展的生力军。

7 月 30 日，习近平总书记在中共中央政治局会议上强调，当前经济形势仍然复杂严峻，不稳定性不确定性较大，我们遇到的很多问题是中长期的，必须从持久战的角度加以认识，加快形成以国内大循环为主体、国内国际双循环相互促进的新发展格局。

8 月 18 日至 21 日，习近平总书记在安徽考察时强调，安徽要“努力探索形成新发展格局的有效路径”。8 月 20 日，在扎实推进长三角一体化发展座谈会上强调，长三角要“率先形成新发展格局”。

8 月 24 日，习近平总书记在经济社会领域专家座谈会上指出，新发展格局决不是封闭的国内循环，而是开放的国内国际双循环。要以高水平对外开放打造国际合作和竞争新优势。国际经济联通和交往仍是世界经济发展的客观要求。我国经济持续快速发展的一个重要动力就是对外开放。对外开放是基本国策。要全面提高对外开放水平，建设更高水平开放型经济新体制，形成国际合作和竞争新优势。要积极参与全球经济治理体系改革，推动完善更加公平合理的国际经济治理体系。

9 月 1 日，习近平总书记在中央全面深化改革委员会第十五次会议上指出，当前形势下，构建新发展格局面临不少新情况新问题，要善于运用改革思维和改革办法，统筹考虑短期应对和中长期发展，既要在战略上布好局，也要在关键处落好子。

9 月 17 日，习近平总书记在基层代表座谈会上指出，我们要科学分析形势、把握发展大势，坚持稳中求进工作总基调，坚持新发展理念，统筹发展和安全，加快形成以国内大循环为主体、国内国际双循环相互促进的新发展格局。

9 月 22 日，习近平主席在第七十五届联合国大会一般性辩论上指出，我们不追求一枝独秀，不搞你输我赢，也不会关起门来封闭运行，将逐步形成以国内大循环为主体、国内国际双循环相互促进的新发展格局，为中国经济发展开辟空间，为世界经济复苏和增长增添动力。

10 月 14 日，习近平总书记在深圳经济特区建立 40 周年庆祝大会上强调，新时代经济特区建设要“紧扣推动高质量发展、构建新发展格局”。

10 月 26 日至 29 日，党的十九届五中全会召开，全会明确提出，加快构建以国内大循环为主体、国内国际双循环相互促进的新发展格局。全会强调“形成强大国内市场，构建新发展格局”：坚持扩大内需这个战略基点，加快培育完整内需体系，把实施扩大内需战略同深化供给侧结构性改革有机结合起来，以创新驱动、高质量供给引领和创造新需求。要畅通国内大循环，促进国内国际双循环，全面促进消费，拓展投资空间。会上，习近平总书记在《中共中央关于制定国民经济和社会发展第十四个五年规划和二〇三五年远景目标的建议》的说明中强调，构建新发展格局，是与时俱进提升我国经济发展水平的战略抉择，也是塑造我国国际经济合作和竞争新优势的战略抉择。

11 月 12 日，习近平总书记在浦东开发开放 30 周年庆祝大会上强调，浦东要“增强全球资源配置能力，服务构建新发展格局”。

2021 年 1 月 11 日，习近平总书记在省部级主要领导干部学习贯彻党的十九届五中全会精神专题研讨班开班式上发表重要讲话指出，构建新发展格局明确了我国经济现代化的路径选择。加快构建以国内大循环为主体、国内国际双循环相互促进的新发展格局，是“十四五”规划《建议》提出的一项关系我国发展全局的重大战略任务，需要从全局高度准确把握和积极推进。

3 月，全国“两会”审议通过的“十四五”规划纲要，把“形成强大国内市场 构建新发展格局”作为“十四五”发展的第三大任务（前两大任务分别是坚持创新驱动发展和加快发展现代产业体系），明确畅通国内大循环、促进国内国际双循环、加快培育完整内需体系等要求。习近平总书记在“两会”期间参加团组讨论时多次强调，立足新发展阶段、贯彻新发展理念、构建新发展格局，推动高质量发展，是当前和今后一个时期全党全国必须抓紧抓好的工作。

4 月，习近平总书记在广西考察时，要求广西“在服务和融入新发展格局上展现新作为”，强调“推动经济高质量发展，既要深刻认识贯彻新发展理念、构建新发展格局对推动地方高质量发展的原则要求，又要准确把握本地区在服务和融入新发展格局中的比较优势，走出一条符合本地实际的高质量发展之路”。

7 月 9 日，中央全面深化改革委员会第二十次会议审议通过了《关于加快构建新发展格局的指导意见》，习近平总书记在主持会议时强调，加快构建新发展格局，是我们把握未来发展主动权的战略举措，是为了在各种可以预见和难以预见的惊涛骇浪中增强我们的生存力、竞争力、发展力、持续力，是一场需要保持顽强斗志和战略定力的攻坚战、持久战，要自觉把本地区本部门工作纳入构建新发展格局中统筹考虑和谋划，以更加坚定的思想自觉、精准务实的举措、真抓实干的劲头，推动构建新发展格局取得扎扎实实成效。

二、准确把握构建“双循环”新发展格局重要论述的科学内涵

立足新发展阶段，加快构建以国内大循环为主体、国内国际双循环相互促进的新发展格局，需要对其内涵要义有正确、全面的认识，对此，理论界已经做了比较多的研究。综合多位学者的研究分析，其科学内涵

主要有以下几个方面：

（一）构建新发展格局是把握发展主动权的先手棋

未来经济社会发展的重心将逐步从重视经济规模的高增速转到提高效率和质量上来，实现高质量发展成为新的发展主题。面对日益错综复杂的外部环境，加快构建新发展格局，就是要坚持底线思维谋发展，使国内供给和需求对经济循环起主要支撑作用，通过强大的国内经济循环体系和稳固的基本盘，形成对全球要素资源的强大吸引力，增强在激烈国际竞争中的核心竞争力，提升在全球资源配置中的强大推动力，化解外部冲击和外需下降带来的风险，在极端情况下保证我国经济基本正常运行和社会大局总体稳定，确保中华民族伟大复兴进程不断推进。因此，构建新发展格局是我们党对经济发展客观规律的正确把握和实践运用，是主动作为、长期战略，不是被动应对、权宜之计。

（二）构建新发展格局是国内国际双循环相互促进

以国内大循环为主体，绝不是关起门来封闭运行，而是开放的。坚持对外开放是中国经济取得成功的基本经验之一。国内大循环的水平提高越快对国际市场的吸引力越大，越能在全球化领导力下降的今天，发挥我国对全球化的引导能力，使中国市场对全球经济和国际企业更具有吸引力。国内大循环的水平越高，越能促进我们融入全球经济的能力和水平，在全球化市场当中提供更高效的产品和服务，为全球经济大循环提供新的推动力。国内大循环为主着眼于提高国内经济发展的效率与公平，国际大循环逐步进入全球化的新阶段，更好地分工协作，应对人类共同难题，国内市场和国际市场更好联通，更好利用国际国内两个市场、两种资源，国内国际双循环互相促进的格局逐步形成，实现更加强劲、可持续的发展。

（三）构建新发展格局是破除地方保护主义

构建以国内大循环为主的“双循环”，是建立在国内统一大市场基础上的大循环，而不是每个地方都搞自我小循环，必须有效破除地方保护、行业垄断和市场分割。习近平总书记在阐述和布局构建国家“双循环”新发展格局的同时，对各地构建新发展格局也提出明确要求，要求各地“要自觉把本地区本部门工作纳入构建新发展格局中统筹考虑和谋划”，“要找准自身的定位，发挥自己的特有优势，同时还要在交通上打通断头路，包括打通省界、市界、县界断头路在内，要撤除有形无形的市场分割壁垒，共同构建国内统一大市场，共同参与国内国际大循环”，“不能搞封闭的内循环，更不能搞省内、市内、县内的小循环”，构建统一开放、竞争有序的现代市场体系。

综合以上分析，新发展格局的核心内涵是“以国内大循环为主体，国内国际双循环相互促进”。其核心要义在于充分依托我国超大规模市场优势，培育和挖掘内需市场，推动产业结构优化和转型升级，同时坚定维护多边贸易体制，将国内经济融入经济全球化当中，实现国内循环和国际循环相辅相成、相得益彰、相互促进。

第二节　构建新发展格局的深刻意义

构建新发展格局战略决策的提出，不仅为中国经济发展打开了新空间，而且对世界稳定与发展具有重大意义。

一、构建新发展格局的时代背景

（一）内循环具备良好的现实基础

中国共产党成立 100 年、新中国成立 72 年以来，历经风风雨雨，中国已经从贫穷落后的国家成为全球第二大经济体，尽管受新冠肺炎疫情冲击，2020 年经济总量仍突破 100 万亿元，成为全球唯一实现经济正增长的主要经济体。抗击新冠疫情成就彰显了中国的制度优势，中国有基础有条件在新的环境下推动构建以国内大循环为主体、国内国际双循环相互促进的新发展格局。从需求的角度来看，我国具有规模庞大的国内市场。人口占世界 1/5，2020 年国内生产总值达到 14.7 万亿美元左右，稳居世界第二位，占全球经济比重约 17%。人均国内生产总值突破 1 万美元，稳居全球中等偏上收入国家行列，拥有超过 4 亿的全球最大的中等收入群体，是世界上中等收入群体规模最大的国家，人民消费需求多样。随着经济水平上升和消费需求升级空间的充分释放，国内市场规模空间会更大，将形成超大规模的国内需求，形成需求牵引供给、供给创造需求的更高水平动态平衡。中国内循环对外循环的吸引力、号召力、影响力也将越来越大。从供给的角度来看，强大的生产能力和产业配套能力独一无二，有能力不断提升供给体系对国内需求的适配性。（1）拥有全球最完备、规模最大的工业体系，拥有 41 个工业大类 207 个工业中类 666 个工业小类，是全球唯一拥有联合国产业分类所列全部工业门类的国家。（2）拥有 1 亿多市场主体，220 多种工业产品产量位居世界第一位，制造业增加值连续 11 年稳居世界第一位。（3）2020 年，粮食总产量创历史新高，持续保持在世界第一位。（4）拥有 1.7 亿多受过高等教育或拥有各种专业技能的人才队伍，研究开发能力不断提升，有基础提升供给能力，推动产业转型升级。（5）民营企业不断顺应市场需求，满足广大人民群众的消费倾向，支撑作用凸显。（6）中西部合作有力促进区域经济发展也孕育出巨大的发展空间。纵深广阔的国内大市场为构建新发展格局奠定了坚实基础，为依靠扩大内需这个战略基点来实现高质量发展创造了前提条件。

（二）外循环呈现出新的发展态势

改革开放以来特别是加入世界贸易组织以来，中国加入了经济全球化条件下的国际大循环，市场和资源“两头在外”，形成“世界工厂”发展模式。自 20 世纪 90 年代以来，经济全球化程度不断增强，产业革命和科技革命也在不断取得新突破。随着外部环境和我国发展所具有的要素禀赋的变化，市场和资源“两头在外”的国际大循环动能明显减弱，而经济安全风险增大、关键核心技术受限、产业转型升级压力大等问题逐步显露。尤其是新冠肺炎疫情在世界范围内大流行、贸易保护主义的抬头以及反全球化思潮涌动，使各国之间的分歧不断加深，加速调整了对外政策，影响了全球供应链的发展趋势，很多国家都运用财政政策和法律手段来加强贸易保护主义。欧美等西方国家调整了自身的对外政策，全球化的弊端在逐渐凸显，虚拟经济的弊端日渐暴露，实体经济中的制造业再次受到关注。受疫情的影响，为了推动本国经济的恢复，西方国家的全球经济逐渐由全球化向地区化发展，纷纷提出“再工业化”的发展策略，将很多制造业转移到本国。外循环日益不稳定的因素在很大程度上会影响到中国的发展。在这种形势下，中国也不得不调整自身的发展战略，以适应国际环境的变化，做好一系列应对新挑战的准备。

（三）高水平对外开放持续推动

改革开放以来，中国坚持把对外开放作为基本国策，对外开放建设，创造了全面开放的新格局，有效地促进了经济的增长和发展。40 多年来的经济发展成就是在开放经济条件下取得的。今后，高质量的经济发展仍然需要坚持对外开放的基本国策。中国对外开放的大门不会关闭，只会越开越大。党的十八大以来，我国一直致力于“一带一路”建设，推动形成以陆海内外联动、东西双向互济为特征的开放格局。产业链和需求市场已深度融入全球经济体系，是 120 多个国家和地区的最大贸易伙伴。在新时期进入新的发展阶段，中国在世界经济中的地位将继续提高，与世界经济的联系将更加紧密。

二、构建新发展格局的深刻意义

（一）构建新发展格局能持续推动中国经济高质量发展

长期以来，中国在全球产业链中处于“世界工厂”的地位，附加值不够高，品牌效应不够强，依赖外向型经济发展模式已经不能解决人民对美好生活的追求，只有构建“双循环”新发展格局充分利用好国际国内两个市场，把重心转移到国内市场，依靠国内消费需求拉动经济循环，弥补国际市场疲弱产生的不足。构建新发展格局能推动中国经济质量变革、效率变革、动力变革，实现更高质量、更有效率、更加公平、更可持续、更为安全的发展，能使我们彻底改变“高投入、高消耗、高排放、低效益”的粗放型发展方式，实行依靠技术进步、提高劳动者素质以及提高资金、设备、原材料利用率的节约资源保护环境的发展方式，着眼全球资源和市场，更好地利用国内国际技术、人才、管理等各方面资源，稳步实现从代工到研发、从模仿到创新、从“制造”到“智造”的转变，全面提升国际竞争力。

（二）构建新发展格局能推动全球经济实现再平衡

随着世界经济格局深刻调整，由个别国家长期主导的单一循环模式已经难以持续。中国的发展离不开世界，世界的发展也离不开中国。通过加强国内经济大循环，可以打通多维区域之间生产、分配、流通、消费各环节的循环，让各类要素更加自由地流动，进而形成更多新的区域增长极，增强自身的经济实力，在国际市场上拥有更多的话语权；通过持续深化对外开放，科学谋划和主动参与国际经济循环，就能在扩大开放中获得更有力的资源、技术、人才、资金支撑。面对全球经济发展趋势的不确定性，在经济发展中全面统筹国内国际两个大局，以我为主、内外兼修，积极保障中国经济安全，谋划新增长空间，推动中国经济从传统的国际经济均衡模式转向新的国内国际双循环模式，为稳定国际产业链、促进全球经济良性循环作出新的贡献。

（三）构建新发展格局能更充分发挥中国体制机制优势，在关键领域实现新突破

构建“双循环”新发展格局的关键在于核心技术的创新，创新不仅可以提高经济竞争力，而且是实现国内大循环的关键；不仅能够提高在国际竞争中的主动权，而且是摆脱西方国家“卡脖子”的关键；不仅能够增强企业自主创新的能力，而且是提高国内生产力的关键。新一轮全球竞争中，创新是灵魂，是科技竞赛和产业比拼，构建新发展格局能有利推进中国加强科技创新和技术攻关，强化关键环节、关键领域、关键产品保障能力。产业是根基，链接全球要实施产业基础再造和产业链提升工程，构建“双循环”新发展格局能更好地巩固中国传统产业优势，强化优势产业领先地位，抓紧布局战略性新兴产业、未来产业，提升产业基础高级化、产业链现代化水平，促进中国利用好全球最完备产业配套体系和超大规模市场的独特优势，做全球产业链、供应链的“稳定器”。

（四）构建新发展格局能有利增强中国的生存力、竞争力、发展力、持续力

当前，世界逆全球化趋势加剧，传统国际循环明显弱化，以美国为首的少数西方国家企图从政治、经济、贸易、科技、文化、军事、外交等方面，全面遏制围堵中国的发展。在这种情况下，着力构建新发展格局，立足国内、依托国内大市场的优势，充分挖掘内需潜力，有利于化解外部冲击和外需下降带来的影响，也有利于在极端情况下保证中国经

济基本正常运行和社会大局总体稳定，在各种可以预见和难以预见的狂风暴雨、惊涛骇浪中，增强我们的生存力、竞争力、发展力、持续力。

（五）构建新发展格局能更好地满足人民对美好生活的需求

践行以人民为中心的思想，满足人民对美好生活的需求是构建新发展格局的出发点和立足点。改革开放前期实行的鼓励一部分人先富，然后带动后富，导致贫富差距过大，发展的不平衡容易导致社会出现问题；在经济发展中，依赖国外的技术和设备，没有充分发挥国内人才的自主研发和国内市场的潜力，导致中国经济发展的潜力难以挖掘。针对这些矛盾进行改革迫在眉睫。构建新发展格局把发展重点放在了国内大循环这一主题上，通过自主研发、延长产业链、扩大内需、改革经济模式，能有效解决我国现在主要矛盾中的不平衡、不充分问题。挖掘国内市场潜力，筑牢国内市场底线，把经济发展的主动权把握在自己手中，才能更好地在国际市场上发挥中国力量，使每个中国人的获得感、幸福感、安全感不断增强，最终实现全体人民的自由而全面发展，促进整个社会的进步。

第三节 “一带一路”是构建新发展格局的重要抓手

构建以国内大循环为主体、国内国际双循环相互促进的新发展格局，不仅为中国深化改革和提高对外开放水平提供了根本遵循，也为“一带一路”建设高质量发展提供了新的契机。

一、“一带一路”倡议与“双循环”新发展格局

“一带一路”倡议与“双循环”新发展格局，无疑是当今中国备受瞩目的两大关键词。中欧陆家嘴国际金融研究院副院长刘功润博士认为，以国内大循环为主体、国内国际双循环相互促进新发展格局，是新时代深入推进“一带一路”倡议的重要突破点，也是下一步高质量建设“一带一路”的动力之源和可靠保障，二者将共同作为统筹中国中长期发展方向的战略布局。

刘功润博士指出，“一带一路”建设基于共商模式下所做的工作，既惠及了沿线民生，也为当地相关产业积蓄了可持续发展的后劲和能力，充分体现了共建共享、互惠互利的原则目标。它契合了当代需求，使合作伙伴将分歧放在一边、达成互利，并为共同利益作出贡献。随着2020年新冠疫情的爆发，“一带一路”倡议进入了后疫情时代。疫情“偶然”的背后，是世界“必然”的深刻调整。面对世界百年未有之大变局的加速演进，以及国内改革发展稳定之艰巨繁重的任务，站在“两个一百年”奋斗目标的历史交汇点上，中国的发展战略亟需顺势而为、与时俱进，新发展格局得以应运而生。作为基于最新时代判断而提出的发展新战略，“双循环”新发展格局必将对“一带一路”倡议的深入推进产生实质性影响，二者形成战略合力势在必行。

在刘功润博士看来，国内、国际市场不是取舍问题，而是阶段性发展策略的权重问题。国内良性循环体系的建设，有利于发挥“中国制造＋中国消费”的超大规模市场优势。他认为，以国内经济大循环为主体，绝不是关起门搞“内卷化”，而是着力补齐短板，在新一轮的外向型经济中建立比较优势，提高国内产业链、供应链的全球竞争力，进一步提高对外开放水平和开放质量，以便更高质量推进“一带一路”建设。

“一带一路”建设使国内国际“双循环”更加畅通，通过多领域的务实合作，在实现各国自身发展利益的同时，努力推动各国不断提高自身经济和社会发展能力、全面促进经济社会发展，最大化地寻求各自之间的利益契合点，共同提升在全球产业分工和经济格局中的地位；二者强调并遵循互相尊重、平等协商的精神，各方坚持求同存异，可就各项合作事务开展开放合作，平等地对话协商，在不同文明之间凝聚共识。兼顾各方利益，自愿参与，公平公正、真诚友善地制定各项合作规则，求同存异地处理相关事务，这也真正体现了共同体的实质，是其鲜活生命力所在；为了更加积极地应对共同挑战，优化新时代背景下全球治理的有益探索，二者也具体体现共同体存在价值。在世界新的发展格局下，权威性、有效性的治理机制和治理效率有待提升，现有的全球治理机制呈现碎片化趋势，现实需求与治理能力的差距扩大。“一带一路”倡议与“双循环”新发展格局是针对全球治理中存在的现实问题而进行的积极探索，它们将有助于全球更好地应对气候变化、生态恶化、贸易保持主义、极端主义等现实威胁，是对现有全球治理机制的补充和完善。

“一带一路”是一项长期的系统工程，将伴随我国新一轮开放型经济发展的全过程，也必然成为我国“双循环”新发展格局的重要内容之一。“双循环”新发展格局是“一带一路”倡议在新时代背景下的延展，“一带一路”倡议也将在“双循环”新发展格局的引领和推动下进入高质量发展的新阶段。

二、共建“一带一路”为构建新发展格局提供了良好基础

自 2013 年习近平主席提出共建“一带一路”倡议以来，从谋篇布局的“大写意”到精耕细作的“工笔画”，共建“一带一路”绘就了一幅共享机遇、共同发展的美好图景，建设成果丰硕。

（一）理念得到广泛支持，中国国际影响力显著提升

共建“一带一路”不仅是经济合作，而且是完善全球发展模式和全球治理、推进经济全球化健康发展的重要途径。它顺应了全球治理体系变革的内在要求，反映了各国特别是广大发展中国家对促和平、谋发展的愿望，彰显了同舟共济、权责共担的命运共同体意识，为完善全球治理体系变革提供了新思路新方案。“一带一路”倡议提出以来，我们始终坚持对话协商、共建共享、合作共赢、交流互鉴，同沿线国家谋求合作的最大公约数，推动各国加强政治互信、经济互融、人文互通。八年多来，共建“一带一路”从理念化为行动，得到国际社会积极响应和支持。共建“一带一路”成为当今世界范围最广、规模最大的国际合作平台，迄今已有 140 个国家和 32 个国际组织加入。

（二）合作基础基本形成，为双循环建设提供有力支撑

八年多来，共建“一带一路”秉持共商共建共享合作原则，坚持开放、绿色、廉洁、合作理念，致力于高标准、惠民生、可持续的合作目标，在促进政策沟通、设施联通、贸易畅通、资金融通、民心相通方面成绩斐然、硕果累累。2014 年到 2019 年，中国对“一带一路”区域的对外直接投资存量从 924.6 亿美元增加到 1794.7 亿美元，资金融通水平不断提升；与“一带一路”合作伙伴贸易额累计超过 9.2 万亿美元，中国

企业在沿线国家直接投资累计超过1300亿美元，成为拉动全球对外直接投资增长的重要引擎，在农产品、工业产品贸易方面已经建立了外循环，且工业外循环已经进入成熟阶段；从中巴经济走廊到中白工业园，从中老铁路到中欧班列，从中亚最大风电场到“非洲第一高楼”，TIR开拓亚欧互联互通新通道……一大批重点项目全面推进，造福沿线国家和地区人民，一个辐射全球各大陆、连接世界各大洋的互利合作网已初步形成，为双循环建设提供了可能性；在新型领域合作不断推进，积极推动5G普及数字经济与实体经济融合，跨境电商凭借在线营销、在线交易的独特优势，避免了人员之间的物理接触，减少了诸多中间环节，成为国际货物贸易的重要渠道，为开拓国际市场提供了新机遇；积极搭建各类新型地方国际经贸合作平台，吸引“一带一路”沿线国家企业到中国发展，寻求更多合作机遇，为实现“一带一路”高质量发展提供机遇。

（三）合作价值和优势不断凸显，为世界经济增长和复苏注入强劲动力

经济全球化背景下，各国经济彼此依存，利益交融前所未有，以诚相待、普惠共享是根本之计。“一带一路”将贸易和投资配置到有相应需求的国家，为国际合作开拓了新空间、新领域，为构建开放型世界经济提供了新平台、新途径。疫情发生以来，国际投资领域动荡，一些国家卫生基础设施不堪重负，经济增长缺乏资金支持。在这样的背景下，共建“一带一路”为应对这场全球性危机提供了重要合作平台。在共建“一带一路”的框架下，各国加大政策沟通和经济政策协调，对受疫情影响的项目和企业给予开发性金融支持，增强物流与贸易、产业的深度联动，确保全球供应链和贸易物流的总体稳定，为全球经济复苏带来了希望。

第四节 发达国家“双循环”发展格局的做法

构建“双循环”新发展格局理论提出以来，许多学者从不同视角，考察世界各国在特定历史时期的内外循环情况，为认识当前中国构建新

发展格局的战略提供了历史参考。

一、美国“双循环”经济的发展进程

江齐明在《“双循环”：美国循环经济的演变对我国经济发展的启示》中分析了美国“双循环”经济的发展进程。

（一）经济“内循环”阶段（1783—1870 年）

维护国家的完整，构建统一的国内市场；落实专利制度，知识产权保护并市场化以及将土地财产关系权利赋予人民成为美国积累技术及物质财富的两大关键举措，激发了创新创业，不断扩张的农业所创造的巨大内需和实物资产为美国日后向双循环过度奠定了基础。《宅地法》鼓励土地开垦，《莫里尔法》开启了技术与农业生产相结合的大门，并明确将开办大学和农学院的权力下放给各州，对美国农业的发展起到了关键作用，在《哈契法令》和《斯密利维法令》的作用下，更多资金涌向农科开发。农业的发展，有力地支持了美国工业化的进程。在此阶段，美国工业实力薄弱，依靠出口农产品进口工业产品及生产工具；贸易逆差常态化，“内循环”被迫成为唯一的经济动力。

（二）经济“外循环”阶段（1871—1913 年）

前期的技术积累，以及在放任政策和高关税政策成为政府施政核心内容的形势下，美国通过关税扶持国内工商业并鼓励企业相互竞争，使其在第二次工业革命中独占鳌头，快速由农业国蜕变成最大的工业国；同时，美国工业制品在世界范围内的优势扩大，美国对外贸易顺差逐步扩大，对外贸易成为美国经济发展的重要组成部分，对美国经济的影响达到顶峰。

（三）经济“双循环”阶段（1914 年后）

对教育和基础科学的重视和发展成为美国经济持续成长的关键，美国国防部和国家科学基金会不仅向大学提供研发资金，而且也成为大型企业和混合型科研机构的主要资金来源。20 世纪初，各大金融寡头更裹挟着制造业推动美国走入双循环阶段。国内贸易成为其经济增长的核心动力，以工业和高新技术产品出口的国际贸易在为其带来超额利润的同时，也为其带来国内所需要的大量廉价原料和一般消费品。过渡到“双循环”后，美国逐步形成以“内循环为主，受益却不受制于外循环”的新格局，在逆境中快速崛起。

二、欧盟共同市场的形成历程

杨盼盼、崔晓敏在《“双循环”新发展格局的国际比较与启示》一文中总结了欧盟共同市场的形成历程。总体上看，从欧洲煤钢共同体，到逐渐形成欧盟，再到更高级别的金融一体化，并形成欧元区，欧盟共同市场建设总体遵循先易后难、先核心国再外围国、先实体后金融、先经济后政治的规律。

（一）从核心国到老牌强国和外围国家，从西欧联合到欧盟东扩

二战后欧洲共同市场的建立最早始于比利时、英国、法国、卢森堡、荷兰五国，这五个国家均为德国的邻国，1951 年西德加入，构成了欧洲共同体的“核心六国”，是融合程度最高的成员国。1973—1995 年，英国、西班牙、葡萄牙 3 个老牌强国和丹麦、希腊、瑞典和奥地利等外围国家加入，欧洲共同体（1993 年后发展为欧盟）成员国从 6 国扩充到 15 国。这一时期在区域上主要为西欧联合。2003 年 10 个中东欧国家完成入盟谈判，2004 年欧盟实现东扩。

（二）从商品服务到生产要素，从单个产业到整个经济部门

欧洲共同市场的具体实践最早可追溯至 1951 年的欧洲煤钢共同体。通过这一超国家权限的机构，成员国协调煤钢生产，保证内部有效竞争。煤钢共同体的成功尝试激励各国把共同市场扩大至运输、农业、核工业等其他领域。1965 年欧洲煤钢共同体、欧洲原子能共同体和欧洲经济共同体统一为欧洲共同体。1985—2007 年，《申根协定》成员国不断增加，也为商品、要素和人员的跨境流动扫清了障碍。2015 年，欧盟出台《数字单一市场战略》，进一步加强数字领域互联互通。

（三）从实体经济到金融和货币领域的一体化

欧洲共同市场以贸易和实体经济作为一体化的开端和基石，核心是商品自由流动，此后逐步从实体经济转变到金融和货币一体化。1991 年《马斯特里赫特条约》提出建立欧洲经济货币联盟的计划，1998 年欧洲中央银行成立，同年欧洲议会提出金融服务行动计划，2002 年欧元正式流

通并成为欧元区国家唯一法定货币，区内国家实行统一货币政策，随着欧元的诞生，欧盟金融市场一体化进程加快。2010 年欧盟设立“欧洲金融稳定机制”和“欧洲金融稳定基金”应对欧债危机。

（四）从经济实体向经济政治实体深化

早期欧洲一体化进程的突破主要表现在经济领域，其他领域（政治、社会、法律等）的合作缺乏一致协调。1986 年欧洲共同体签订《单一欧洲法案》，由此欧洲政治合作成为法律条文。该法案通过引入合作程序和扩展“特定多数”投票制，赋予欧洲议会真正的立法权力。1990 年，《申根公约》消除过境关卡限制，使会员国间无国界。1993 年欧盟正式成立，标志着欧洲共同体从经济实体转向经济政治实体。后续的《尼斯条约》《里斯本条约》对欧盟的政治融合做了更多的支持。

三、“由外向内循环”下日本经济的转型

金仁淑、王森垚、田正、李鑫分析了日本双循环发展的经验与教训。二战后至今的半个多世纪以来，日本通过政府主导，不断制定和调整经济政策，在短时间内极大地优化了国家的产业结构和经济结构，实现了长达 20 年的高速增长，于 1968 年成为仅次于美国的世界第二大经济体，跻身于世界发达国家行列。这一时期，日本的经济增长战略是立足国内产业，把生产过程留在国内，以商品销售到国外为完成形式，使本国资本循环的流通过程在国外完成，生产过程在国内完成。在这一过程中，日本通过进口廉价的原材料，出口附加值较高的重工业制成品，不仅成功地弥补了资源短缺，而且在对外贸易中展现出强大的竞争力，成为国家经济高速增长的重要原因之一。

随着日本经济体量的增大，它与世界其他国家的经贸摩擦也不断升级。随着经济危机的爆发、内外贸易的不平衡、劳动力成本的提升、国际竞争加剧引起的比较优势减弱等因素相继出现，日本海外贸易环境出现了较大变化，使传统经济战略面临着巨大压力。1985 年，日本在美国的压力下，被迫与美国签订了“广场协议”。此后，日本开始着手调整经济结构，经济发展思路从出口转向需求，通过提升国民生活水平，改变“贸易立国”战略下的出口依赖状况，以应对国外发展环境的变化。1988

年，制订《与世界共生的日本——经济运行5年计划》，把“促进经济增长方式由出口导向型向内需主导型转型”作为主要内容。至此，日本“由外而内”的转型确立并开始实施。

日本政府开始对从生产端到消费端的各个环节进行政策调整。在生产环节，调整产业结构，发展技术密集型产业，提高国内科技的自主创新能力，发展新型产业。在消费环节，围绕扩大内需消费的目标，宏观上采取积极的财政政策，进行以改善居民住宅和生活环境为主要内容的公共事业基础设施投资，同时，为了扩大民众消费水平，采取了提高个人收入、完善社保体系、降低个人所得税等措施。总体上看，日本的这场从外循环转向内循环的发展战略，是一场供给和需求的双轨改革，它在居民消费水平、技术产业升级、基础学科建设和创新等方面取得了积极效果。然而，这一改革虽然以刺激内需为目的，政府采取了宽松的货币政策，央行大幅度降低了基准利率，但资金却都流入了股市、房地产等非生产性市场，实体经济并未获得实质发展，居民的消费能力也不足以支撑供给，进而为后来的日本房地产崩溃、经济泡沫与“失去的20年”埋下了伏笔。

第五节　加快构建新发展格局

构建新发展格局，是一个系统工程，既要加强战略谋划和顶层设计，也要把握工作着力点，在危中寻机、化危为机，坚定不移贯彻新发展理念，不断向高质量发展迈进。

一、畅通经济循环，推动构建统一大市场

构建新发展格局的关键在于发挥我国市场资源的巨大优势，实现各生产要素的组合在生产、分配、流通、消费各环节的有机衔接，保证经济循环的畅通无阻。

（一）形成高质量的供给体系

深化供给侧结构性改革，以创新为引领，以夯实产业基础能力为抓

手，推动产业链、创新链、供应链“三链”融合发展，铸基“中国创造”。打造以强化企业创新主体地位为核心，探索产学研联合体多种模式为支撑的国家系统创新链，构建互动融合、相互促进的双重创新体系，让创新链成为产业链、供应链等各链条的有力支撑，真正让创新驱动贯穿始终；畅通产业链的大动脉和微循环，打破部分行业政策性梗阻，打通关键堵点，畅通产业循环、市场循环和经济社会循环，提高产业基础能力，实施产业基础再造和产业链提升工程，顺应新一轮产业变革的大趋势，建立共性技术平台，解决关键共性技术问题，通过关键共性技术的产业化带动产业链现代化水平，增强产业链的韧性；以数字化为供应链再造的发展方向，探索“工业互联网＋供应链业态”协同发展的新模式，促进上下游紧密协同、供应链集约高效。

（二）加快培育完整内需体系

完整的内需体系涉及居民、企业和政府三大主体。就居民需求来说，要逐步提高居民收入水平。全力扩大就业渠道，稳定和扩大就业，强化就业优先政策，坚持经济发展就业导向，完善促进创业带动就业、多渠道灵活就业的保障制度，支持和规范发展新就业形态，更加注重缓解结构性就业矛盾，努力扩大就业容量、提升就业质量、促进充分就业。拓宽居民增收渠道，完善工资、社保制度，健全工资合理增长机制，着力提高低收入群体收入，扩大中等群体收入；多渠道增加居民财产性收入，加强产权保护，增强人民群众财产安全感，让有潜力的低收入人群尽快步入中等收入群体行列，使之成为大国内部可循环的主力军。就企业需求而言，要加快消费品供给侧提质步伐，鼓励消费品生产创新，挖掘新兴消费潜力；引导市场主体增强创新实力，以改革创新为根本动力，坚持开放创新与自主研发相结合，研发新型消费品，创造新消费需求；丰富差异化消费品供给，优化服务消费供给质量，满足多样化消费需求，重点培育以健康、美容、教育、培训、文化、体育、旅游为代表的新兴消费产业；打造新的消费热点，大力发展夜经济、地摊经济等民生经济，形成集美食、娱乐、购物、休闲为一体的夜间购物消费商圈，促进本地消费。就政府需求而言，要持续优化消费环境，加快建设高水平城市公共交通体系；大力开拓农村消费，加快完善农村线上线下商业网点布局，加快推动零售、电商、物流、快递等市场主体向农村市场延伸；全面推进消费领域信用体系建设，对假冒伪劣商品“零容忍”，营造使消费者能够放心消费的消费环境；充分发挥政府在促进消费方面的积极作用，着力完善居民消费保障；创新体制机制，发挥市场作用，引导鼓励更多社会资本进入，让公共服务体系更加完善。

二、推动区域协调发展

城乡区域是构建新发展格局的空间载体，为新发展格局构建提供广阔的纵深空间、多梯度增长与多样化发展的载体支撑。

（一）发挥重大区域战略实施的引领作用

发挥京津冀、长三角、粤港澳大湾区的综合优势，率先在畅通经济循环上取得新突破，为新发展格局提供实践探索和先行示范；以长江经济带发展、黄河流域生态保护和高质量发展战略实施为依托，积极有序推进产业转移承接和经济协作，促进东中西部循环联动和东西双向对外开放，为全国跨区域大循环提供有力传导。

（二）深入实施四大板块区域战略

加快推动西部大开发形成新格局，推动东北振兴取得新突破，促进中部地区加快崛起，鼓励东部地区加快推进现代化，促进区域梯级联动发展，培育更多消费、投资和出口新增长点，在扩大内需和推进更高水平对外开放方面支撑形成新发展格局。

（三）统筹新型城镇化和乡村振兴战略实施

推进以人为核心的新型城镇化，全面实施乡村振兴战略，深化农业供给侧结构性改革，全面提高城镇化水平和质量，积极发挥县城和乡镇的城乡循环支点作用，以工补农、以城带乡，促进城乡要素双向流动和城乡协作互动，形成城乡循环联动新格局。

（四）着力拓展海洋发展新空间

按照海洋强国建设要求，坚持陆海统筹发展，以陆促海、以海带陆，积极向海发展，提升海洋科技创新能力，合理开发利用海洋资源，培育壮大海洋经济增长点，加强陆海互联互通建设，发挥海洋优势，持续扩大对外开放合作，为构建新发展格局提供陆海统筹循环新支撑。

三、构建绿色“双循环”新发展格局

力争 2030 年前实现碳达峰，2060 年前实现碳中和，是党中央经过深思熟虑作出的重大战略决策，事关中华民族永续发展和构建人类命运共同体，要将碳达峰碳中和纳入“双循环”新发展格局整体布局。

（一）加快绿色技术创新，构建市场导向的绿色技术创新体系

依靠创新驱动打造发展新引擎，培育新的经济增长点。以绿色高效技术提高能源和资源利用率，降低生产与服务过程的能源与资源消耗。加大对新兴绿色产业基础技术、前沿技术和共性技术的研发支持力度。加快减量化、再利用、产业共生与链接等领域关键技术和设备的研发制造。

（二）深入开展碳汇计量、行业碳足迹研究

加大碳汇计量研究力度，逐步建立和完善碳汇的科学计量统计制度，努力为我国在国际谈判与合作中赢得主动提供重要保障。加强碳足迹的顶层设计，积极应对由于碳足迹而形成的新的贸易壁垒，牢牢把握我国在国际贸易和投资中的主动权。形成国际通用认可的统计制度，推动产业链各环节上的全面低碳。

（三）发展和应用可替代新能源

加快以清洁能源替代化石能源，扩展电力和氢气等绿色能源载体，提升能源利用效率，统筹氢燃料电池汽车和绿色氢能制备、储运、加注体系研发建设，进一步加强氢燃料电池汽车跨省市、城市间的区域联合示范应用。

（四）加快推进碳市场建设，并在此基础上构建技术生态化创新成果转化服务平台

对配套成果转化服务机制进行完善，适时启动全国绿色技术服务博览会，发挥碳市场服务国家经济低碳转型、优化能源结构及资源配置、培育低碳投资者的良好作用。

四、实行更全方位更高水平的对外开放

构建“双循环”新发展格局，重塑中国与世界经济关系的新模式，关键在于构建更高水平的开放型经济新体制，深入推进制度型开放和高

水平开放。

（一）坚持深化改革，建设开放型新经济

结合当前我国经济发展面临的区域间发展不均衡、城乡结构失衡、技术创新能力有待提升等问题，以发展国内经济循环为主，刺激消费，发挥我国超级大规模的市场优势，调整区域经济合作，积极建立同愿意与我们进行合作的国家或地区之间的关系，积极展开合作，形成全方位多层次的开放格局；合作中既考虑经济利益，关注贸易摩擦，又从意识形态、价值观念、组织与管理等政治方面达成一致，即从减少关税转向规则制度改革，从门槛式开放走向规则开放，以自贸区、"一带一路"建设为契机，逐步转向深化经济体制改革、促进开放型新经济的发展和建设，做好自贸区（港）、试点区等高水平开放政策保障机制，进而为推动构建更高层次的开放型经济奠定基础，依托国内、国际经济的循环发展，形成全方位、多层次、多元化的开放合作新局面，打造经济发展的国际合作新优势。

（二）推动对外开放机制化建设，推动国内国际供需良性循环

在新冠肺炎疫情的冲击下，"一带一路"国际合作展现出强大的韧性和活力。加快自由贸易试验区、自由贸易港建设，在总结过去经验的基础上拓展建设的广度和深度，用足用好超大规模市场这张"王牌"扩大进口，使我国成为全球商品和服务的巨大引力场。与"一带一路"沿线国家建立深化合作的内生机制，拓展合作的广度和深度，不断提升出口质量和效益，走优质优价道路，增强出口产品的国际市场竞争力。适应疫情防控常态化趋势下全球服务贸易发展要求，与沿线国家实行战略对接和规则对接，推进亚太地区一体化进程，大力发展服务进出口。把握世界发展大势，顺应新一轮科技革命下国际贸易发展新趋势，培育跨境电商、数字贸易等面向全球的贸易新业态、新模式，使内循环与外循环更加紧密结合，形成国内外合作的新优势。

（三）着力推动"一带一路"大市场循环畅通

促进"一带一路"经济走廊互联互通，加快数字基础设施建设，同各方共同继续努力，加快形成陆、海、天、网四位一体设施联通网络；在项目建设、开拓市场、金融保障、规范企业行为、加强风险防控等方

面下功夫，促进我国与“一带一路”沿线国家贸易畅通；推动建立稳定、可持续、风险可控的金融服务体系，让资金在“一带一路”沿线国家高效流动起来；加强合作机制建设，形成多层次合作架构，为“一带一路”大市场循环提供坚实的制度保障。

参考文献

［1］郭占恒：《构建新发展格局的重大意义和战略举措》，《浙江经济》2021年第6期。

［2］王维平、牛新星：《试论“双循环”新发展格局与经济高质量发展的良性互动》，《经济学家》2021年第6期。

［3］王义桅、陈超：《高质量共建“一带一路”的突破口》，《经济日报》2021年4月21日。

［4］俞懿春：《一带一路，开创共同发展的光明未来》，《人民日报》2021年7月9日。

［5］张伟玉：《推动一带一路建设高质量发展》，《人民日报》2020年9月15日。

［6］曲凤杰：《“一带一路”建设是落实“双循环”重要抓手》，《当代金融家》2021年第7期。

［7］田振兴、张丽娜：《积极扩大内需 构建新发展格局》，《新长征》2021年第7期。

［8］魏婕、任保平：《新发展阶段国内外双循环互动模式的构建策略》，《改革》2021年第6期。

［9］万钢：《融入双循环 推动新发展》，《中国发展》2021年第3期。

［10］陈伟光、明元鹏、钟列炀：《构建“双循环”新发展格局：基于中国与世界经济关系的分析》，《改革》2021年第7期。

撰稿人：张群，21世纪马克思主义研究院经济社会文化发展战略研究中心特约研究员

参加者：张广勇，中视联（北京）董事长、21世纪马克思主义研究院经济社会文化发展战略研究中心副主任；张妍妍，山东大学马克思主义学院副教授

第四章　产品追溯体系与高质量发展

构建重要产品追溯体系是高质量发展的重要保障。本章重点剖析重要产品追溯有关概念，论述产品追溯体系与高质量发展的辩证关系，并以食品和药品为重点，介绍欧盟、美国及日本等的主要做法，概述我国重要产品追溯体系建设的探索与实践。

第一节　产品追溯与高质量发展的辩证关系

从国际上来看，构建产品追溯体系初衷是在问题事件发生后用以辅助开展产品召回和应急处置。然而近年来，随着信息化技术的兴起，重要产品追溯的内涵和外延不断丰富扩展，已经成为政府和企业进行产品全过程、全生命周期行政监管和质量管理的重要措施。对于政府部门，产品追溯可以帮助其创新监管机制，实现跨部门、跨地域、跨环节的无缝监管；对于企业而言，产品追溯可以帮助其实现全程精细化质量管理，并结合供应链实现商业模式的创新。这些已经成为构建国家竞争力的重要差异化举措，对于推动我国产业高质量发展，满足人民群众日益增长的美好生活需要，具有重要意义。

一、重要产品追溯的相关概念

（一）重要产品

重要产品是指当前及今后一个时期，国家各有关政府部门在推动行业组织、生产经营企业等开展追溯体系建设过程中，列为重点实施对象的产品。根据《国务院办公厅关于加快推进重要产品追溯体系建设的意见》，当前国家纳入追溯的重要产品主要包括食用农产品、食品、药品、主要农业生产资料、特种设备、危险品、稀土产品七大类。国家对重要产品实施目录管理制度，根据需要适时调整重要产品目录；各地可依据国家重要产品目录，结合当地实际，确定本地纳入追溯的重要产品目录。

（二）追溯与可追溯性

追溯（tracking & tracing）指通过记录和标识，记录客体的历史、应用情况或所处位置的活动，包含追踪和溯源两个方面。追踪指从供应链的上游至下游跟随追溯单元运行路径的能力；溯源指从供应链的下游至上游识别追溯单元来源的能力。

可追溯性（traceability）作为一个专有名词出现，最初始于质量管理与质量保证领域。《质量管理和质量保证的术语 ISO 8042：1994》把可追溯性的概念定义为“通过登记的识别码，对商品或行为的历史和使用或位置予以追踪的能力”。由此可见，追溯是高质量发展的基本保障。

总之，追溯是一种活动，是追溯主体的主动行为活动，而可追溯性则代表了一种能力，是客体能够被追溯的能力。从可追溯角度看，具备以下几个方面内涵：第一，面向产品的各个环节。包括产品的原料来源、生产过程、储存过程，也可包括产品的销售过程与购买过程。第二，唯一的标识作为载体。每一个产品都应该通过唯一标识将其与其他产品相区分，正是基于标识的唯一性，才能在庞大的数据信息中迅速对该产品进行定位。第三，一套规定的标准化的衡量标准。产品追溯内容是可以通过具体技术指标予以衡量的相关数据或信息。

（三）追溯体系

国际食品法典委员会（CAC）将可追溯体系定义为“食品市场各个阶段的信息流的连续性保障体系”。根据《关于加快推进重要产品追溯体系建设的意见》规定，追溯体系建设是通过信息化手段采集记录产品生产、流通、消费等环节信息，实现来源可查、去向可追、责任可究，强化全过程质量安全管理与风险控制的有效措施。因此，广义而言，追溯体系可表述为产品在市场各阶段信息流的连续性保障体系，涵盖从生产到使用的全部或部分追溯链条、参与主体相关行为、系列约束条件和规则（如有关政策制度、标准规范、运行机制等），以及支撑技术手段等多方面保障措施。

二、追溯助力衔接国内外双循环，构建新发展格局

2020 年 9 月 9 日，习近平总书记在中央财经委员会第八次会议上强调，流通体系在国民经济中发挥着基础性作用，构建新发展格局，必须把建设现代流通体系作为一项重要战略任务来抓。国内循环和国际循环都离不开高效的现代流通体系，建设现代流通体系对构建新发展格局具有重要意义。在社会再生产过程中，流通效率和生产效率同等重要，是提高国民经济总体运行效率的重要方面。高效流通体系能够在更大范围把生产和消费联系起来，扩大交易范围，推动分工深化，提高生产效率，促进财富创造。

追溯体系尤其是数字技术的应用可加快推进各类平台的互联互通和数据的共享交换，实现各种产品和物流信息的精准定位和实时跟踪。有利于塑造中国制造产品品牌和技术壁垒，推动制定和引领全球数字贸易规则的制定，形成国际话语权，畅通国际国内双循环。

三、追溯助力政府创新监管机制，实现全程综合治理

近年来，党中央国务院大力推动放管服改革，着力激发市场活力，更好地发挥市场配置资源的决定性作用。加快建设重要产品追溯体系，可以运用信息化手段创新监管机制和方式，丰富“事先市场准入、事中过程监管、事后产品召回”全过程监管手段，健全监管体系，提高监管效率，实现政府监管与社会监督有机结合，从而有助于提升政府综合治理能力，提升流通现代化和安全保障水平。

商务部会同有关部门发布的《关于协同推进肉菜中药材等重要产品信息化追溯体系建设的意见》指出，要“推进追溯应用协同”，并明确了有关部门充分利用追溯系统记录的产品生产流通与来源流向等基础信息，开展产地准出管理、市场准入管理以及问题产品应急召回处置等工作；充分利用追溯体系记录生产经营主体信息和产品质量安全信息，开展追

溯主体信用监管，建立完善产品质量安全档案，形成守信联合激励、失信联合惩戒机制；依法加强对生产经营企业建立实施产品追溯制度的监督检查等方面的作用。

从监管实施思路来看，需首先将重要产品生产经营追溯体系建设情况列入监管内容，同时对追溯技术服务企业尤其是第三方追溯服务平台承建商加强监管，确保追溯数据真实、有效。在这个前提下，方能开展追溯主体行为监管、产品质量监管等职能。在日常巡查、双随机体系核查、监督抽查和主体责任自查报告基础上，利用重要产品信息化追溯体系建立“监管链”，引入企业 CCP（CCP 系指可将某一项食品安全危害防止、消除或降低至可接受水平的控制点）关键控制点，可以打破分业监管、分段监管壁垒，有助于实现通过追溯码实现产品全生命周期过程的统一监管，提升监管效能。发生产品质量安全事件时，利用重要产品信息化追溯体系可帮助政府部门和企业快速锁定产品的来源、流向、产品数量分布使用情况以及责任主体，从而提高应急处置管理能力。其他有关部门可以整合追溯数据资源，充分发挥追溯体系在市场监测与运行调控、行业管理、维护公共安全和使用者权益等方面的积极作用。

四、追溯助力企业提升管理能力，构建差异化竞争策略

在追溯体系建设过程中，“物联网 / 互联网 + 追溯”的深度融合是帮助企业构建差异化竞争策略的重要技术途径。

从质量管理来看，产品质量是企业赖以生存的基石。通过建立全过程全生命周期产品质量安全追溯体系，有助于企业落实内部质量管理制度和责任，促进生产流通各环节高效对接和协同，降低供给成本，保障供给质量，增加有效供给，减少信息不对称和供需错配，提高生产企业的市场响应速度，从而助推供给侧结构性改革。

从供应链管理来看，在追溯体系实施中，通过产品追溯体系贯通智慧供应链管理、代理商管理、订单管理、物流管理、库房管理、产品管理、防窜货管理等功能，可以帮助企业追踪产品流通轨迹，加强产品供应链与渠道管控能力，进而缩短产品的流通周期、降低流通成本。

从终端消费来看，运用大数据、人工智能技术，分析客户消费行为，

开展场景式的精准服务和定制服务。企业可将追溯体系建设与品牌营销、电子商务、网络支付、智慧物流等相结合，可以为消费者提供个性化、多样化、品质化消费内容及场景，充分运用追溯二维码入口、移动终端、社交媒体与消费者进行互动，推广精细服务，并建立快速柔性的消费需求反馈机制，大大提升消费体验。基于产品消费场景，结合追溯标识利用大数据分析定向目标客户群体，结合红包、积分、代金券等工具，帮助企业实现精准营销，提升经济效益，从而帮助企业将追溯体系建设从成本工程转换为利润工程。

五、追溯助力营造放心消费环境，满足人民美好生活需要

国家重要产品追溯体系，是习总书记强调的“加快建立科学完善的食品药品安全治理体系”的重要一环，是保障老百姓安全消费、放心消费的一个重要途径和手段。建立便捷高效的追溯信息公共查询通道，便利消费者查询，保障放心消费。通过手机扫码等追溯查询方式，便于消费者了解产品追溯链条上各环节质量安全、产品品质、生产流通环境等信息，有利于打消消费顾虑，提升消费意愿，从而实现安全消费、放心消费、品质消费，进而为促进消费、满足人民日益增长的美好生活需要作出贡献。

第二节　发达国家产品追溯体系建设基本做法

从 20 世纪 90 年代开始，二噁英和疯牛病等食品安全事件对许多国家或地区经济环境产生了深远影响。对此，发达国家或地区纷纷建立追溯制度，以加强产品质量安全管理。其中，美国、欧盟、日本等较早开展追溯体系建设的国家和地区，已经建立起了法律法规健全、监管机构配套，以预防、控制和追溯为特征的产品安全追溯监管体系，并推广应用到农产品、食品、药品等领域，提高了产品质量安全保障能力。欧盟、美国、日本等国家和地区的追溯体系框架，基本包括了追溯链条体系、追溯监管体系、追溯制度和标准体系、追溯技术和信息管理系统等方面。下面以食品和药品为例介绍欧盟、美国、日本的追溯体系建设经验。

一、欧盟产品追溯体系建设情况

（一）食品追溯体系建设情况

欧盟在追溯体系政府监管、法律制度、标准规范等方面，分欧盟和成员国两个层次，纵向上贯穿从欧盟到成员国内部各个层级，横向上联系着各成员国。

欧盟的食品安全体系由“一份白皮书、官方主管机构、统一的技术标准、统一的法规法令、重要的食品安全制度”五个部分构成。

“一份白皮书”是指 2000 年 1 月 12 日欧盟委员会（EC）发布的《欧洲食品安全白皮书》（*White Paper on Food Safety*），这是欧洲现行食品安全体系构建的路线图式章程，该白皮书的主要内容例如建立统一的安全机构、动物福利、风险评估与预警系统等都是后续欧盟食品安全体系的重要组成部分。

“官方主管机构”即欧洲主管食物安全的相应机构，包含欧盟健康与消费者保护总署（DG SANCO）及其下属但相对独立的食品与兽医办公室（FVO）以及食品安全局（EFSA）。食品安全局依据欧洲法令 178/2002（Ec）建立，独立于欧盟委员会，是欧盟官方的食品安全机构。食品与兽医办公室为欧盟委员会的下属机构，主要负责监督各成员国执行欧盟相关法规情况及第三国输欧食品安全情况。

“统一的技术标准”指欧盟遵循统一的欧盟食品安全相关标准，其中，欧盟标准已经和国际食品法典委员会的食品标准基本统一化。这些标准是欧盟食品安全体系运行的技术基础。

“统一的法规法令”是指欧盟基于食品安全主题所发布的一系列法规、指令、建议，诸如欧洲议会和欧盟理事会第 178/2002 号关于食品安全法一般原则和要求的法规、欧洲议会及理事会第 852/2004 号关于食品卫生的法规、欧洲议会和理事会第 853/2004 号关于动物源性食品具体卫生规定的法规、欧洲议会和理事会第 854/2004 号关于供人类消费的动物源性食品官方控制组织细则的法规、欧洲议会及理事会第 882/2004 号关于确保符合食品饲料法、动物健康及动物福利规定实行官方控制的法规。

“重要的食品安全制度”是指欧盟应对食品安全问题采取的制度化

措施，包括从农田到餐桌的全程监控制度、危害分析与关键控制点制度（HACCP）、食品与饲料快速预警系统（RASFF）、可追溯制度、食品或饲料从业者承担责任制度。以食品与饲料快速预警系统为例：该制度是欧盟食品安全局的一项职责，即对欧盟食品环境出现的未被相关技术标准、法规所规定的潜在风险进行评估，以确定其安全性。该预警系统的建立为欧盟成员国提供了交流的有效途径。任何一个成员国发现任何与食品及饲料安全有关的信息都可上报欧盟委员会，欧盟委员会在进行相关调查后，有权采取紧急措施，包括暂停该类食品进口。

（二）药品追溯体系建设情况

欧盟的药品法律法规标准体系由三个层面组成：第一层面是指法令（directives）和法规（regulations），由欧盟议会和欧盟理事会颁布实施，少部分由欧盟委员会颁布实施。法令是欧盟用于建立统一药事法规的法律框架，各成员国需要通过立法将其转化为国内法实施。第二层面是指由欧盟委员会依据有关法令和法规而颁布实施的药品注册监督管理程序和 GMP 指南。第三个层面指由欧洲药品评价局（EMEA）颁布实施的一些技术指南和对一些法规条款所作出的解释。

2011 年 7 月，欧盟通过了《欧盟反伪造药品指令》（*The EU Falsified Medicines Directive*，DIRECTIVE 2011/62/EU），明确要求为欧盟境内流通的每一份药品建立“可供验证其真实性”的安全档案，并建立一个欧盟国家通行的数据库，储存药品安全信息。该法案的颁布为欧洲药品电子监管系统的实施奠定了法律基础。

2019 年 2 月 9 日，欧盟《防止假药法案》正式生效，欧盟委托第三方组织建立了统一的数据交换平台 EUHUB，采用“一头一尾”的模式，由企业承担主体责任，药品生产商 / 进口商对药品进行序列化，将药品信息上传到统一追溯平台，再由零售药房 / 配售点的药剂师在销售前扫描验证药品的真实性，并在销售确认后把药品状态标记为“已售出”。

二、美国产品追溯体系建设情况

（一）食品追溯体系建设情况

在监督管理方面，美国食品安全管理机构有三大明显特征：一是纵向三级（联邦层面之上、联邦层面、州和地方政府层面）运作，从上到下“一揽子”的垂直管理，避免了各个环节之间的脱漏或重复。二是横向（联邦层面）多部门联合，“产品管理为主、分段管理为辅”职能划分。三是美国的食品安全监管机构虽然由多个部门共同负责，但每个监管机构职责明晰，这些监管机构在食品安全标准、食品安全监管、食品安全教育等方面都各司其职。高效、集中、针对性强的食品安全追溯监管形成了对食品安全从田间到餐桌的整个食品链的安全控制。

联邦层面主要由食品安全检验局、食品药品监督管理局（FDA）、动物植物检验局、疾病预防控制中心、环境保护署等部门共同负责监管。美国农业部食品安全监督服务局（FSIS）主要负责监管肉、禽及蛋类产品的质量安全以及缺陷产品的召回工作，如果发现某种禽肉或牲畜产品存在风险，即使在没有确切证据的情况下，监管机构也可以要求企业将产品召回，并做出补救措施；如果确实检查出存在质量安全问题，则除勒令企业召回问题产品外，相关企业还将面临高额的罚金甚至监禁。食品药品监督管理局管辖范围很宽泛，涉及肉类和家禽以外的所有食品。动物植物检验局主要负责动物疫病诊断、防治、控制以及疫情监测。疾病预防控制中心主要负责食源性疾病的调查和防治。环境保护署等其他部门负责其他与食品安全相关的事务。

美国食品安全追溯法律法规体系较完善，覆盖了几乎所有食品。其中，《公众健康安全和生物恐怖主义预防应对法》《食品安全现代化法案》是美国农产品/食品追溯法律框架的核心内容，并制定有关条例、标准、规范等，标志着对食品安全的强制性管理并将食品安全提升到国家战略层面。《食品安全现代化法案》要求全面推广危害分析与关键控制点制度体系，对食品生产过程中的原材料生产、加工、流通、消费各个环节中的危害进行风险分析，并按照相关标准实施产品控制。2009 年的《食品安全加强法案》要求食品企业要建立危害分析、预防措施、食品召回和追溯等制度。《联邦安全和农业投资法案》提出了食品召回有关规定。食品药品监督管理局制定了《记录建立和保持的规定》《生产设施注册及进口食品运输前通知的规定》《管理性扣留的规定》三个法规和导则，为企业和执法者提供实施食品追溯的技术和执法依据。

美国通过追溯体系实现了对食品企业严格监管，对存在安全问题的食品企业进行严厉处罚并责成召回问题食品。《食品安全加强法案》中包含关于食品安全问题的严厉处罚规定，一旦发现食品存在安全风险，政府可立即对食品企业下达强制召回问题食品令，所有费用由生产问题食品的企业承担。一般情况下，食品企业得知食品存在风险或缺陷时，都会主动从市场上撤回问题食品，很少出现政府强制要求召回问题食品的情况。

（二）药品追溯体系建设情况

早在 1988 年，美国制定了《处方药营销法案》（PDMA），要求所有药品经营企业记录药品来源和销售去向。2005 年，食品药品监督管理局发布了《上市前风险评估》（前期市场准则）、《药物警戒规范和药物流行病学评价》（风险管理在药品上市后的规范做法）及《风险最小化行动计划的制定与应用》三个相关指南文件，对已上市药品存在的安全隐患和风险进行评估和监测：一是上市的风险评估；二是药物警戒和流行病学评价；三是风险最小化行动计划和应用程序。其中，常用的上市后风险最小化措施就包括药品信息的追踪。

2007 年，《食品药品管理修正法案》颁布实施，要求美国卫生与公众服务部在 2010 年 3 月前制定一个适用于处方药生产商与分装商的处方药跟踪与追溯系统的标准化数码标识（SNI，Standardized Numerical Identification），对处方药进行识别、验证、确认、跟踪以及追溯，用于分装的 SNI 应能与用于生产的 SNI 进行链接，并且 SNI 应与关于这种标识的国际公认标准相一致。美国大多数的处方药包装已含有 NDC，NDC 的标签编码包含生产商与分销商信息，药品编码包含药品特性、剂型、配置等信息，包装编码包含药品包装尺寸与类型信息。在 NDC 的基础上加上一组不超过 20 个字符的数字序列所形成的 SNDC（SNI），可链接到包含药品批号、有效期、分销信息以及其他有关药品标识的数据库中，这样便能作为识别处方药包装的方法，进而有助于验证、跟踪与追溯药品。

美国国会于 2013 年 8 月通过《药品质量与安全法案》（H.R 3204），11 月，该法案被参议院批准成为联邦法律，要求全国制定和实施统一的药品供应链安全标准，以加强处方药供应链管理，保障公民用药安全，具体表现在可有效识别假药，同时可防止药价攀升和药品短缺。该法案要求截至 2015 年 1 月，制药企业、药品批发企业和药品再包装企业每进行一笔药品交易，必须提供和接受药品谱系；立法之日起四年后，制药企业的每单位药品包装上都设有产品识别码。六年后，药品批发企业只能接收和销售具有识别码的药品；七年后，零售企业只能接收和销售具有识别码的药品；十年后，全面实施药品电子监管系统。法案还规定，药品识别码应包含以下信息：（1）药品名称，制药企业的注册证号或者其他证件号码以及生产地址；（2）药品的商品名或者通用名，药品的含量，用药剂量和强度，药品交易日期，销售发票的票号，药品包装规格，有效期截止日期，生产批号；（3）企业名称，地址，企业注册证号或其他证书编号，购买过该药品的企业，运输信息（包括承运方的名称和地址）；（4）确定以上信息为真实和准确的证明。

三、日本产品追溯体系建设情况

（一）食品追溯体系建设情况

日本在农产品质量安全管理方面经验丰富，经过多年实践，已经建立了完备的管理和监控体系。日本已形成食品安全委员会、农林水产省、厚生劳动省三方协同的监管体系。此外，日本农民还自发组织成立农业协会，保障农民利益的同时也承担着监控农产品质量的责任。协会通过构建的“农协之放心体系”，对产品进行认证，其认证标签代表该商品是通过安全、规范的生产方式生产出来的，生产、流通、加工等各环节均可追溯。

日本的食品安全监管由食品安全委员会、厚生劳动省和农林水产省三方共同负责。各监管机构内部决策部门、执法部门、产业发展部门完全分离、互不交叉，每个部门职责明晰且机构设置、人员结构较为合理。农林水产省的食品危机管理小组和生产局负责食品的安全和质量，其中生产局主要负责各种农产品及其产业管理、监督；厚生劳动省的食品管理局负责食品流通过程的安全；食品安全委员会负责协调厚生劳动省和农林水产省的工作，负责食品安全的风险评估、风险信息的沟通与公开、政策的指导与监督。

2003 年 5 月，日本颁布《食品安全基本法》，该法作为日本确保食品安全的基本法律，树立了从农田到餐桌全程确保食品安全的理念，提出了综合推进确保食品安全的政策、制定食品供应链各阶段的适当措施、预防食品对国民健康造成不良影响等指导食品安全管理的新方针。《食品安全基本法》众议院内阁委员会的附带决议中，提出了根据食品生产、流通的实际情况，从技术、经济角度开展调查研究，推进能够追溯食品生产、流通过程的可追溯制度。此外，日本先后出台了《农药管制法》《农业标准法》《植物防疫法》《肥料管制法》《家畜传染病预防法》《确保饲料的安全性及品质改善法》《牛肉可追溯法》《大米可追溯法》等一系列法律法规，涵盖农药和肥料使用、农产品标识、动植物防疫和控制、生产过程管理、转基因产品标识、饲料添加剂最高残留限量、产品安全风险评估和可追溯制度等多个方面。

2001 年，日本首先在肉牛生产环节引入信息可追溯，消费者可以根据牛肉包装盒上的身份号码，通过互联网查询该牛肉的原始生产信息。2003 年 6 月，日本政府通过了《牛只个体识别情报管理特别措施法》，于同年 12 月 1 日实施，开始对牛肉从生产、加工、流通到销售整个供应链实施全程追溯。2004 年 12 月，开始实施牛肉以外农产品的追溯制度。2005 年，日本农业协同组合（简称“农协”）对该协会统一组织上市的肉类、蔬菜等所有农产品实施追溯，建立了粮农产品认证制度，对进入日本市场的农产品进行“身份”认证。在销售末端的零售环节，大部分超市都安装了可追溯终端设备，强制性地引入零售可追溯性计划，消费者可以随时查询所购农产品生产、加工、流通各环节的详细信息，目前所有农产品都遵循可追溯管理模式。2008 年，颁布了《关于米谷等交易信息的记录及产地信息传递的法律》，建立大米可追溯体系。2009 年，以日本农协等为代表的团体组织，逐步建立所有农产品可追溯，实现果蔬、肉制品、乳制品等农产品的生产者、农田所在地、使用的农药和肥料、使用次数、收获、出售日期等信息记录。

（二）药品追溯体系建设情况

日本现行《药品上市后安全监管质量管理规范》（*Good Vigilance*

Practice，GVP）对药品上市后的安全管理建立了一系列标准，涉及药品合理使用信息的收集、准备和研究等，以及安全保障措施的实施。GVP中提及药品安全管理信息的收集、基于安全管理信息监测的结果起草安全保障措施、安全保障措施的实施等内容。未来，日本计划将此系统的运行方式与药品安全监管相结合，形成独特的药品追溯体系。

第三节　我国产品追溯体系构建与发展

一、产品追溯政策制度体系建设

（一）政策制度体系建设

在政策层面，初步形成了以国务院《关于加快推进重要产品追溯体系建设的意见》为统领、商务部等七部门《关于推进重要产品信息化追溯体系建设工作的指导意见》为支撑、各主管部门追溯体系建设实施意见为补充的政策体系。

2015 年，国务院办公厅印发《关于加快推进重要产品追溯体系建设的意见》（以下简称《意见》），明确了食用农产品、食品、药品、主要农业生产资料、特种设备、危险品、稀土产品七大类重要产品追溯体系建设目标、任务和保障措施，就加快推进重要产品追溯体系建设作出全面部署，标志着追溯体系建设从部门试点探索上升为国家行动，这是重要产品追溯体系建设的纲领性文件。为落实该《意见》中关于“加强统筹规划”等要求，2017 年 2 月，商务部等七部门联合印发《关于推进重要产品信息化追溯体系建设的指导意见》，明确了“十三五”期间追溯体系建设的主要目标、重点任务和保障措施。

《意见》发布后，商务部认真贯彻党中央国务院部署，探索形成了商务牵头、部门协同的追溯工作格局。

各级部门、各地方和社会各界纷纷响应《意见》，积极推进信息化追溯体系建设。除商务部门外，农业农村部、工业和信息化部、食品药品监管总局、质检总局等部门分别就各自职能领域发布了相关指导政策。例如，农业农村部印发了《关于加快推进农产品质量安全追溯体系建设的意见》《农业农村部关于农产品质量安全追溯与农业农村重大创建认定、农业品牌推选、农产品认证、农业展会等工作挂钩的意见》；原食品药品监管总局出台了《关于推动食品药品生产经营者完善追溯体系的意见》《食品药品监管总局关于食用植物油生产企业食品安全追溯体系的指导意见》《食品药品监管总局关于白酒生产企业建立质量安全追溯体系的指导意见》；国家药监局出台了《关于药品信息化追溯体系建设的指导意见》；工业和信息化部在《信息化和工业化融合发展规划（2016—2020年）》《稀土行业发展规划（2016—2020年）》等政策文件中，也对食品、稀土产品等追溯体系提出了建设要求。

各省（市）纷纷响应政策要求，发布本地区《重要产品追溯体系建设指导意见》，制定《重要产品追溯体系建设实施方案》，推进农产品、食品、药品、奶制品等追溯体系建设。

2018年，根据党中央国务院关于加快发展新产业新业态新商业模式（简称"三新"）的要求，满足统计上监测"三新"经济活动规模、结构和质量等需要，国家统计局将"追溯技术服务"纳入了"三新"活动统计范围并制定了相关分类。统计的追溯相关内容包括：追溯体系设计服务、追溯软件研发服务、追溯系统运行维护服务、追溯管理云服务、追溯认证及评价服务、追溯大数据分析应用服务。

2019年5月9日，中共中央、国务院发布《关于深化改革加强食品安全工作的意见》，规定："集体用餐单位要建立稳定的食材供应渠道和追溯记录，保证购进原料符合食品安全标准"，"加快修订农产品质量安全法，研究制定粮食安全保障法，推动农产品追溯入法"，"建立食品安全追溯体系。食用农产品生产经营主体和食品生产企业对其产品追溯负责，依法建立食品安全追溯体系，确保记录真实完整，确保产品来源可查、去向可追。国家建立统一的食用农产品追溯平台，建立食用农产品和食品安全追溯标准和规范，完善全程追溯协作机制。加强全程追溯的示范推广，逐步实现企业信息化追溯体系与政府部门监管平台、重要产品追溯管理平台对接，接受政府监督，互通互享信息"。

2019年8月，商务部办公厅会同工业和信息化部、农业农村部、海关总署、市场监管总局、中医药局、药监局办公厅（室、司）联合印发

《关于协同推进肉菜中药材等重要产品信息化追溯体系建设的意见》，旨在推动追溯试点示范经验和做法转化为制度性成果，构建追溯体系建设运行长效机制，进一步提升部门业务协同，形成推动重要产品追溯体系建设工作的合力。

2020 年 9 月 9 日，国家主席习近平主持召开中央财经委员会第八次会议，研究畅通国民经济循环和现代流通体系建设问题。会议指出，要完善社会信用体系，加快建设重要产品追溯体系，建立健全以信用为基础的新型监管机制。同日，国务院总理李克强主持召开国务院常务会议，确定支持新业态新模式加快发展带动新型消费的措施，促进经济恢复性增长。会议提及的重点包括深化包容审慎监管，健全用户权益保护、产品追溯等机制等。

2020 年 9 月 21 日，国务院办公厅印发《关于以新业务新模式引领新型消费加快发展的意见》，提出要健全市场监测、用户权益保护、重要产品追溯等机制，提升行业发展质量和水平。

（二）法律法规体系建设

国家《食品安全法》《中医药法》《农药管理条例》《关于食品生产经营企业建立食品安全追溯体系的若干规定》《民用爆炸物品安全管理条例》等法律法规部门规章都对追溯作出了明确要求。上海、甘肃、福建、湖北、青海、南京、呼和浩特、济南、石家庄等省市也先后出台了追溯体系建设地方性法规或规章。例如，上海市发布的《上海市食品安全信息追溯管理办法》，提出进入上海的食品必须可追溯，极大提高了相关生产经营企业的积极性。此外，《有机产品认证管理办法》《药品经营质量管理规范》等，也将可追溯纳入了管理要求。

2019 年 5 月，中共中央、国务院发布《关于深化改革加强食品安全工作的意见》，提出“推动农产品追溯入法”，“建立食品安全追溯体系”。

（三）标准体系建设

为贯彻落实《关于加快推进重要产品追溯体系建设的意见》《关于推进重要产品信息化追溯体系建设的指导意见》等文件要求，结合追溯体系建设需要，提出科学规划食用农产品、食品、药品、农业生产资料、特种设备、危险品、稀土产品追溯标准体系，确保不同环节信息互联互通、产品全过程通查通识为目标，强化标准化服务和支撑重要产品追溯体系建设工作，国家标准委会同相关部门印发了相关工作方案和指导意见，组织制定了一系列基础关键追溯标准，为实现追溯体系互联互通奠定了基础。

2016 年 9 月，国家标准委办公室会同商务部办公厅等印发了《国家重要产品追溯标准化工作方案》，规定了追溯标准化工作的目标、原则、主要任务和组织机构。2017 年 10 月，质检总局等十部门联合印发《关于开展重要产品追溯标准化工作的指导意见》，进一步明确了重要产品标准化工作的内容及重点。

在国家标准委等部门共同推进下，本着急用先行原则，制定了重要产品追溯标准体系框架，并出台了《GB/T38154–2019 重要产品追溯 核心元数据》《GB/T38155–2019 重要产品追溯 追溯术语》《GB/T38156–2019 重要产品追溯 交易记录总体要求》《GB/T38157–2019 重要产品追溯 追溯管理平台建设规范》《GB/T38158–2019 重要产品追溯 产品追溯系统基本要求》《GB/T38159–2019 重要产品追溯 追溯体系通用要求》共六项国家标准。

商务部开展肉菜、中药材、酒类追溯试点时期，制定发布了《SB/T10680–2012 肉类蔬菜流通追溯体系编码规则》《SB/T10681–2012 肉类蔬菜流通追溯体系信息传输技术要求》《SB/T11038–2013 中药材流通追溯体系专用术语规范》《SB/T11039–2013 国家中药材流通追溯体系统一标识规范》等 20 多项行业标准。

农业农村、工业和信息化、药监等有关部门也制定出台了相关行业或领域的追溯标准。如，国家药监局制定了《国家药品信息化追溯体系建设导则》《药品追溯码编码要求》《药品追溯系统基本技术要求》《疫苗追溯基本数据集》《疫苗追溯数据交换基本技术要求》等系列药品追溯行业标准。一些单位和标准技术委员会也积极参与追溯标准工作，电子商务追溯、冷链物流追溯等领域也立项了一批国家或行业追溯标准。

二、我国政府各部门推动的追溯体系建设情况

我国的产品追溯体系建设最初从食品安全的领域开始，后不断扩大

到其他产品，相继制定出台了一些相关的政策、法规、标准规范，开展了肉类、蔬菜、中药材、酒类流通等追溯的试点示范，并初步搭建起系列追溯管理平台。从追溯链条、政策制度、标准规范、技术和信息管理系统等方面建设搭建追溯体系框架。

国家高度重视重要产品追溯体系建设工作。国务院办公厅于 2015 年印发《关于加快推进重要产品追溯体系建设的意见》，在深入总结前期各部门追溯试点项目建设经验基础上，就加快推进重要产品追溯体系建设作出全面部署。该《意见》印发以来，各部门各地区多措并举，通过试点、示范等形式推动重要产品追溯体系建设，取得了显著成效。商务部认真贯彻党中央、国务院部署，积极发挥牵头作用，会同各有关部门和地区，围绕食品、食用农产品、药品、主要农业生产资料、特种设备、危险品等重要产品，积极推动应用物联网、云计算等现代信息技术，积极推进重要产品追溯体系建设，在促进监管方式创新、提升企业质量管理能力、保障消费安全等方面取得了明显成效。

其中，商务部、财政部开展的肉菜、中药材流通追溯体系建设试点工作，分别覆盖了 5 批 58 个大中型城市、3 批 18 个省市，截至 2017 年底，全部完成试点建设任务，于 2018 年转入常态化运行，有效保障了试点地区肉菜、中药材流通消费的安全。为形成贯彻落实上述意见的引领示范效应，2016 年商务部会同财政部在上海、山东、宁夏、厦门四地开展了重要产品追溯体系建设示范工作，于 2018 年下半年完成评估验收。四地在特色产品追溯、追溯法规制度和标准建设、平台建设与互联互通、市场化推进机制等方面形成了一系列典型经验。此外，各相关部门也开展了大量工作。例如农业农村部门积极推动农产品质量安全追溯体系建设，建成了农产品质量安全追溯管理平台；大力推动农药、种子、化肥等主要农业生产资料追溯体系建设，对主要农业生产资料特别是剧毒农药、主要农作物种子等实现生产、流通全程追溯管理。工业与信息化部门推动国内主要婴幼儿配方乳粉生产企业建立乳粉追溯体系，主要稀土生产经营企业建立稀土产品追溯体系，然后扩展到食盐、肉制品等其他工业加工品种。市场监管总局积极推动食品（婴幼儿配方食品、食用植物油、乳制品、肉制品、白酒等）、特种设备（电梯、气瓶、移动压力容器)、冷链等追溯体系建设，探索建设追溯信息协同管理平台，开展追溯标准化工作。国家药监局推动药品生产经营企业落实药品追溯管理主体责任，建立药品追溯监管系统和药品追溯协同服务平台。公安部、应急管理部等部门建成了危险品追溯体系，对民用爆炸物、易制爆化学品等进行流向管理。供销部门在农资信息化追溯体系建设方面也取得了较好成效。

为防控疫情，各部门高度重视追溯体系的建设应用。市场监管总局在全国食品生产企业落实主体责任工作座谈会提出，要督促企业严格落实进口冷链食品新冠病毒防控定期核酸检测和预防性消毒措施，加快进口冷链食品追溯体系建设，实现进口冷链食品来源可查、去向可追，提高风险管控和应急处置能力，积极推动进口冷链食品追溯体系建设。国家药监局新冠疫苗实施全程追溯，并且从药品追溯开始延伸到中药饮片的追溯监管。国家卫健委对各地首例和感染来源不明病例开展溯源工作。海关总署强化了源头管控，保障输华冷链食品安全。

三、我国行业组织与第三方追溯平台建设探索

行业组织是政府与企业间的纽带桥梁，是通过市场化措施落实相关工作的重要途径。在政府推动的同时，许多企业和行业组织也积极创新思路和方法，探索出各具特色的信息化追溯模式。2016 年 6 月，在商务部门积极推动下，中国商业联合会、中国连锁经营协会、中国肉类协会、中国蔬菜流通协会、中国果品流通协会、中国医药商业协会等几十家行业组织发起了“共建追溯体系、服务放心消费”的倡议，为追溯体系建设尤其是市场化运作方向指出了道路。举例来说，中国中药协会一直在积极推动中药材追溯体系建设，制定出台了系列中药追溯团体标准，并建立了行业性中药追溯平台；中国副食流通协会积极推动酒类、餐饮等追溯体系建设，制定出台了系列团体标准，按年度组织召开全国副食行业追溯会议，并积极开展可追溯餐厅评价工作。

随着区块链等新技术兴起，阿里、京东等电商企业充分发挥其平台优势，积极推进基于区块链技术的追溯平台，如阿里推出“码上放心”平台，京东推出“致臻链”区块链防伪追溯平台。传统的追溯软件技术

服务商，例如浪潮软件、上海信联等分别推出质量链、追溯云等第三方追溯平台，丰富了追溯服务平台市场选择。

此外，随着我国居民消费水平的逐步提高，消费者对可追溯产品的日益青睐，使企业越来越意识到建立产品追溯体系的重要性。许多国内外大型食品药品加工企业都纷纷主动建立企业内部产品追溯体系，并积极主动与国家各级重要产品追溯体系对接。

四、天津市产品追溯体系建设的创新做法

（一）重视产品追溯体系建设

1. 食品追溯体系建设。天津市市场监管委于 2018 年建设了“天津市食品生产企业食品安全信息化追溯系统”。该项目被确定为 2018 和 2019 年天津市 20 项民心工程项目。市场监管委采用“政府统一招标开发，企业免费使用”的方式，建设全市统一的食品安全信息化追溯体系。实现食品安全“顺向可追踪、逆向可溯源、风险可管控、公众可查询”。2019 年共有 120 家食品生产企业完成食品安全信息化追溯体系建设。

市工信局在 2019 年积极推进了婴幼儿配方乳粉追溯体系建设，召开了全市婴幼儿配方乳粉生产企业质量安全追溯体系建设推动会，完成天津市伊利乳业、澳斯乳业、美可高特、多加多乳业等四家企业追溯体系建设情况调研，掌握了相关信息；推动天津市伊利乳业有限公司、澳斯乳业两家重点乳品企业接入工信部追溯平台。

2. 农产品追溯体系建设。市农业农村委制定了《天津市全面试行食用农产品合格证制度工作方案》，将合格证制度与追溯管理制度相关结合，在规范执行现有的农产品质量安全控制要求的基础上，推广实现通过扫描二维码查询合格证所载内容信息。当前，天津市农委已经将市地产蔬菜、鸡肉、猪肉以及水产品等食用农产品纳入追溯平台管理。追溯系统覆盖放心菜基地 207 家，占全市种植面积的 49%，占全市蔬菜总产量的 72%；覆盖放心肉鸡养殖基地 290 家，占全市出栏量的 75%；覆盖年出栏 1000 头以上的放心生猪基地 360 家，占全市生猪总产量的 35%。全市 21 家放心生猪屠宰企业，全部实现了地产猪肉产品质量安全可追溯。2019 年新建设了 31 家放心水产品基地，均纳入追溯平台管理。

3. 农业生产资料追溯体系建设。市农委推动企业应用农业农村部建设的国家兽药产品追溯系统，实现实时在线的兽药产品查询和追溯管理。截至 2019 年底，全市注册在网的 25 家兽药生产企业、260 家兽药经营企业实现上传数据率 100%，已经基本形成了生产企业入库、出库到经营企业入库、出库兽药追溯管理工作链条。

市供销社推进农业生产资料追溯体系建设。农资企业以农药、肥料等主要农业生产资料登记、生产、经营、使用环节全程追溯监管为主要内容，逐步建立农业生产资料电子追溯码标识制度，建设化肥等主要农业生产资料服务咨询功能。

4. 药品追溯体系建设。药品追溯平台有“码上放心”，目前天津 70% 左右企业都在使用该平台，多数使用企业为药品生产企业，药品批发企业较少。该药品监管平台的追溯信息集中在生产环节，下游追溯信息缺失。监管链条当前能做到药品销售企业到医院，自医院到患者这段链条还没有实现。相关药品信息需要卫健部门与市场监管部门协同配合赋码。

5. 特种设备追溯体系建设。市场监管委建立了天津市特种设备动态监管系统、天津市电梯应急处置平台和车用气瓶信息化管理系统，初步实现了电梯的监督检验、定期检验结论、安装告知信息和车用气瓶充装、检验记录可查。天津市特种设备动态监管系统，实现自电梯安装告知到办理使用登记再到设备办理报废的全生命周期网上办理，维保单位可以通过天津市电梯应急处置平台将电梯维护保养记录进行上传，目前已选择三家电梯维保单位作为试点单位；通过推进车用气瓶信息化管理系统的运用，督促企业对车用气瓶充装、检验信息进行记录。

6. 危化品追溯体系建设。天津市危险品的追溯由交通运输委、工信局、生态环境局、公安局等多部门交叉监管。天津市交通运输委使用交通运输部建设的“两客一危监管平台”，该平台主要对危险品运输环节进行监管，包括生产、运输、运抵地三个环节，交通运输委对于运输环节的行为进行监管，负责运输许可证、业户车辆运输证的配发。不足之处是不对货品的具体信息进行监管。

市工信局积极开展特种设备和危险品追溯体系建设。一是推进民用爆炸物品生产销售企业严格入厂材料检验工作。在购买硝酸铵、硝酸钠等化工原材料时依法办理购买证，按程序做好出入库信息登记，实行双人双锁双本账，确保账卡物相符。二是推进民用爆炸物品生产企业严格按照《民用爆炸物品警示标识、登记标识通则》要求，在每一最小计数单位表面标注规定内容，同时于每个包装箱条形码标识规定相关信息。企业采用手持机对出入库信息进行录入，并定期报送到当地公安机关。三是推进民用爆炸物品生产企业严格按照法规要求，建立不合格品处理制度，严格执行不合格品处理程序。

市生态环境局加强了对废弃危险化学品处理处置的监管。2019 年，开通了“危险废物管理计划电子化备案系统”，让企业在网上完成危险废物管理计划备案工作，改变了以往企业需到环保部门备案的局面。目前该平台注册企业已达 12000 余家。加强与公安等部门的合作，制定了《天津市 2019 年危险废物规范化管理工作方案》，组织有资质单位协助各部门做好废弃危险化学品处理处置工作，强化产生单位落实处理废物的主体责任。

市公安局正在使用的国家公安部建设的民用爆炸物品和烟花爆竹两个流向信息管理系统，已基本实现对民用爆炸物品和烟花爆竹生产、经营、储存、运输、使用和销毁的全过程信息化追溯。2019 年以来，市公安局通过对民用爆炸物品信息管理系统使用情况加大抽查力度、严格危管民警系统使用培训等手段，加强对系统的监管，确保对民用爆炸物品全过程流向管控。市公安局进一步完善了易制爆危险化学品追溯体系建设。完善了于 2017 年建成使用的易制爆危险化学品信息管理系统，便于基础民警和易制爆从业单位使用和维护，以确保系统发挥应有的作用。

7. 进出口追溯体系建设。天津海关对进出口追溯体系建设开展了相关工作。（1）建设了天津口岸跨境电商溯源平台，对跨境电商零售进口商品实施溯源管理。根据企业商品备案信息和入区批次，以商品为单位生成溯源二维码。消费者通过扫描订单溯源二维码，在验证身份通过后，可对包裹内所有商品追溯信息等进行查询，对存在疑问的还可在线进行反馈。（2）推进了进口汽车追溯体系建设。一是依托天津海关“进口机动车智能检验监管平台”生成二维码并加贴于进口汽车；二是通过加强事中事后监管，建立进口汽车全闭环管理体系；三是口岸入境与后续监管实现信息互通与执法互助，最终形成覆盖产品生命周期的监管体系；四是依托“进口机动车智能检验监管平台”，通过开发“机动车二维码信息化查询系统”，实现对进口汽车入境验证、进口检验等方面的全环节管理。（3）推进了进口食品安全追溯体系建设。加强对食品进口和销售记录实施后续核查，督促进口企业依法建立和执行进口食品进口销售记录制度，实现进口食品的追溯管理。

（二）积极构建重要产品追溯体系

2019年，天津市发布了《蔬菜质量安全追溯数据交换规范》和《农产品生产环节追溯编码规范》两项地方标准，完善了相关标准规范，为构建食用农产品溯源质量标准体系奠定了基础。

为规范重要产品追溯组织实施、体系建设、资产管理、运行维护、绩效考核、责任管理等工作，天津市政府和商务、财政、工信等部门分别出台了一系列政策制度，形成了重要产品追溯组织与管理体系。主要政策制度包括：《天津市人民政府办公厅关于印发天津市重要产品追溯体系建设实施方案的通知》《市商务委关于印发天津市重要产品追溯体系建设联席会议制度和名单的通知》《天津市商务委员会肉菜追溯体系固定资产登记管理制度》《关于建立肉菜流通追溯体系运行与维护队伍的批示》《关于印发〈天津市肉菜流通追溯体系运行管理工作考核办法〉的通知》《市商务委 市财政局关于印发供应链体系建设工作方案的通知》《市商务委 市财政局关于做好供应链体系建设项目和资金管理工作的通知》《中共天津市委办公厅 天津市人民政府办公厅关于印发〈天津市食品安全工作责任规定（试行）〉的通知》《天津市“菜篮子”工程建设考核办法》等。

（三）创新产品追溯体系平台建设

天津市十分重视产品追溯体系平台建设。基本情况是：相关部门自行投资建设了追溯平台；部分部门应用了国家投资建设的追溯平台；部分企业应用了市场化的第三方追溯平台。

1. 在自建追溯平台上发力。天津市商务局牵头建成了天津市重要产品追溯管理平台，主要覆盖肉类蔬菜两大类品种，以及屠宰、批发市场、菜市场、超市、团体消费单位等环节；天津市农委牵头建设了追溯平台，将市地产蔬菜、鸡肉、猪肉以及水产品等食用农产品纳入管理；市供销社打造了上下一体、统一协作的农资电子商务平台，逐步建成集服务、交易、结算、物流配送于一体的智慧农资服务平台，实现农资物流管理智能化；市场监管委建立了天津市特种设备动态监管系统、天津市电梯应急处置平台、车用气瓶信息化管理系统；天津海关建设了天津口岸跨境电商溯源平台，对跨境电商零售进口商品实施溯源管理。

2. 积极应用国家现有追溯平台。市农委推动企业应用农业农村部建设的国家兽药产品追溯系统；市公安局使用的是国家公安部建设的民用爆炸物品和烟花爆竹两个流向信息管理系统；市工信局使用国家工信部的食品工业企业质量安全追溯平台；天津市交通运输委使用交通部建设的“两客一危监管平台”。

3. 探索应用市场化第三方平台。第三方市场化平台的应用主要集中在药品方面，多数医药生产企业使用了阿里健康的“码上放心”平台等。

第四节　加强产品追溯体系建设，助推高质量发展

近年来，我国重要产品追溯体系建设取得了初步成效，但总体来看，我国追溯体系建设无论是作为政府推动的公益性措施还是作为新兴的技术服务产业，目前仍处于发展初期阶段。展望“十四五”时期，从全局出发，遵循补短板与促提升并进的原则，追溯工作重点可从法规标准、政策制度、平台建设、数据管理、扩面推广、技术应用、经费保障等方面综合考虑，进一步优化整合，全方位综合提升追溯工作成效。

一、推动法规标准建设

为了完善监管机制，破解重要产品全程监管难、执法难问题，有必要建立健全重要产品追溯法律法规体系。《关于加快推进重要产品追溯体系建设的意见》指出：“完善法规制度。制修订有关法律法规和规章，进一步完善追溯管理制度，细化明确生产经营者责任和义务。”近年来，追溯体系建设成效突出的地方均出台了地方性法规，如上海出台了《上海市食品安全信息追溯管理办法》，福建也出台了《福建省食品安全信息追

溯管理办法》等地方性法规。建议各地依据《关于加快推进重要产品追溯体系建设的意见》等政策文件，积极探索制定出台重要产品追溯管理办法，从根本上破解重要产品全程监管难、执法难问题，使企业建设追溯体系建设有规可循，追溯监管有法可依。

在国家重要产品追溯体系框架下，完善地方、团体行业标准体系，鼓励各社会组织机构和企业积极参与追溯标准的制修订工作，对参与标准的主体单位给予财政补助；探索建立可追溯产品认证或评价规则，结合产品标识管理促进可追溯产品商业模式创新。

二、优化追溯制度措施

（一）统筹政策体系，确定政策目标

一是完善重要产品追溯体系建设工作领导小组或联席会议制度，明确相关部门职责，建立协作联动机制，统筹协调相关部门职责分工，形成顺畅的协调机制，逐步建立长效工作机制；二是设立追溯政策目标，建立整体的和分部门的追溯政策目标，明确生产经营者责任与义务、监管方式和处罚措施等具体目标事项。

（二）出台追溯产业协同政策措施

一是完善产品目录制度，明确各部门产品目录的选择条件、更新、维护及管理等措施；二是在建设模式、财政金融支持政策、追溯扶贫等方面出台专项政策措施；三是制定市场调控、市场保供、行业监管、产品召回、应急管理等协同政策措施；四是针对各类追溯体系，遵循政府引导、市场化运作的基本原则，分别设计体系建设推进措施；五是强化追溯挂钩机制，将产品质量安全追溯与有关项目安排、品牌建设、产品认证和展会等工作挂钩，实施追溯审查和退出机制。

（三）出台追溯奖励约束政策措施

一是针对行业组织、高等科研院所、信息化技术支撑机构等，分别设计鼓励支持政策，以实现推进体系建设运行，以加强基础理论研究与人才培养，激励技术创新。二是建立支持专业的第三方认证机构追溯管理体系认证制度，相关部门可在管理工作中积极采信第三方认证结果，带动生产经营企业积极通过认证手段提升产品追溯管理水平。三是

针对责任主体，做好相关激励约束措施设计，通过考核通报等方式，引导实施企业转变观念，从“要我做”转向“我要做”；制定主体备案制度，鼓励将追溯应用情况纳入信用评价指标；推进完善认证措施，帮助行业品牌创建；完善主体财政、金融、名誉等激励措施，激发主体的积极性。

（四）建立追溯政策效果评价制度

根据国家统计局发布的《新产业新业态新商业模式统计分类（2018）》以及追溯产业发展要求，制定追溯体系运行监测评价工具以及相关激励、约束、奖惩措施，做好追溯体系运行监测与考核评价工作。

三、推进平台协同联通

通盘考虑电子政务信息化建设，将现有重要产品追溯管理平台纳入数字政府统筹建设。主要包括：（1）将现有各部门自建追溯平台纳入统一政务云平台；（2）制定追溯元数据标准和追溯数据互联互通对接规范，加强各平台之间互联互通；（3）加强区域协调联动，探索建立跨区域协同的追溯体系制度。

四、构建数据管理制度

通过制定追溯数据对接、数据管理等制度，提升产品追溯数据在采集、流转和应用过程中的完整性、准确性、及时性和安全性，推进部门、企业间追溯数据互联互通。主要内容包括：追溯数据管理制度应明确规定数据定义、数据管理机构和职责以及数据在采集、流转和应用过程中的相关要求、数据安全管理要求等。

五、突出追溯工作重点

在追溯体系建设过程中，重点考虑产品、企业、区域和领域四个维度，着力扩大追溯体系覆盖面。一是突出重点产品，结合各区域实际特点，实施重要产品追溯管理目录制度，扩大本地区追溯体系重点产品范围，推动相关部门开展主管领域追溯体系建设；二是突出重点企业，要抓住大型龙头企业，或者处于供应链主导地位的企业，建立覆盖从源头到终端的全过程追溯体系；三是突出重点区域，农产品质量安全、食品药品安全等各类创建活动区域要先行先试，发挥模范带头作用；四是突出互联网应用领域，充分利用信息化手段抓重点平台企业，特别是电商企业，发挥其平台和渠道优势，带动平台内企业和供应链上下游企业建设追溯体系。

六、加强技术推广应用

一是从技术应用优化角度，需要客观调研企业需求，加强追溯应用场景分析，优化追溯业务流程，使现有的追溯技术更好地支撑追溯体系运行；二是积极引入区块链、大数据等先进技术，提高追溯数据的真实性和追溯数据分析决策的智能化水平。区块链所具有的数据不可篡改和时间戳的存在性证明的特质能很好地运用于解决供应链体系内各参与主体之间的纠纷，有助于可防范供应链内产品流转过程中的假冒伪劣等问题，通过技术应用创新带动追溯模式的变革。

七、健全经费保障机制

针对完全市场化领域，充分借助市场自身力量推动责任主体建设追溯体系；针对半市场化半公益性领域，采用财政补贴、以奖代补、政府购买服务等措施，发挥财政资金杠杆效应充分激发责任主体的积极性；针对公益性领域，加大财政投入力度，并实施强监管，保障产品质量安全。逐步形成以政府投入为引导、企业投入为主体、社会投入为补充的多渠道、多元化的经费投入保障机制。此外，政府部门可采取与相关生产经营、技术服务等企业签订合作备忘录、合作协议等形式，给予相关政策倾斜，带动企业共建重要产品追溯体系。在市场对接上，政府通过建立政府间跨区域合作机制，引导带动相关协会、联盟、企业共同推进地方特色产品追溯体系建设，引导地方特色产品产业结构调整、提升标准化、品牌化水平和质量安全保障水平，拓展销售渠道和销售市场。

八、参与国际规则制定

跨境产品追溯体系建设对于新时期数字贸易规则制定是个很好的切入点。通过建立信息化跨境追溯体系，从进口方面帮助国内市场树立技术壁垒，出口方面帮助国内企业提升中国制造影响力，从管理方面实现跨境商品的本地多部门协同监管、跨境多国合作协同监管，对于推动制定和引领全球数字贸易规则，形成国际话语权，畅通国际国内双循环具有很大的探讨空间。

撰稿人：赵阳，中国轻工业信息中心

第五章　数字经济与高质量发展

数字经济日益成为世界经济持续发展的重要推动力和未来市场竞争的战略制高点。要认真贯彻落实党中央、国务院决策部署，把握新发展阶段、贯彻新发展理念、构建新发展格局，大力推动数字经济高质量发展，促进我国现代化建设不断迈上新台阶。

第一节　构建以数据为关键要素的数字经济

党的十八大以来，以习近平同志为核心的党中央放眼未来、顺应大势，作出建设数字中国的战略决策。

一、党中央十分重视数字经济发展

党的十八大以来，面对国际产业变革大势与数字经济发展浪潮，习近平总书记高瞻远瞩、统筹谋划，敏锐把握世界科技革命态势和全球产业变革趋势，深刻阐述以数字经济助推经济高质量发展和共建共享数字经济发展新机遇的必要性与紧迫性，全面系统总结中国数字经济发展的实践经验，提出了一系列新思想、新观点、新论断、新要求，形成了数字经济发展思想。

2013 年 7 月，习近平总书记在视察中国科学院时指出："浩瀚的数据海洋就如同工业社会的石油资源，蕴含着巨大生产力和商机，谁掌握了大数据技术，谁就掌握了发展的资源和主动权。"

2016 年 4 月 19 日，习近平总书记在网络安全和信息化工作座谈会上指出，要适应人民期待和需求，加快信息化服务普及，降低应用成本，为老百姓提供用得上、用得起、用得好的信息服务，让亿万人民在共享互联网发展成果上有更多获得感。

11 月 16 日，习近平主席在第三届世界互联网大会开幕式上的视频讲话中提出，互联网发展是无国界、无边界的，利用好、发展好、治理好互联网必须深化网络空间国际合作，携手构建网络空间命运共同体。

2017 年 1 月 17 日，习近平主席在世界经济论坛 2017 年年会开幕式的主旨演讲中提出，我们要创新增长方式，把握好新一轮产业革命、数字经济等带来的机遇，既应对好气候变化、人口老龄化等带来的挑战，也化解掉信息化、自动化等给就业带来的冲击，在培育新产业新业态新模式过程中注意创造新的就业机会，让各国人民重拾信心和希望。

12 月 8 日，习近平总书记在十九届中央政治局第二次集体学习时强调，大数据在保障和改善民生方面大有作为。要坚持以人民为中心的发展思想，推进“互联网 + 教育”“互联网 + 医疗”“互联网 + 文化”等，让百姓少跑腿、数据多跑路，不断提升公共服务均等化、普惠化、便捷化水平。强调要推动大数据技术产业创新发展。我国网络购物、移动支付、共享经济等数字经济新业态新模式蓬勃发展，走在了世界前列。指出要构建以数据为关键要素的数字经济，推动实体经济和数字经济融合发展，推动互联网、大数据、人工智能同实体经济深度融合，推动制造业加速向数字化、网络化、智能化发展。

2018 年 4 月 20 日，习近平总书记在全国网络安全和信息化工作会议上指出，网信事业发展必须贯彻以人民为中心的发展思想，把增进人民福祉作为信息化发展的出发点和落脚点，让人民群众在信息化发展中有更多获得感、幸福感、安全感。强调要发展数字经济，加快推动数字产业化，依靠信息技术创新驱动，不断催生新产业新业态新模式，用新动能推动新发展；要推动产业数字化，利用互联网新技术新应用对传统产业进行全方位、全角度、全链条的改造，提高全要素生产率，释放数字对经济发展的放大、叠加、倍增作用；要推动互联网、大数据、人工智能和实体经济深度融合，加快制造业、农业、服务业数字化、网络化、智能化。要求要以“一带一路”建设等为契机，加强同沿线国家特别是发展中国家在网络基础设施建设、数字经济、网络安全等方面的合作，建设 21 世纪数字丝绸之路。

8 月 23 日，习近平主席在首届中国国际智能产业博览会的贺信中明确提出“加快推进数字产业化、产业数字化”的重要方略。强调，中国高度重视创新驱动发展，坚定贯彻新发展理念，加快推进数字产业化、产业数字化，努力推动高质量发展、创造高品质生活。中国愿积极参与数字经济国际合作，同各国携手推动数字经济健康发展，为世界经济增长培育新动力、开辟新空间。

2019 年 5 月 26 日，习近平主席在致 2019 中国国际大数据产业博览会的贺信中指出，中国高度重视大数据产业发展，愿同各国共享数字经济发展机遇，通过探索新技术、新业态、新模式，共同探寻新的增长动能和发展路径。

10 月 24 日，习近平总书记在十九届中央政治局第十八次集体学习时强调，要利用区块链技术探索数字经济模式创新，为打造便捷高效、公平竞争、稳定透明的营商环境提供动力，为推进供给侧结构性改革、实现各行业供需有效对接提供服务，为加快新旧动能接续转换、推动经济高质量发展提供支撑；要探索“区块链 +”在民生领域的运用，积极推动区块链技术在教育、就业、养老、精准脱贫、医疗健康、商品防伪、食品安全、公益、社会救助等领域的应用，为人民群众提供更加智能、更加便捷、更加优质的公共服务。

2020 年 4 月 1 日，习近平总书记在听取浙江省委、省政府工作汇报时强调，要抓住产业数字化、数字产业化赋予的机遇，加快 5G 网络、数据中心等新型基础设施建设，抓紧布局数字经济、生命健康、新材料等战略性新兴产业、未来产业，大力推进科技创新，着力壮大新增长点、形成发展新动能。

11 月 20 日，习近平主席在亚太经合组织第二十七次领导人非正式会议上指出，数字经济是全球未来的发展方向，创新是亚太经济腾飞的翅膀。我们应该主动把握时代机遇，充分发挥本地区人力资源广、技术底子好、市场潜力大的特点，打造竞争新优势，为各国人民过上更好日子开辟新可能。我们要全面落实亚太经合组织互联网和数字经济路线图，促进新技术传播和运用，加强数字基础设施建设，消除数字鸿沟。

2021 年 8 月 23 日，习近平主席在向中国—上海合作组织数字经济产业论坛、2021 中国国际智能产业博览会致贺信中指出，世界正进入数字经济快速发展的时期，5G、人工智能、智慧城市等新技术、新业态、新平台蓬勃兴起，深刻影响全球科技创新、产业结构调整、经济社会发展。近年来，中国积极推进数字产业化、产业数字化，推动数字技术同经济社会发展深度融合。他强调，在上海合作组织成立 20 周年之际，中国愿同各成员国弘扬“上海精神”，深度参与数字经济国际合作，让数字化、网络化、智能化为经济社会发展增添动力，开创数字经济合作新局面。

9 月 26 日，习近平主席在向 2021 年世界互联网大会乌镇峰会致贺信中指出，数字技术正以新理念、新业态、新模式全面融入人类经济、政治、文化、社会、生态文明建设各领域和全过程，给人类生产生活带来广泛而深刻的影响。当前，世界百年变局和世纪疫情交织叠加，国际社会迫切需要携起手来，顺应信息化、数字化、网络化、智能化发展趋势，抓住机遇，应对挑战。他强调，中国愿同世界各国一道，共同担起为人类谋进步的历史责任，激发数字经济活力，增强数字政府效能，优化数字社会环境，构建数字合作格局，筑牢数字安全屏障，让数字文明造福各国人民，推动构建人类命运共同体。

10 月 18 日，习近平总书记在主持中共中央政治局第三十四次集体学习时强调，要把握数字经济发展趋势和规律，推动我国数字经济健康发展。强调，发展数字经济是把握新一轮科技革命和产业变革新机遇的战略选择。一是数字经济健康发展有利于推动构建新发展格局，数字技术、数字经济可以推动各类资源要素快捷流动、各类市场主体加速融合，帮助市场主体重构组织模式，实现跨界发展，打破时空限制，延伸产业链条，畅通国内外经济循环。二是数字经济健康发展有利于推动建设现代化经济体系，数字经济具有高创新性、强渗透性、广覆盖性，不仅是新的经济增长点，而且是改造提升传统产业的支点，可以成为构建现代化经济体系的重要引擎。三是数字经济健康发展有利于推动构筑国家竞争新优势，当今时代，数字技术、数字经济是世界科技革命和产业变革的先机，是新一轮国际竞争重点领域，我们要抓住先机、抢占未来发展制高点。

二、党和政府对数字经济进行科学谋划

党和国家高度重视数字经济发展，先后出台了多项与数字经济发展相关的政策文件，起到了举旗定向的关键作用。

2015 年 11 月，《中共中央关于制定国民经济和社会发展第十三个五年规划的建议》提出：拓展网络经济空间。实施“互联网 +”行动计划。完善电信普遍服务机制，开展网络提速降费行动，超前布局下一代互联网。推进产业组织、商业模式、供应链、物流链创新，支持基于互联网的各类创新。2016 年 3 月，“十三五”规划（2016—2020 年）首次将“拓展网络经济空间”作为独立篇章纳入，充分体现了党和国家对数字经济发展的高度重视和远见卓识。2016 年 7 月，中共中央办公厅、国务院办公厅印发《国家信息化发展战略纲要》；12 月，国务院印发《“十三五”国家信息化规划》，明确了与数字经济紧密相关的网络基础设施建设、互联网产业体系等领域的发展方向。2017 年 3 月，李克强总理在政府工作报告中指出：在互联网时代，各领域发展都需要速度更快、成本更低的信息网络。今年网络提速降费要迈出更大的步伐，年内全部取消手机国内长途和漫游费，大幅降低中小企业互联网专线接入资费，降低国际长途电话费，推动“互联网 +”深入发展、促进数字经济加快成长，让企业广泛受益、群众普遍受惠。自 2017 年以后，“数字经济”已经连续四年被写入政府工作报告。在 2016 年 9 月举行的 G20 杭州峰会上我国率先提出的《G20 数字经济发展与合作倡议》，2017 年 12 月 3 日，在第四届世界互联网大会上，我国与老挝、沙特、塞尔维亚、泰国、土耳其、阿联酋等国家相关部门共同发起《“一带一路”数字经济国际合作倡议》，积极推动数字经济国际合作。2017 年“数字经济”被写入党的十九大报告，数字经济成为提高全要素生产率、推动经济高质量发展的新动能，成为中国经济未来发展趋势的代表。2020 年 10 月，《中共中央关于制定国民经济和社会发展第十四个五年规划和二〇三五年远景目标的建议》提出，

加快数字化发展。发展数字经济，推进数字产业化和产业数字化，推动数字经济和实体经济深度融合，打造具有国际竞争力的数字产业集群。加强数字社会、数字政府建设，提升公共服务、社会治理等数字化智能化水平。建立数据资源产权、交易流通、跨境传输和安全保护等基础制度和标准规范，推动数据资源开发利用。扩大基础公共信息数据有序开放，建设国家数据统一共享开放平台。保障国家数据安全，加强个人信息保护。提升全民数字技能，实现信息服务全覆盖。积极参与数字领域国际规则和标准制定。2021 年 3 月，“十四五”规划（2021—2025 年）“数字经济”被作为单章写入，擘画我国“数字经济”蓝图。

为落实党中央决策部署，国务院及各部门相继制定出台多项规划、方案，全力推动数字经济发展。2005 年，《国务院关于加快电子商务发展的若干意见》的发布，标志着以电子商务为代表的数字经济发展成为国家战略的重要组成部分。2016 年 12 月，商务部、中央网信办和国家发展改革委三部门印发《电子商务“十三五”发展规划》。2017 年 7 月，国务院印发《新一代人工智能发展规划》；10 月 11 日，国家发展改革委印发《国家发展改革委办公厅关于组织实施 2018 年“互联网 +”、人工智能创新发展和数字经济试点重大工程的通知》。2019 年 5 月，中共中央办公厅、国务院办公厅印发《数字乡村发展战略纲要》。2016 年 11 月，工业和信息化部等相关部委先后印发了《信息化和工业化融合发展规划（2016—2020 年）》。2018 年 1 月，工业和信息化部编制并正式印发了《大数据产业发展规划（2016—2020 年）》；9 月 18 日，国家发展改革委、教育部、科技部、工业和信息化部等 19 个部门联合印发《关于发展数字经济稳定并扩大就业的指导意见》提出，以大力发展数字经济促进就业为主线，以同步推进产业结构和劳动者技能数字化转型为重点，加快形成适应数字经济发展的就业政策体系，大力提升数字化、网络化、智能化就业创业服务能力，不断拓展就业创业新空间，着力实现更高质量和更充分就业。2019 年 11 月，国家发展改革委、中央网信办印发《国家数字经济创新发展试验区实施方案》，在河北省（雄安新区）、浙江省、福建省、广东省、重庆市、四川省等启动国家数字经济创新发展试验区创建工作。2020 年 3 月，中共中央、国务院发布《关于构建更加完善的要素市场化配置体制机制的意见》提出，培育数字经济新产业、新业态和新模式，支持构建农业、工业、交通、教育、安防、城市管理、公共资源交易等领域规范化数据开发利用的场景。发挥行业协会商会作用，推动人工智能、可穿戴设备、车联网、物联网等领域数据采集标准化；工业和信息化部印发《关于推动工业互联网加快发展的通知》《中小企业数字化赋能专项行动方案》；4月，国家发展改革委、中央网信办印发《关于推进“上云用数赋智”行动 培育新经济发展实施方案》的通知；7月，国家发展改革委、中央网信办、工业和信息化部等13个部门印发《关于支持新业态新模式健康发展 激活消费市场带动扩大就业的意见》，提出支持15种新业态新模式发展，包括在线教育、互联网医疗、线上办公、数字化治理、产业平台化发展、传统企业数字化转型、“虚拟”产业园和产业集群、“无人经济”、培育新个体经济支持自主就业、发展微经济鼓励“副业创新”、探索多点执业、共享生活、共享生产、生产资料共享及数据要素流通。一系列规划、意见等政策文件进一步深化、细化了数字经济相关重点领域的发展目标，全面布局各产业数字化发展，为数字经济发展夯实了政策基础。

第二节　数字经济是全球未来的发展方向

数字经济作为基于新一代信息技术孕育的商业模式和经济活动，拥有经济活力和潜力，成为全球经济发展的大趋势。世界正在加速进入数字经济时代，各国政府高度重视数字经济发展，纷纷制定国家数字化发展战略，完善数字基础设施，满足新一轮数据化需求升级。

一、美国——数字经济发展处于全球领先地位

1998年1月，美国副总统阿尔·戈尔首次提出“数字地球”概念，同年7月，商务部发布《浮现中的数字经济》报告，美国数字经济大幕正式揭开。20多年间，美国聚焦数字技术创新、数字贸易、数字政府、数字基础设施等领域，实施数字经济领域的顶层规划，出台一系列政策法

规和相关举措，推动数字经济发展，成为当之无愧的数字经济领导者。

（一）超前的顶层设计

20 世纪 90 年代，克林顿政府高度重视并大力推动信息基础设施建设和数字技术发展，戈尔在全球率先提出了著名的“信息高速公路”和“数字地球”概念。作为信息高速公路建设主要负责方和数字经济主要推动者的商务部，近年来将技术和互联网相关政策放在首要位置，专门成立数字经济咨询委员会，投入多种资源应对数字经济的机遇和挑战，从 1998 年开始，先后发布《数字经济》《数字国家》《数字政府》《数字经济议程》《在数字经济中实现增长与创新》《数字经济的定义与衡量》《美国的全球数字经济大战略》等报告，引领数字经济发展。

（二）积极建设数字政府

美国是开放政府与开放数据的倡导者。电子政务事业由克林顿政府开创，1993 年 9 月，电子政务（Electronic Government）一词首次出现在政府文件中。布什政府对电子政务事业做了进一步发展。奥巴马政府将建设重点转向“开放政府”和“开放数据”，明确政府公开工作要实现透明、共享和协作，建立首席信息官数字政府管理运行制度，整合各级政府、公共部门、自愿共享数据的企业和他国开放数据建立国家数据门户网站，民众可以在任何时间、任何地点、通过任何设备获取数字政府服务。此后，又发布《美国数字政府战略》《美国开放数据行动计划》《联邦大数据研究与开发战略计划》《联邦云计算战略》《联邦数据战略与 2020 年行动计划》等文件，率先提出默认开放数据、数据数量质量并重、全员可用、不断改善治理、为创新服务五条数据发布原则，将部分公共服务及惠民项目外包给苹果、微软、亚马逊、Facebook 以及谷歌等互联网巨头公司来提升政府信息技术，利用人工智能、云计算提升数字政府服务效能，通过这些措施构建数据驱动战略体系，激活数据要素资源，推动智慧政府建设，提升政府效能。

（三）主导世界数字贸易规则

作为数字贸易强国，美国高举贸易自由大旗，努力破除“数字贸易壁垒”，在全球积极推广其数字贸易规则，确保美国企业能够顺利参与全球数字经济，打开全球的数字经济市场。如 2017 年 7 月，向亚太经合组织秘书处提交《促进数字贸易的基本要素》，提出了包含互联网应保持自由开放、跨境服务贸易规则适用于数字贸易、数据存储设备与源代码非强制本地化、禁止强制性技术转移、数据跨境自由流动等五个方面由美国主导的数字贸易规则基本主张；2018 年 3 月，发布《澄清境外数据的合法使用法案（CLOUD）》，又从法律层面对跨境调取海外公民的信息和通信数据等方面内容进行了规定。

（四）抢占数字经济前沿领域

美国政府非常注重前沿性、前瞻性研究，积极推进芯片、人工智能、5G 通信及下一代通信、先进计算机等数字技术研发。相继发布《关键和新兴技术国家战略》《维护美国人工智能领导力的行政命令》《国家量子倡议法案》《美国量子网络战略构想》等文件，确保本国产业发展的核心优势，强化美国在关键技术和前沿领域的国际领导地位，引领数字经济发展。

（五）推动信息基础设施建设

发布《美国重建基础设施立法纲要》《信息高速公路计划》《美国宽带计划》《5G 加速计划》《国家 5G 安全战略》和“数据中心优化计划”等文件，持续地加大投入，为数字经济快速发展打造基础。

二、欧盟——争做全球数字化发展的“第三极”

欧盟数字经济总体实力雄厚，先发优势明显，聚焦数字技术、工业数字化、数据安全、数字经济立法保护等领域，试图通过引领全球数字经济监管规则的制定而成为中美以外的数字化第三极。

（一）推进数字技术创新

2020 年，“数字欧洲”计划达成协议，重点推进“超级计算、人工智能、网络安全、高级数字技能、确保广泛使用数字技术”提高欧洲数字技术竞争力。“地平线欧洲（2021—2027）”计划正式启动，重塑欧盟“科研面貌”。德国和法国于 2020 年 6 月共同宣布，大力支持建立名为“盖亚 -X”的云计算系统，增强欧洲企业数据的安全性。德国 2020 年更新《国家人工智能战略》，推进高性能计算中心网络建设，计划研发世界最快的微芯片，为未来 6G 通信应用提供保障，推出开源四足机器人项目。

法国组成量子研究团队，大幅提升量子存储器的存储和检索效率。法国军事伦理委员会公告，法国军队获准研发包括使用药物、假肢和植入芯片强化士兵的大脑和体能的“超级战士”。

（二）引领产业数字化发展

工业数字化渗透率领先全球。在整合成员国和地区已经出台的工业数字化战略基础上，2016 年正式出台《欧洲工业数字化战略》，投入大量资金以支持工业数字化发展。2020 年 3 月，欧盟发布的《欧洲新工业战略》提出通过物联网、大数据和人工智能三大技术来增强欧洲工业的智能化程度，大型企业、中小企业、创新型初创企业等均在受支持范围之内。

（三）建立数据保护制度

欧盟建立完备的数据保护制度保障数字经济发展。《打造欧盟数据经济》、《通用数据保护条例》（GDPR）、《欧洲数据战略》、《数据治理法案》，为非个人的机器生成数据的归属交换和贸易、个人数据保护、个人和非个人数据（包括敏感的业务数据）安全等制定规则，促进数据资源共享，为企业利用数据促进经济增长、创造价值构建“数据保障”。

（四）推动数字经济立法

2020 年提出《数字市场法》和《数字服务法》两项新法案，为数字服务提供商制定全面新规则，促进数字市场的公平和开放，保证数字经济领域平衡发展，防止谷歌、亚马逊、Facebook 等数字平台在欧盟市场呈现垄断式发展，推动数字企业公平竞争。

三、日本——谋求数字经济规则制定主导权

日本大力扶持数字经济，凭借大数据、云计算、AI 等新技术的发展，聚焦数字技术创新、产业数字化和数字社会建设，推动数字技术在其他产业中的应用，促进实体经济的转型升级，实现数字技术与经济增长、社会治理的深度融合，积极谋求数字经济规则制定主导权。

（一）政策导向明确

实施扶持数字经济基础设施建设及应用、数字信息产业新价值创造、税制倾斜、加强用户数字信息安全保护等措施，先后出台《规制缓和推

进计划》《规制缓和推进 3 年计划》《规制改革推进 3 年计划》，修改阻碍数字经济发展的商法和专利法等 50 余部法规，放宽通信领域网上交易和网上金融服务的有关规制。

（二）推动数字技术创新

超级计算机“富岳”在 2020 年以每秒 41.5 亿次的运算速度排名世界第一；“量子技术创新战略”2020 年发布最终报告，政府牵头的“量子密码通信”获准立项。积极促进政府与学术界、产业界交流，推动国立大学实验室及研究机构的企业化运作，东芝公司和东北大学利用新一代技术量子密码通信，成功进行传送人类遗传信息完整数据的实证实验，确认量子密码技术的实用性；京都大学开发出的机器学习模型，允许通过测量神经元本身的信号来重建神经元回路。

（三）推进产业数字化转型

着力推进产业数字化与数字产业化两相结合。2017 年，发布“互联工业”战略，积极推动人工智能、物联网、云计算等科技手段应用到生产制造领域，缓解决劳动力短缺，降低交通成本，提升产业竞争力。不断强化信息基础设施建设，相继发布《日本制造业白皮书》《综合创新战略》《集成创新战略》《第 2 期战略性创新推进计划（SIP）》等战略和计划，培养发展机器人、智能芯片等核心引领产业，加快布局量子计算等新兴产业，推动数字产业化发展。

（四）谋求数字经济规则制定主导权

以数据跨境自由流动为契机，积极在国际上建立“数字经济治理同盟”，推进数据流通领域相关国际规则的构建，逐步将本国的战略设计转化为具有实际约束力的规则条例，谋求数字经济规则制定主导权、提高国际话语权，抢占全球数字服务贸易市场。2018 年 9 月，第四次美欧日贸易部长会议上将推动数字贸易和电子商务发展作为一项重要议题；随后在 2019 年 G20 大阪峰会上，各成员发布了《大阪数字经济宣言》，共同支持世贸组织框架下的数字经济谈判。同美国、欧洲利用三方机制及其他国际经济合作平台推动数字贸易规则谈判，试图主导数字贸易规则制定。

第三节 数字经济成为我国高质量发展新引擎

新冠肺炎疫情暴发以来，数字技术、数字经济在支持抗击新冠肺炎疫情、恢复生产生活方面发挥了重要作用，数字经济正在成为驱动我国经济高质量发展的新引擎。

一、数字经济成效显著

近年来，我国数字基础设施加速普及，固定宽带普及率已达到发达国家水平，数字经济与实体经济不断融合，2020 年，我国数字经济规模达到 39.2 万亿元，占 GDP 比重为 38.6%。截至 2021 年 6 月，我国网民规模为 10.11 亿，目前 5G 基站数已达 115.9 万个，5G 终端连接数达 4.5 亿户。[①] 数字经济发展形势总体向好。

（一）数字产业保持较好增长态势

我国数字产业持续保持较好增长态势，不断为经济社会高质量发展提供新动能。一是传统信息制造业保持稳定而迅速的增长。电子信息制造业保持较快增长，但增幅有所回落；软件和信息技术服务也呈现平稳向好发展态势，收入和利润保持较快增长，从业人数稳步增加；电信业务收入增速稳步提升。二是前沿技术产业蓬勃发展。大数据、云计算、区块链、人工智能等为代表的新一代信息技术发展势头强劲，为各行业赋能赋智，部分技术应用跃居世界先进水平，成为我国数字经济发展的一大亮点。三是互联网和相关业务平稳较快增长。业务收入和利润保持较快增长，研发投入快速提升，业务模式不断创新发展，对数字经济的支撑作用不断增强。

（二）产业数字化转型深入推进

我国深入推进产业数字化转型，加速各行业数字化改造进程，农业、制造业、服务业均取得丰硕成果，极大带动投资需求，提升企业经营效益。一是农业数字化转型方兴未艾。随着遥感监测、物联网、大数据等

① 张辛欣：《激发数字经济潜能，这步棋中国怎么走？》，新华网，2021 年 10 月 20 日，http://www.news.cn/fortune/2021-10/20/c_1127978051.htm.

信息技术在农业生产经营管理中的逐步应用，农业数字化水平进一步提升。《数字乡村发展战略纲要》的发布，引领农村数字化发展迈入快车道。农业装备信息化管理服务日益推广，电子商务进农村综合示范实现对832个国家级贫困县全覆盖，乡村旅游经营户拥有在线支付及预定系统、旅游点无线网络覆盖占比逐年提高，农村网络零售额和农产品网络零售额增速远高于全国网上零售额和实物商品零售额总数，农村电商飞速发展。二是制造业数字化加快转型。制造业创新中心、智能制造、绿色制造等工程加速推进；《“5G+工业互联网”512工程推进方案》明确了工业互联网作为未来5G技术落地的重要应用场景之一，进一步推进“5G+工业互联网”融合创新发展。截至2021年3月，全国应用两化融合管理体系标准的企业突破3.3万家，企业数字化研发设计工具普及率达73.3%，关键工序数控化率达52.7%，信息技术加速在全流程、全产业链渗透融合和集成应用，制造业核心竞争能力持续提升。三是服务业数字化转型异彩纷呈，引发经济社会各领域“数字蝶变”。服务业占国内生产总值的比重不断提升，在满足需求、保障民生的同时，也给行业和企业带来新的发展机遇。服务业与制造业融合发展，金融服务业拥抱数字变革，数字金融处于全球领先地位，移动支付、网络支付、共享经济渗透率高；本地生活服务业加快转型升级，餐饮、零售、住房和休闲等行业数字化成效显著，网络零售、网上外卖、“闪购”配送、无人超市、无人货架等新业态继续发展，在日益完备的物流体系和较为便捷的网络支付手段支撑下，为用户购物提供了更多选择，也为更多企业开拓市场、促进就业创造了条件；网络娱乐类应用推陈出新，网络音乐版权环境持续改善，用户付费习惯逐步形成，网络视频平台自制水平显著提升，逐渐成为用户观看视频的首选，短视频应用的出现使网络视频行业更加活跃，极大丰富了人民群众的业余生活；公共服务类应用日益满足人民生活需要，网约车行业从起步到壮大，极大满足了人民的出行需求；在线教育行业蓬勃发展，逐渐成为线下教育的有力补充，并为提升偏远贫困地区教育质量起到了重要作用，在线医疗、远程办公等应用的不断涌现，拓宽了医疗、办公场景，为更多用户带来了极大的便利。

（三）数字经济发展环境不断优化

随着智能手机、4G 网络的迅速普及和 5G 商用服务正式启动，我国互联网应用进入大繁荣、大发展时期，极大满足了人民群众生产生活需要。一是基础类应用加速融合发展。建成全球最大规模光纤和移动通信网络，实现农村宽带网络接入能力和速率基本达到城市同等水平，5G 用户快速增长，广泛渗透到教育、医疗、交通、制造等行业，各种细分领域层出不穷。以算法推荐为主的信息流应用重塑了网络新闻的呈现形式，促进了网络新闻应用的融合发展。即时通信、搜索引擎等应用通过接入更多功能，拓宽应用场景增加用户黏性，提升用户使用率。二是数字经济治理体系日渐完善。数字经济相关立法体系日益丰富，网络安全、审慎监管、数据资源共享、个人信息保护等法律法规逐步健全，数据治理和个人信息保护规则不断完善。政府数字化转型有效推进，利用现代信息技术手段，对外实现政务服务质量和流程改善，对内实现跨区域、跨部门以及部门内部的协同办公，“一网通办”“异地可办”“跨区通办”渐成趋势，“掌上办”“指尖办”逐步成为政务服务标配，一体化政务服务平台“一张网”整体服务能力持续提升；利用大数据技术提升政府管理职能履行，包括宏观决策、经济调控、市场监管、社会治理、生态保护等具体领域；包括政务数据收集、存储、清理、共享、开放、利用的全生命周期管理逐步建立，打破信息孤岛和加强数据开放正在实现。地方数字经济发展持续升级，各地密集出台数字经济相关政策。

（四）数字红利惠及各类群体

中国互联网络信息中心（CNNIC）数据显示，截至 2020 年 12 月，中国网民规模达 9.89 亿，手机网民规模 9.86 亿，占全球网民的 1/5，初步构建全球最大数字社会，数字红利惠及各类细分群体。随着互联网普及和应用水平的持续提升，更多人民群众得以享受到互联网带来的便利，全球最大网民群体逐步形成。一是网民人口红利呈现从“城到乡”、从“东到西”迁移特征，城乡之间、东西部之间数字鸿沟进一步缩小。二是“00 后”“银发族”构成多元“数字族群”，网民增长的主体从青年群体向未成年和老年群体转化的趋势日趋明显。三是网络扶贫为全面建成小康社会提供有力支撑。党的十八大以来，各级政府部门认真贯彻落实习近平总书记关于实施网络扶贫行动的重要指示精神，加快贫困地区信息化、数字化改造进程，充分发挥互联网在精准脱贫中的作用。98% 贫困村通光纤，电子商务进农村、网络扶智、远程医疗实现对 832 个贫困县全覆盖。

二、数字经济发展的优势分析

在发展数字经济方面，中国人民大学经济学院教授、中国人民大学数字经济研究中心主任李三希认为我国具有制度、市场、平台企业、工业体系和人力资源等多方面优势。[①]

（一）制度优势

独有的集中力量办大事的制度优势，有助于组织好各类资本力量参与新型基础设施建设，为数字经济生态体系的发展完善奠定基础。政府对数字经济一直持包容宽松的监管态度，并在国家战略高度重视发展数字经济，从中央到地方自上而下的政策部署为数字经济发展营造了良好的政策环境，政府、企业、民众对发展数字经济的认识进一步得到统一，助力数字经济新产业、新业态和新模式蕴藏的巨大潜力和强大动能不断释放。

（二）市场优势

拥有 14 亿多人口所形成的强大内需市场，网民规模巨大，数字消费者数量庞大，个性化需求独特且多变，促使各个数字经济企业不断开辟新场景新产品。消费升级趋势强劲，在数字经济相关的大数据、人工智能等领域，数字经济能够依托海量数字消费者实现快速发展。

（三）平台企业优势

在电子商务、移动支付、共享经济等数字经济核心领域已经培养出了一大批走在世界前列的数字平台企业，在这些龙头企业的带动引领下，一批中小企业得以集聚，同时，在市场和政府的共同推动下，以人才、金融、新型基础设施、制度等多要素为支撑，形成了一个大的数字产业生

① 李三希：《我国数字经济发展的主要特点和突出优势》，《国家治理》，2021 年第 18 期，第 3—7 页。

态，为传统产业转型升级带来积极影响。全球领先的龙头企业能够充分发挥国际话语权优势，深化对外经贸合作与技术交流，通过参与电子商务、移动支付、数字内容等领域的国际规则制定，为更多中国数字经济企业“走出去”奠定良好的规则基础。互联网平台正逐渐成为协调和配置资源的基本经济组织，成为推动我国经济发展的重要加速器。众多平台企业通过打造共创共赢的生态系统，推动整个社会数字化转型，为中小微企业提供可负担的、世界级的数字基础设施，促使更多资源实现高效集聚，让整个社会的信息成本大幅度下降，让更大范围的协同合作成为可能。

（四）工业体系优势

拥有世界上最完备的工业体系，为各个产业中数字技术的更新迭代及应用实验提供便利和成本优势。在 5G、人工智能、量子计算、物联网、区块链、大数据等信息技术优势领域持续形成突破，并加快推进产业化应用，为数字经济的蓬勃发展提供了强大支撑。数字经济后发优势明显，数字化发展潜力巨大，有利于加快培育数字经济新增长点，形成数字经济新动能。

（五）人力资源优势

国家积极营造有利于人才成长的外部环境，提供研究经费、个人税收、签证、户口、子女教育等优惠便利条件，来华工作的国际人才日益增多；数字经济正在成为吸纳就业的新引擎，人才整体素质不断提高，人才规模不断扩大，人才流动持续加快，人才队伍构成更加多元化，政府对各类人才服务、支持和管理的力度进一步加大，人才优势不断积累，“劳动力红利”逐步向“工程师红利”转化，为数字经济的高质量发展奠定了雄厚的智力资本。

三、数字经济发展面临的问题分析

数字经济已经成为带动我国经济发展的新引擎，但在当前的发展态势下，数字经济发展仍然面临诸多问题和挑战。

（一）产业基础能力不够强

由于发展时间短、积累不够，基础能力不强的问题比较突出。新基建规划尚未成熟，其投资布局、相关规划等仍处于初步研究阶段，且大多已经规划在建的项目规模体量较小，未形成规模效应，政府、企业、投资主体等的职责划分和相应的配套政策尚不清晰，在要素、成本结构、质量控制、功能、运维等方面尚未形成可供参考的建设模式。

（二）核心技术较为缺乏

数字经济核心技术和关键领域面临“卡脖子”问题，信息通信产业领域基础技术产业体系薄弱，在生产效率、创新能力、高端供给等方面依然存在较大差距。关键设备、高端芯片、工业控制软件、核心元器件、基本算法等300多项与数字产业相关的关键技术仍然受制于人，核心关键技术对外依存度高，在关键知识产权与标准的制订方面缺乏主导权，在重要的应用场景领域缺乏话语权。在“逆全球化”、科技产业竞争加剧和发达国家加强对高科技出口管制的情况下，我国数字经济的发展面临供应链断链的威胁，并会产生影响其他产业供应链的放大效应。

（三）数字经济融合度不够高

各领域数字经济应用存在差异，三次产业融合程度的差异更为明显，数字经济融合渗透深度还不够。数字经济与实体经济的融合程度较低，新兴数字化企业平台与传统企业存在较多观念上的差异，导致二者未能实现深度融合。企业仍旧以单一的数字化转型为主，将原来线下的产品和服务直接转为线上供给，忽视了以共同价值为导向的线上线下不同经济主体间无缝对接的数字一体化建设。企业在实现信息资源共享、快速获得产业链中不同环节的数据资源响应方面有所欠缺，很大程度上降低了产品、服务的供给效率，制约了跨行业数据的汇聚、整合，也不利于传统产业充分利用数据转型升级，难以支持新业态和新模式的健康发展。中小微企业的数字化转型困难重重，需要平台型、龙头型企业发挥引领作用。

（四）区域数字经济发展不平衡

区域数字经济发展路径出现同质化现象，区域间对关键资源的争夺加剧了数字经济发展的不平衡。一是地区间数字经济发展不对称，数字企业主要集中于一、二线大城市，数字经济发展仍然没有打破“胡焕庸线”，从东部沿海向西部地区逐渐降低。二是行业间数字经济发展不对称，传统产业与新兴产业之间的数字化发展水平呈现较大差异。三是人群之间的不对称，老年人和受教育程度低的人群存在学习困难，形成较难逾越的数字鸿沟。

（五）治理体系不够完备

制度建设相对缺乏以及监管理念相对落后。企业和个人获取公共数据的渠道不畅，政企数据共享权责边界模糊；数据安全监管体系不足，由于数字经济企业间采用不同的业务框架和系统，使得数据联通、整合与共享不足，导致出现较为严重的“数据孤岛”现象；数据信息安全存在隐患，数据过度采集、数据信息泄露等问题频发，数据安全保障能力不足；存在头部平台垄断等现象，反垄断等竞争治理体系亟待完善；数字平台生态和责任治理缺失。

第四节　把握规律，推动数字经济健康发展

数字经济已是我国经济的重要组成部分，我们要把握数字经济发展趋势和规律，积极推进数字产业化、产业数字化，促进数字技术同经济社会发展深度融合，推动数字经济健康发展。

一、数字技术与经济社会发展深度融合新趋势

“十四五”时期，在人工智能、大数据分析、云计算、物联网、先进机器人等数字技术的支撑下，数字经济将继续快速发展、全面发力。

（一）数字经济红利进一步释放

以数字科技为代表的新一轮科技革命和产业变革方兴未艾，在一些数字科技不断成熟、产业不断转化的同时，数字技术与医疗、教育、交通、零售、制造业等各行业深度融合按下快进键，智慧课堂、协同办公全面普及，“云问诊”“云会展”“云旅游”纷纷上线，网络直播、共享员工等个人就业新形态不断涌现，展现出催生新产品、新模式、新业态、新产业的巨大潜力。在中美经贸摩擦背景下，我国基础软件、高端芯片、核心元器件等关键核心技术创新投入将持续加大，数据赋能效应与技术乘数效应相叠加，将推动以要素共融、资源共享、价值共创为核心的应用场景创新走向深入，加速产业要素裂变、融合、重构，引爆数字经济

一个又一个新的增长点，为国内经济复苏提供持续动力。

（二）数据要素市场化配置进程加快

数据作为一种新型生产要素，成为国家经济发展的核心动能之一，数字化配置资源不断扩展，成为社会资源分配的重要方式。2020年，中共中央、国务院《关于构建更加完善的要素市场化配置体制机制的意见》，明确提出加快数据要素市场培育，为未来我国数字经济的长期发展指明了方向。各地纷纷把着力点放在促进数据流通交易，越来越多的大数据交易中心将通过政府建机制、企业搭平台的方式，率先在公共领域以及金融、电信、医疗、人工智能等行业领域开展试点，探索基于可信数据交换空间的数据流通交易模式。同时，大数据交易中心也将成为数据要素市场机制探索的"试验田"，在数据确权登记、价值评估、质量治理、定价交易、标准合约等方面的规则确立和推广开展系统性试验，抢占流通交易市场规则主导权。未来我国的数字经济在进一步推动政府数据开放共享、提升社会数据资源价值、加强数据资源整合和安全保护的基础上，将不断创造出新动能。

（三）数字技术赋能产业能力增强

数字经济和实体经济深度融合，数字化向企业生产核心环节延伸、向企业外部多端延伸，各类企业将以数据为驱动、以平台为支撑，推动生产服务消费各环节、线上线下应用场景以及传统工艺与新兴业态的深度融合，数字经济对实体经济的赋能效应将进一步释放。同时，国有企业将发挥产业链整合优势，依托数字化平台进一步打通上下游企业数据通道，促进全渠道、全链路供需调配和精准对接，引导中小企业上平台、用数据、变模式、转业务，逐步形成产业链高效协同、供应链柔性配置、大中小企业融通发展格局，产业互联网将成为数字经济发展的新蓝海。数字服务贸易出口增长更加强劲，在数字技术应用、数据跨境流动与监管等方面的规则、规制、管理、标准等制度型开放进一步拓展，支撑全面扩大开放，促进形成以国内大循环为主体、国内国际双循环相互促进的新发展格局。

（四）数字基建全面推进

以5G、工业互联网、大数据中心和人工智能为代表的"数字基建"将从投资期加快向建设运营期迈进，在区域一体化战略引导下，各地政府将立足“数字基建”纵深推进，补充、优化、延伸打造具有地区特色的数字产业链，为构建梯次分明、分工明确、相互衔接、具有国际竞争力的数字产业集群提供坚实支撑。

（五）数字经济竞争加剧

一方面围绕数字科技和数字产业发展，不论国际还是国内，都不约而同地加强数字经济布局，不断推出支持数字经济发展的法律、战略和政策，有的国家甚至不惜采取违反国际经贸规则的做法对其他国家的技术和产业发展进行遏制，国家之间、地区之间数字经济竞争加剧；另一方面，随着数字科技的发展，数字产业市场份额向大型高科技公司集中，大型高科技公司形成垄断，对竞争又起到一定的遏制作用。

二、推动数字经济健康发展

数字经济作为新一代技术革命的产物，将成为未来的发展趋势。我国“十四五”规划纲要提出“打造数字经济新优势”，发展数字经济成为我国推动高质量发展的核心动力，是更好满足人民日益增长的美好生活需要的重要抓手。

（一）加强关键核心技术攻关

牵住自主创新这个“牛鼻子”，发挥我国社会主义制度优势、新型举国体制优势、超大规模市场优势，提高数字技术基础研发能力，打好关键核心技术攻坚战，尽快实现高水平自立自强，把发展数字经济自主权牢牢掌握在自己手中。加快高端芯片、传感器、通用处理器、关键基础软件等领域的研发突破和迭代应用，增强区块链、物联网、产业互联网、人工智能等创新能力，优化量子信息、先进计算和未来网络等前沿技术布局，努力构建自主、可控、安全、高效的产业链供应链。加大政府在数字经济基础科学、共性技术和关键技术研发方面的投入，支持科技成果向产业转化，加快建立以企业为主体的产业技术创新体系，以市场为导向，与生产、学术研究、科研和应用深度融合，支持创新要素向企业集聚，加强共同产业技术平台建设，重点建设核心信息技术和产品生态系统，促进产业企业、平台企业和技术服务企业跨境创新，支持建设数字技术开放源码群体等创新联盟，加强产业链上下游大中小企业融合创新。

（二）加快新型数字基础设施建设

加强战略布局，加快建设高速泛在、天地一体、云网融合、智能敏捷、绿色低碳、安全可控的智能化综合性数字信息基础设施，打通经济社会发展的信息“大动脉”。要全面推进产业化、规模化应用，重点突破关键软件，推动软件产业做大做强，提升关键软件技术创新和供给能力。以数据和计算设备为核心、以融合基础设施为突破口，构建基于通信网络的新型数字基础设施系统。加快信息基础设施升级，推进网络加速和质量提升，统筹部署绿色智能数据和计算设施，建设多层次计算基础设施体系，推进公共数据共享交换平台、大数据交易中心等设施建设，提高人工智能基础设施服务能力。统筹传统基础设施与新建基础设施项目的资源配置、建设时机和重要性，合理安排新建和传统基础设施项目的投资和建设，积极发展高效协调的综合基础设施，加快车对车网络基础设施的建设和改造，利用5G、大数据、人工智能等技术对传统基础设施进行智能化改造。

（三）推动数字经济和实体经济融合发展

把握数字化、网络化、智能化方向，推动制造业、服务业、农业等产业数字化，利用互联网新技术对传统产业进行全方位、全链条的改造，提高全要素生产率，发挥数字技术对经济发展的放大、叠加、倍增作用。针对同类企业的共性问题，梳理通用路径，提出系统的数字化改造方案。在借鉴同类企业数字化转型的成功经验和关注共性问题的同时，也要注意差异的存在，鼓励企业根据自身发展需要，准确把握数字化转型阶段的关键环节，进行特色路径设计。针对企业面临的能力、资源、人才和技术限制，政府通过提高公共服务水平、增加补贴、税收优惠等方式，对企业提供有针对性的支持。支持大型企业在产业互联网、产业大数据分析、人工智能、物联网等领域取得突破性进展。通过推出5G等相关应用程式，推广适合中小型企业使用的工业软件。引导企业建立互助合作机制，共同解决转型升级中的问题。

推动互联网、大数据、人工智能同产业深度融合，加快培育一批“专精特新”企业和制造业单项冠军企业。围绕战略前沿和制高点，立足重大技术突破和重大发展需要，提高产业链关键环节的竞争力，完善核心产业供应链体系，创新应用方案，加快产品和服务迭代，加快数字技术产业发展。推进新的数字产业布局，提高大数据、云计算、区块链产业的竞争力，促进虚拟现实技术和产品的应用。继续推动电子信息制造业、软件服务业、信息通信业的高质量发展，培育一批具有国际竞争力的大型企业和有能力控制产业链的生态型企业，鼓励发展新的“小巨人”，建设自主可控的产业生态系统，有效提升供应链的稳定性和竞争力。

推进重点领域数字产业发展，聚焦战略前沿和制高点领域，立足重大技术突破和重大发展需求，增强产业链关键环节竞争力，完善重点产业供应链体系，加速产品和服务迭代。加强关键软件供给，支持组织建设人工智能数据库、开源社区和数字服务外包平台，做大做强软件产业。加大对企业数字化转型的支持力度，鼓励产业数字经济平台、专业数字解决方案供应商等行业赋能型企业发展。

（四）规范数字经济发展

坚持促进发展和监管规范两手抓、两手都要硬，在发展中规范、在规范中发展。要健全市场准入制度、公平竞争审查制度、公平竞争监管制度，建立全方位、多层次、立体化监管体系，实现事前事中事后全链条全领域监管。要纠正和规范发展过程中损害群众利益、妨碍公平竞争的行为和做法，防止平台垄断和资本无序扩张，依法查处垄断和不正当竞争行为。要保护平台从业人员和消费者合法权益。要加强税收监管和税务稽查。

（五）完善数字经济治理体系

健全法律法规和政策制度，完善体制机制，提高我国数字经济治理体系和治理能力现代化水平。要完善主管部门、监管机构职责，分工合作、相互配合。要改进提高监管技术和手段，把监管和治理贯穿创新、生产、经营、投资全过程。要明确平台企业主体责任和义务，建设行业自律机制。要开展社会监督、媒体监督、公众监督，形成监督合力。要完善国家安全制度体系。要加强数字经济发展的理论研究，就涉及数字技术和数字经济发展的问题提出对策建议。要积极参与数字经济国际合作，主动参与国际组织数字经济议题谈判，开展双多边数字治理合作，维护和完善多边数字经济治理机制，及时提出中国方案，发出中国声音。

（六）做好数字经济发展顶层设计和体制机制建设

加强形势研判，抓住机遇，赢得主动。提高各级领导干部数字经济思维能力和专业素质，增强发展数字经济本领，强化安全意识，推动数字经济更好服务和融入新发展格局。提高全民全社会数字素养和技能，夯实我国数字经济发展社会基础。

参考文献

[1] 田刚元、陈富良：《习近平数字经济发展思想的历史逻辑、核心要义及其时代价值》，《理论导刊》2021 年第 1 期。

[2] 唐国华、李庭燎：《数字经济助推高质量发展》，《光明日报》2021 年 3 月 9 日。

[3] 张世珍：《数字经济面临的治理挑战及应对》，《光明日报》2021 年 2 月 9 日。

[4] 程絮森：《疫情防控常态化下的数字经济治理机遇与挑战》，《国家治理》2021 年第 23 期。

[5] 胡继晔：《“十四五”时期数字经济发展的挑战和机遇》，《国家治理》2021 年第 13 期。

[6] 李晓华：《“十四五”时期 数字经济发展趋势、问题与政策建议》，人民论坛网，2021 年 1 月 18 日，http://www.rmlt.com.cn/2021/0118/605387.shtml.

[7] 杨仁发：《推进数字经济新发展面临的主要问题及对策》，《国家治理》2021 年第 18 期。

[8] 王刘平、谭德家：《美、欧经验对我国数字经济高质量发展的启示》，《电子产品可靠性与环境试验》2021 年第 A1 期。

[9] 王雨青：《全球数字经济发展现状》，《中国外资》2021 年第 6 期。

[10] 江小涓：《“十四五”时期数字经济发展趋势与治理重点》，《光明日报》2020 年 9 月 21 日。

[11] 肖亚庆：《大力推动数字经济高质量发展》，《学习时报》2021 年 7 月 16 日。

撰稿人：张群，21 世纪马克思主义研究院经济社会文化发展战略研究中心特约研究员

第六章　文旅产业高质量发展

2018年8月，习近平总书记在全国宣传思想工作会议上提出“要推动文化产业高质量发展”，2019年12月，中央经济工作会议提出“要推动旅游业高质量发展”，党的十九届五中全会和国家“十四五”规划做出健全现代文化产业体系，加快发展旅游等服务业，推动文化和旅游融合发展等部署，“高质量”已经成为文化产业和旅游产业发展的时代主题。

第一节　党中央国务院高度重视文化旅游产业发展

我国文化产业和旅游产业都是自20世纪80年代国家大力发展第三产业之后兴起壮大的。2016年夏季达沃斯论坛中，国务院总理李克强提出旅游、文化、体育、健康、养老为“五大幸福产业”。文化旅游产业正是前两大“幸福产业”的融合，它既是旅游这一综合产业的重要组成部分，是吸引游客的重要旅游资源，又能通过旅游带来的经济收益和社会影响推动对地方文化传统的保护和传承，促进国内国际深层次文化交流。

一、党中央十分重视文化建设

改革开放以来，党中央十分重视发展文化产业和旅游产业。2011年3月，党的十七届五中全会即明确提出“推动文化产业成为国民经济支柱性产业”的战略目标。因此，在“十二五”时期及此后的“十三五”时期、“十四五”时期，文化产业都得到了党中央的高度重视，也确立了其作为战略性新兴产业和支柱产业的重要地位。

2011 年 10 月 18 日，《中共中央关于深化文化体制改革推动社会主义文化大发展大繁荣若干问题的决定》（以下简称《决定》）在党的十七届六中全会上通过。该决定延续党的十七届五中全会精神，强调在坚持社会主义先进文化前进方向的前提下，加快发展文化产业，推动文化产业成为国民经济的支柱性产业。该决定认为，文化产业也是满足人民多样化精神文化需求的重要途径。为此，有四项具体指导意见，包括：构建现代文化产业体系；形成公有制为主体、多种所有制共同发展的文化产业格局；推进文化科技创新；扩大文化消费。在构建文化产业体系上，要推动文化产业与旅游、体育、信息、物流、建筑等产业融合发展，增加相关产业的文化含量，延伸文化产业链，提高附加值。另外，扩大文化消费不仅表现在文化消费的量，还表现在文化消费的质，由此才能构成文化产业发展的内生动力。该决定明确指出，应当积极发展文化旅游，促进非物质文化遗产保护传承与旅游相结合，发挥旅游对文化消费的促进作用。这些都为文化产业的繁荣发展指明了方向和道路，也将文化与旅游相结合的方向性反复重申。

党的十八大以来，以习近平同志为核心的党中央更加重视文化建设与文旅产业发展。党的十九大报告指出，我们进入了中国特色社会主义新阶段，要“坚持社会主义核心价值体系。文化自信是一个国家、一个民族发展中更基本、更深沉、更持久的力量。必须坚持马克思主义，牢固树立共产主义远大理想和中国特色社会主义共同理想，培育和践行社会主义核心价值观，不断增强意识形态领域主导权和话语权，推动中华优秀传统文化创造性转化、创新性发展，继承革命文化，发展社会主义先进文化，不忘本来、吸收外来、面向未来，更好构筑中国精神、中国价值、中国力量，为人民提供精神指引”。

党的十九大报告特别强调要推动文化事业和文化产业发展。指出，“中国共产党从成立之日起，既是中国先进文化的积极引领者和践行者，又是中华优秀传统文化的忠实传承者和弘扬者”，“满足人民过上美好生活的新期待，必须提供丰富的精神食粮。要深化文化体制改革，完善文化管理体制，加快构建把社会效益放在首位、社会效益和经济效益相统一的体制机制。完善公共文化服务体系，深入实施文化惠民工程，丰富群众性文化活动。加强文物保护利用和文化遗产保护传承。健全现代文化产业体系和市场体系，创新生产经营机制，完善文化经济政策，培育新型文化业态。广泛开展全民健身活动，加快推进体育强国建设，筹办好北京冬奥会、冬残奥会。加强中外人文交流，以我为主、兼收并蓄。推进国际传播能力建设，讲好中国故事，展现真实、立体、全面的中国，提高国家文化软实力”。

二、文旅产业在国家规划《纲要》中具有重要地位

根据《决定》和国家“十二五”规划纲要，中共中央办公厅、国务院办公厅于 2012 年 2 月印发了《国家“十二五”时期文化改革发展规划纲要》(以下简称《纲要》)。该《纲要》重点提出要加快发展文化产业，将《决定》中提出的四项指导意见再次重申，并提出相关具体要求，比如在构建现代文化产业体系上，要求“提升品牌价值，增加物质产品和现代服务业的附加值和文化含量”。而在扩大文化消费中，特别提出了“支持海南等重点旅游区建设”。由此开始，海南作为旅游区的发展理念上升到国家战略高度。

2016 年至 2020 年，我国进入“十三五”发展时期，这一阶段最重要的任务是全面建成小康社会。2016 年 3 月，十二届全国人大四次会议通过了《中华人民共和国国民经济和社会发展第十三个五年规划纲要》，进一步提出要“完善现代文化市场体系和现代文化产业体系”，发展“十二五”时期所提出的“构建现代文化产业体系”的构想。其中，在推进文化市场建设方面，“十三五”规划提出，要“发展文化旅游，扩大休闲娱乐消费”。同时，在生活性服务业的框架内，提出要大力发展旅游业，深入实施旅游业提质增效工程，加快海南国际旅游岛建设，支持发展“生态旅游、文化旅游、休闲旅游、山地旅游等”。针对西部地区大开发，中央也提出“大力发展绿色农产品加工、文化旅游等特色优势产业”。可见，文化旅游主要是作为服务业的重要组成部分，致力于提高群众的生活水平和文化消费水平。

2021 年 3 月，全国“两会”通过了《中华人民共和国国民经济和社

会发展第十四个五年规划和二〇三五年远景目标纲要》，对现代文化产业体系的建设提出了新的要求，除了继续坚持把社会效益放在首位、社会效益和经济效益相统一，同时提出“健全现代文化产业体系和市场体系”等要求，具体包括：扩大优质文化产品供给、推动文化和旅游融合发展、深化文化体制改革。在推动文化和旅游融合发展方面，“两会”有了非常具体明确的目标和指导方针，提出“坚持以文塑旅、以旅彰文，打造独具魅力的中华文化旅游体验”，文化旅游可以提升中国在国际上的旅游形象；“应深入发展大众旅游、智慧旅游，创新旅游产品体系，改善旅游消费体验。加强区域旅游品牌和服务整合，建设一批富有文化底蕴的世界级旅游景区和度假区，打造一批文化特色鲜明的国家级旅游休闲城市和街区。推进红色旅游、文化遗产旅游、旅游演艺等创新发展，提升度假休闲、乡村旅游等服务品质，完善邮轮游艇、低空旅游等发展政策”，“提高海洋文化旅游开发水平”。应该说，这些都对文化旅游该如何发展、在哪些方面重点发展提供了非常重要的指导。

三、提高文旅产业治理体系和治理能力现代化

国务院在推动文旅产业发展中出台了一系列文件和规定。2009 年 9 月 26 日，国务院全文发布《文化产业振兴规划》，明确提出国际金融危机“仍未见底”，在困难和挑战中孕育着新的机遇和有利条件，具有反向调节功能的文化产业正可为“保增长、扩内需、调结构、促改革、惠民生”作出贡献。指出文化产业应当“坚持把社会效益放在首位，努力实现社会效益和经济效益的统一”；应该重视提升文化创新能力，积极开拓国内国际文化市场，增强中华文化在国际上的影响力。该规划提出的重要工作之一包括扩大文化消费，它将文化与消费、经济效益紧密地联系在一起，具体要求包括：“不断适应当前城乡居民消费结构的新变化和审美的新需求，创新文化产品和服务，提高文化消费意识，培育新的消费热点。……加快建设具有自主知识产权、科技含量高、富有中国文化特色的主题公园。开发与文化结合的教育培训、健身、旅游、休闲等服务性消费，带动相关产业发展。”

2009 年 12 月，国务院又制定了《国务院关于加快发展旅游业的意

见》，立足于旅游业，提出了旅游与文化等产业结合的多种可能性，指出“大力推进旅游与文化、体育、农业、工业、林业、商业、水利、地质、海洋、环保、气象等相关产业和行业的融合发展”，建议以大型国际展会、重要文化活动和体育赛事为平台，培育新的旅游消费热点。同时，该意见深刻认识到旅游品质的提升离不开文化内涵的挖掘，提出“旅游开发建设要加强自然文化遗产保护，深挖文化内涵，普及科学知识。旅游商品要提高文化创意水平，旅游餐饮要突出文化特色，旅游经营服务要体现人文特质。要发挥文化资源优势，推出具有地方特色和民族特色的演艺、节庆等文化旅游产品。充分利用博物馆、纪念馆、体育场馆等设施，开展多种形式的文体旅游活动”。由此，将提升文化内涵贯穿到吃住行游购娱各环节和旅游发展的全过程。该意见强调，旅游文化内涵的提升能“集中力量塑造中国国家旅游整体形象，提升文化软实力”。这就将旅游业提到了战略高度，而文化对旅游业的重要促进作用也得到了全社会的高度关注与认可。

国家有关职能部门认真贯彻党中央和国务院的要求，出台了相关具体文件，积极推动文化旅游产业发展。研究者普遍认为，2009 年 8 月由文化部与国家旅游局联合出台的《文化部国家旅游局关于促进文化与旅游结合发展的指导意见》是我国第一份关于文化旅游发展政策的文件。该意见明确指出，“文化是旅游的灵魂，旅游是文化的重要载体”，二者应当加强深度结合。该意见从落实中央扩大内需的战略部署、构建社会主义和谐社会的高度出发，提出各地应该积极采取措施加强文化与旅游结合，以切实推动社会主义文化的大发展大繁荣。

文化部与国家旅游局还提出了一些促进文化与旅游结合的指导意见，包括打造文化旅游系列活动品牌；打造高品质旅游演艺产品；引导文化旅游产品开展品牌化经营，编制双年度《国家文化旅游重点项目名录》；鼓励主题公园、旅游度假区设立连锁网吧、游戏游艺场所；举办文化旅游项目推介洽谈会，推动文化旅游企业开展合作；深度开发文化旅游工艺品；积极培育文化旅游人才等等。这些指导意见都得到了有效的落实与推广。从 2010 年开始，文化部、国家旅游局每四年推出一个中国文化旅游主题年，每两年举办一届中国国际文化旅游节。各地也相继推出一些高品质的旅游演艺产品，如山西平遥的《又见平遥》大型实景演艺项目、天津蓟县的《天下盘山》实景演出、河南开封的《清明上河园》实景演出等等。这些演艺产品一般参演人数众多，场景宏大，能够有效调动观众对当地历史文化的热情。

有关人士认为，以上指导意见第一次明确提出将文化与旅游深度结合，对促进文旅产业发展具有重要意义。二者的结合有助于推进文化体制改革，加快文化产业发展，促进旅游产业转型升级，满足人民群众的消费需求；同时，还有助于推动中华文化遗产的传承保护，扩大中华文化的影响，提升国家软实力，促进社会和谐发展。这就将文化与旅游产业提到了非常高的战略高度。

2009 年 9 月，文化部推出了《文化部关于加快文化产业发展的指导意见》，指明了文化产业的发展方向和发展重点，其中之一就是文化旅游业。意见强调，要“促进文化与旅游相结合，以文化提升旅游的内涵，以旅游扩大文化的传播和消费”。具体措施中，强调要打造文化旅游系列活动品牌，建立《文化旅游节庆活动扶持名录》和《国家文化旅游重点项目名录》；鼓励对演艺与旅游资源进行整合，在知名旅游景区打造高品质、有特色的演艺精品等。

文化部还在 2012 年 2 月制定了《文化部“十二五”时期文化产业倍增计划》，要求各地科学编制文化旅游发展规划，努力“打造文化旅游特色产业集聚区、全国文化旅游实验区、国际知名旅游演艺及文化旅游系列活动品牌”。

四、积极推动公共文化服务高质量发展

2021 年 3 月，文化和旅游部、国家发展改革委、财政部三部委联合印发了《关于推动公共文化服务高质量发展的意见》(以下简称《意见》)。该意见对出台文件的重要意义、理论依据、内涵、任务与措施等都进行了分析和安排。其主题虽然是推动公共文化服务高质量发展，但是对推动文旅产业高质量发展也提供了重要遵循和原则指导。根据文化和旅游部公共服务司负责同志的介绍，我们对以上问题进行了梳理。

（一）《意见》出台的重要意义

在新发展阶段，如何进一步提升公共文化服务水平，为人民群众提供更高质量、更有效率、更加公平、更可持续的公共文化服务，是摆在我们面前的重要任务。《意见》是在新形势下推动公共文化服务高质量发展的一份重要文件。《意见》坚持以习近平新时代中国特色社会主义思想为指导，坚持以人民为中心，坚持新发展理念，坚持问题导向，紧紧围绕公共文化服务发展中的重点领域和关键环节，明确了新发展阶段公共文化服务高质量发展的目标和主要任务，为当前和今后一个时期公共文化服务工作提供了政策依据。《意见》是解决公共文化服务供需矛盾、推进文化体制改革的重要举措，对于促进文化事业繁荣发展、提升人民群众文化获得感、增强国家文化软实力、推进社会主义文化强国建设具有重要意义。

（二）《意见》制定的依据

党的十八大以来，以习近平同志为核心的党中央高度重视公共文化服务体系建设，作出了一系列重要决策部署。习近平总书记多次作出重要指示，为《意见》的制定提供了理论指导和根本遵循。2018 年 8 月 21 日，习近平总书记在全国宣传思想工作会议上指出，要以高质量文化供给增强人们的文化获得感、幸福感。2020 年 9 月 22 日，习近平总书记在教育文化卫生体育领域专家代表座谈会上强调，要着力提升公共文化服务水平，让人民享有更加充实、更为丰富、更高质量的精神文化生活。党的十九届五中全会明确指出，“十四五”时期经济社会发展要以推动高质量发展为主题，并对文化发展作出一系列重大安排和部署，强调要繁荣发展文化事业和文化产业，提高国家文化软实力，提升公共文化服务水平。全会还明确提出了要推进城乡公共文化服务体系一体建设、创新实施文化惠民工程、广泛开展群众性文化活动、推动公共数字文化建设等重要任务。

（三）《意见》对公共文化服务高质量发展内涵的界定

习近平总书记指出：“高质量发展，就是能够很好满足人民日益增长的美好生活需要的发展，是体现新发展理念的发展。”公共文化服务的高质量发展主要包括四个方面：一是品质发展。习近平总书记指出：“我们要重视量的发展，但更要重视解决质的问题，在质的大幅提升中实现量的有效增长。”品质发展，就是要牢牢把握社会主义先进文化前进方向，强化政治引领，提升人民文明素质，切实承担起举旗帜、聚民心、育新人、兴文化、展形象的使命任务。二是均衡发展。习近平总书记指出：“不平衡不充分的发展就是发展质量不高的表现。”均衡发展，就是要加强城乡公共文化服务体系一体建设，促进区域协调发展，健全人民文化权益保障制度，推动基本公共文化服务均等化。三是开放发展。习近平总书记指出：“高质量发展必须坚定推进供给侧结构性改革。”开放发展，就是要深化公共文化体制机制改革，创新管理方式，扩大社会参与，形成开放多元、充满活力的公共文化服务供给体系。四是融合发展。就是要在把握各自特点和规律的基础上，促进公共文化服务与科技、旅游相融合，文化事业、产业相融合，建立协同共进的文化发展格局。《意见》充分体现了“四个发展”的精神。

（四）《意见》的主要内容与任务

《意见》主要包括总体要求、主要任务、保障措施三个部分。其中第一部分明确提出了推动公共文化服务高质量发展的指导思想、主要原则；第二部分提出了深入推进公共文化服务标准化建设等九项具体工作；第三部分提出了加强组织领导等三项保障措施。《意见》主要提出了六个方面的任务：

一是在标准化建设方面。《意见》提出，要落实国家基本公共服务标准，在财政承受范围内制定地方标准；要进一步完善公共文化机构建设和服务标准规范；要构建公共文化服务评价指标体系，完善评估定级结果运用机制。

二是在布局优化和空间提升方面。《意见》提出，要通过补短板、强网络、促融合等方式统筹完善公共文化设施网络布局，提高服务效率，特别强调以县级图书馆、文化馆为抓手，优化布局服务网络，将工作基础好的乡镇文化站建设为覆盖周边的区域分中心；要立足城乡特点，满足城乡居民对高品质文化生活的期待，营造小而美的公共阅读和艺术空间。

三是在内容提升方面。《意见》从服务、活动、数字文化建设三个层面，提出了要推动公共文化服务融入城乡居民生活，提高群众知晓率、参与率和满意率；要做大做强全民艺术普及品牌；要加强云服务平台建设、数字资源建设、数字文化服务场景应用和平台合作。

四是在社会参与方面。《意见》提出，要进一步推进政府购买服务；通过因地制宜推动乡镇文化站等基层公共文化设施社会化运营试点等形式，加强政府与社会力量合作；持续促进文化志愿服务特色化发展。

五是在乡村文化治理方面。《意见》提出，要将乡村文化建设融入城乡经济社会发展全局，融入乡村治理体系，并在活跃乡村文化生活、提升乡村文化建设品质、推动乡村文化和旅游融合等方面作出了具体安排。

六是在保障措施方面。《意见》从组织保障、法制和财政保障、人才保障三个方面作了要求，提出要加强部门合作，积极开展基层试点，推进区域协调发展；要落实和完善相关法律法规，推动各级财政保障到位；要培养专家型干部，加强基层文化队伍培训。

第二节　文化旅游产业基本概述

一、文化旅游与文化旅游产业的界定

文化旅游产业是一个跨行业的朝阳产业，在经济社会发展中有着至关重要的作用。文化旅游产业属于经济性、文化性、民族性兼容的产业，是旅游业深入发展的必然结果，文化与旅游的融合发展也将是文化旅游产业发展的必然趋势。关于文化旅游与文化旅游产业，国内外学者进行了积极的探讨，从各自的角度对其进行了研究和界定。

（一）国外学者对文化旅游的界定

张宏梅、赵忠仲主编的《文化旅游产业概论》对文化、旅游、文化旅游、文化旅游产业等概念都做了较为明晰的梳理。整体而言，“文化旅游”（cultural tourism）概念在 20 世纪 70 年代由美国学者提出，后来又在欧洲学界引发研究热潮。

世界旅游组织（World Tourism Organization，UNWTO）对文化旅游的界定是：文化旅游是一种旅游活动，游客的根本动机是为了学习、探索、

经验并消费旅游目的地那些有形与无形的文化景点或文化产品。这些文化景点或产品体现了一个社会中截然不同的物质、智力、精神和情感特征，它包含艺术、建筑、历史与文化遗产、饮食传统、文学、音乐、创意产业，以及与其生活方式、价值体系、信仰和传统紧密相关的居住文化。这一界定比较清楚地阐明了文化旅游的特质，那就是这种旅游的动机与文化紧密相关，甚至可以说与教育紧密相关。从这一界定出发，很多学者特别强调文化旅游的教育性。

从现有的研究来看，西方学者往往喜欢对文化旅游做多种区分。根据游客的旅游动机不同，拜沃特（M. Bywater）将文化旅游又分为对文化感兴趣的（culturally interested）、带有文化动机的（culturally motivated）或被文化启发和鼓舞的（culturally inspired）。[①] 对文化感兴趣的游客对文化事物表现出一种普遍的兴趣，他们通常将消费文化景点作为节日活动的一部分，而非有意识地对其进行规划。而那些有文化动机的游客则通常将文化视为其旅途中的重要组成内容，但并未在其特定的文化经验基础上选择其旅行目的地。受文化鼓舞或启发的游客则将文化视为其旅行的重要目标。还有学者如麦克切尔（B. Mckercher）等依据文化体验的深度不同，将文化旅游分为五个层次，从没有文化旅游的动因但参与了一些活动，直至带着强烈的文化旅游动机参与，因而获得深厚的文化旅游体验，旅行的文化深度逐渐增强。[②]

这就引出文化旅游研究中一直存在的学术争议，那就是文化旅游是否只是旅游中的一种特殊类型，还是文化旅游可以涵盖所有的旅行活动？迄今为止，学界对文化旅游并未形成一个统一的定义，但确实有两种对立的观点存在，一种观点认为只有对景点、纪念物等文化产品的消费才算是文化旅游，这是一种对“异质”事物或异国风情的消费；另一种观点则认为，文化旅游包含所有层次、所有类型的旅行，游客在旅行中能够感悟并学习其他地方的历史和遗产，感受到其当代生活方式或思

---

① M. Bywater, “The Market for Cultural Tourism in Europe,” *Travel and Tourism Analyst*, No.6（1993）: 30–46.

② Hayley Stainton, *Cultural tourism explained: what, why and where*, https://tourismteacher.com/cultural-tourism/.

想，这本身就构成了文化旅游。这两种界定互不相让，形成了有趣的学术张力。

应该说，之所以提出“文化旅游”的概念并非为取代“旅游”，所以它必然要突出其自身的文化特征。像美国一些人类学者就把文化旅游理解为狭义的民俗文化旅游，“文化旅游系指人类记忆中一种在消失的生活方式的‘图景’或‘地方特色’，是这种生活方式的残余。它体现在‘老式的’房子，自家纺织的布匹、马或者牛拉的车和犁，手工而不是机制的工艺品。旅游地的活动包括在简陋的乡下旅馆中进餐，民俗表演……”[①]。旅游研究者斯塔宾斯（R. Stebbins）、瑞森格尔（Y. Reisinger）则认同文化旅游是指那些对体验文化经历有特殊兴趣的游客所发生的旅游行为，这些行为除了一般的古迹旅游，还包括艺术、信仰、习俗、体育、农业等活动体验。瑞森格尔还强调，“文化旅游是一种特殊的兴趣旅游类型，它建立在对新颖的、深邃的文化的搜寻和参与体验之上，不管是出于审美的、求知的、情感的还是心理的需求”[②]。

总之，正如麦克切尔等人所说，“有多少个文化旅游者，就有多少种关于文化旅游的定义或这一定义的变种”[③]。但无论其间差异如何，它们都特别强调必须以文化资源作为支撑，旅游者是以获取文化印象为目的；强调旅游者应对旅游资源进行深入体验，获得特殊的文化感受；最后，文化旅游还强调一种融入感，正是因为文化的互异性，文化旅游实现了不同文化间的碰撞与互动，最终实现彼此之间的融合与融洽。

（二）国内学者对文化旅游的界定

国内学者在 20 世纪 80 年代也开始了对文化旅游的研究，其间相伴随的正是改革开放以来中国旅游业的长足发展。代表性的学者及观点主要有：

魏小安长期关注中国旅游研究，他在 1987 年即已提出文化旅游，虽

---

① 张宏梅、赵忠仲主编：《文化旅游产业概论（2015）》，中国科学技术大学出版社 2015 年版，第 3 页。

② Y. Reisinger “Tourist-host Contact as Part of Cultural Tourism,” . *World Leisure and Recreation*, 36（1994, Summer）: 24-28.

③ ［加］鲍勃·麦克切尔、［澳］希拉里·克罗斯：《文化旅游与文化遗产管理》，朱路平译，南开大学出版社 2006 年版，第 3 页。

未给予明确界定。他始终坚信文化与旅游的融合是旅游业发展的关键，“文化是旅游之魂，特色是旅游之基，环境是旅游之根，质量是旅游之本”①。在魏小安看来，文化才是旅游的灵魂，旅游没有文化就是“灵魂出窍”，而文化如果不附加旅游就是“魂不附体”，其表述形象生动。

马勇、舒伯阳在其1999年发表的《区域旅游规划：理论·方法·案例》中将文化旅游视为一种专题旅游，认为文化旅游是旅游者以旅游文化为消费品，以自己的审美情趣得到全方位享受的旅游活动，包括历史文化旅游、建筑文化旅游、宗教文化旅游、园林文化旅游、民俗文化旅游、饮食文化旅游，等等。

朱桃杏、陆林在其2005年发表的《近10年文化旅游研究进展》一文中从广义和狭义两方面汇总了文化旅游的概念。广义上的文化旅游类似于一般的旅游，因为任何一次旅游都是一种对新文化的体验。狭义的文化旅游则是去体验一种正在消失的生活和生产方式场景或地方特色，如旧式的房子、手工纺织或者牛、马犁地等。

因此，虽然中国学界在文化旅游的研究上稍晚于西方，但是在对概念的界定、具体内容的讨论上也有了深入的开拓，而且也表现出较多的相似性。不过，当文化旅游产业这一新兴事物问世后，我们会发现，国外学界对这一概念较少研究，而国内学界对文化旅游产业却展开了较多的思考。

（三）文化旅游产业

为社会生产和生活服务的部门才可以称为产业，当文化旅游成为一种产业时，意味着它既要服务于社会生产与生活，同时还要产生经济效益。所以，有学者这样界定：“文化旅游产业是旅游业中一个重要的组成部分，涉及对一个国家和地区从历史文化中留存下来进入旅游市场的物质和精神遗产（文物古迹、风景名胜、宗教民俗设施以及有关的风土民情、民俗礼仪等）进行开发、营销和推广。”②

① 魏小安：《关于文化和旅游的随想》，近点网，https://www.meadin.com/195902.html。

② 张春香、刘志学：《基于系统动力学的河南省文化旅游产业分析》，《管理世界》2007年第5期，第152页。

也有学者特别强调其“创意”因素，认为文化旅游产业是文化创意产业的子类，“依靠创意人的智慧、技能和天赋，在深度挖掘旅游文化内涵的过程中，用新的思维认识、开发和管理文化旅游产品，从而创造财富和就业潜力的产业”①。认为文化旅游产业实质上是以“玩”促进消费增长，以“休闲经济”“体验经济”“娱乐经济”为主要表现形式的经济发展方式。这种对“创意”因素的强调是值得肯定的，特别突出文化旅游产品的高科技因素和创新性，但以“玩”来统摄，似乎又降低了文化旅游的文化内涵，过度强调了娱乐和休闲。

无论对文化旅游产业的界定还有多少差异，但普遍被承认的是，文化旅游产业在丰富旅游产品的文化内涵时，追求的是社会效益和经济效益的合一。旅游消费带来的巨大经济价值不可小觑。而国家也对文化旅游产业加大了投资，2008 年底国家出台的 4 万亿投资计划中，有 1000 亿元分配给了文化旅游产业。

二、文化旅游产业的社会价值与经济价值

文化旅游产业的社会价值是非常显著的。文化旅游推动旅游业从以往只注重物质要素开发，转向更注重对旅游资源的文化内涵进行挖掘和宣传，因此有助于弘扬传统文化，激发更多游客去参观、了解古老的文化遗迹，这一过程必将极大地增强游客的民族自信、文化自信，并有力地提升国民文化素质。大力促进文化旅游产业的发展，还将有利于推动中华文化遗产的传承保护，因为当地管理机构必将以更加科学、规范与谨慎的态度去管理与保护珍贵的传统文化遗迹。文化旅游被认为是现代旅游的发展趋势和未来的主导形式，要想让国家旅游业保持鲜明特色、树立良好的国际形象，文化与旅游的深度结合势在必行。

文化旅游产业带来的经济价值则是不可估量的。文化旅游被认为是美国旅游业中增长最快的项目，而欧洲作为入境旅游目的地占到全球入境旅游目的地的 51.6%。单以意大利为例，该国每年对文化性参观旅游业征收的增值税收入是保护费用的 27.5 倍，文化性参观旅游业还能提供就

① 宋迪：《浅谈用文化旅游产业为城市镀金》，《文化经济》，2010 年第 21 期，第 207 页。

业岗位，带动商业、交通、建筑及科学、文化事业发展。意大利由此认为文化遗产是其最丰富的宝藏，内中蕴藏着巨大的经济潜能，是政府永不枯竭的财政资源，并将其视为战略资源和国家基本生产结构的重要组成部分。

进入21世纪以来，世界旅游业的发展重心有从欧洲市场向亚洲市场的转变趋势。在2019年举办的第八届世界旅游经济论坛上，由世界旅游经济研究中心与联合国世界旅游组织共同发布的第六份年度《亚洲旅游趋势调研报告》显示，亚太地区在全球旅游中，不管是在目的地区域还是出境市场，都发挥着核心作用。亚洲目的地2018年的旅游收入占全球总数的30%，中国则为出境旅游的世界第一大客源市场。在这一有利的国际旅游背景下，如果中国加大宣传以中国传统文化为主导的文化景点旅游、以北京冬奥会等为主题的健康旅游，那么中国的旅游产业必将会激励和吸引更多的国内外游客，其经济收入将会是非常可观的。

三、文化旅游产业的主要发展类型

根据国家标准《旅游资源分类、调查与评价》，旅游资源分为八个主类，分别是：地文景观、水域风光、生物景观、天气与气候景观、遗址遗迹、建筑与设施、旅游商品、人文活动。学术界也有将旅游资源直接划分为自然旅游资源、人文旅游资源以及社会旅游资源。如果说自然旅游资源主要是指自然环境中历史地形成的自然环境和自然景观，人文旅游资源是人类在认识世界和改造世界的生产实践和社会生活过程中创造的文明成果，那么社会旅游资源则主要指风情民俗、人际关系、传统节庆、民间生活方式、特有的民族服饰与文化艺术形式，等等[①]。在这些分类的指导下，文化旅游产业可重点关注以下旅游资源：

（一）自然旅游资源

自然旅游资源下设四个主类，即地文景观、水域风光、生物景观、天气与气候景观，其17个亚类中又包括综合自然旅游地、沉积与构造、地质地貌过程形迹、自然变动遗迹、岛礁、河段、天然湖泊与池沼、瀑

① 丁季华：《旅游资源学》，上海三联书店1999年版，第32页。

布、泉、河口与海面、冰雪地、树木、草原与草地、花卉地、野生动物栖息地、光现象、天气与气候现象，等等。值得注意的是，发展文化旅游并不意味着不重视自然旅游，恰恰相反，近年来以优质自然资源为基础的生态旅游构成了文化旅游的重要内容。国家发改委和国家旅游局联合制定的《全国生态旅游发展规划（2016—2025）》总体布局了八大旅游片区，作为重点保护和开发的旅游区。这八大旅游片区包括：东北平原漫岗生态旅游片区、黄河中下游生态旅游片区、北方荒漠与草原生态旅游片区、青藏高原生态旅游片区、长江中上游生态旅游片区、东部平原丘陵生态旅游片区、珠江流域生态旅游片区以及海洋海岛生态旅游片区。《全国生态旅游发展规划（2016—2025）》还拟定了四大重要任务：培育20个生态旅游协作区；建设200个重点生态旅游目的地；形成50条精品生态旅游线路；打造25条国家生态风景道。目前，文化生态旅游融合发展取得了巨大成绩，但是文化内涵还有很多不足，一些优质旅游资源尚待开发，现有景区开发存在层次低、保护力度不足等缺憾。

（二）遗迹类旅游资源

《中国文物古迹保护准则（2002）》将遗址定义为“人类在历史上创造或人类活动遗留的具有价值的不可移动的实物遗存”。遗址类旅游资源不仅具有观光休闲价值，还具有不可多得的史学研究、知识普及、艺术审美等价值。中华文化历史悠久，遗址类旅游资源丰富多样，最知名的当包括万里长城遗址、秦始皇陵、北京人遗址、唐大明宫遗址、赤壁古战场遗址、安徽歙县古城遗址、三星堆遗址，等等。事实证明，国外游客对国内遗址类旅游资源是更感兴趣的，因为这些都是了解中国传统文化的重要窗口。但由于遗址最初多采取现状保护为主的保守模式，拒绝旅游开发，所以出现了很多问题，比如内涵挖掘不足，仅以观光游览方式为主，游客人数不多，缺少旅游参与性，管理机制不完善，部分遗址旅游资源甚至遭到严重破坏。

2008年，在西安召开的首届“大遗址保护高峰论坛”提出，“要让保护与开发不再博弈，应该将遗址保护同发展旅游业结合”。由此，以开发促建设，以建设促保护，通过加大宣传遗址遗迹旅游资源，鼓励游客的互动参与，使游客真正领会到博大精深的中国文化。秦始皇陵即在此间得到了科学的规划与建设，于2010年9月30日正式开园。奔赴秦始皇陵的游客数量也逐渐增长，2019年突破900万人次。

历史街区也属于重要的文化遗存和古迹。通常来说，历史街区是历史文化名城中存留下来的连片的建筑群体，它们保存着城市漫长发展过程中的历史信息，能够反映出古城的特色。而且，不少历史街区还有大量普通居民生活于其中，甚至很多百年老店都聚集在这类古城区。这种古今结合、古今相映的方式往往更能呈现历史的巨变，是活态的文化遗产。对这些街区的开发既为历史街区的文化遗产保护提供了重要的经济支持，同时在严格保护的原则下，历史街区的文化传承功能、居住功能、教育功能也得到了很好的延续。目前保存较为完整并开发成功的有北京大栅栏历史文化街区、上海市外滩历史文化街区、天津市五大道历史文化街区、福建省厦门市鼓浪屿历史文化街区、浙江桐乡市乌镇、山西平遥古城区、杭州清河坊历史街区等。

（三）民俗节庆类旅游资源

民俗包括语言、信仰、服饰、饮食、居住、娱乐、节庆、礼节、婚恋、医药，以及各种喜好、风尚、传统和禁忌等。人们逐渐意识到，越是民族的，就越是世界的，因此民俗文化旅游成为文化旅游的重要吸引物。位于昆明西南郊的云南民族村就是将25个少数民族的村寨集中并置，游客在村寨里可了解这些民族的建筑风格、风俗、服饰、美食，还可观赏激光喷泉、水幕电影、民族歌舞、大象表演等特色演艺活动。云南民族村成功地实现了文化与旅游的结合、自然与人文的结合、传统与现代的集合、民俗观赏与休闲度假的结合。而像广西桂林的大型山水实景演出《印象·刘三姐》、湖南张家界的《魅力湘西》等节目，则以令人震撼的视听效果展示了桂林、湘西等地的民间传说、风俗与歌舞，实现了经济效益与文化社会效益的双赢。

饮食、服饰也都属于重要的民俗内容，这类民俗的形成往往与各地的经济条件、地理条件和宗教信仰有关。通过品尝当地饮食、穿戴本土服装，能够深入了解当地风俗习惯和风土人情。应该说，中国各地饮食习俗尤其呈现出不同的风味特色，是重要的旅游形象代表，目前很多地方都通过举办饮食节庆活动来推广宣传本地的民俗特色，如青岛啤酒节、大连美食节、信阳国际茶文化节、舟山海鲜美食文化节等。2021 年 7 月，河南多个地区突降暴雨，造成多地群众的生命和财产出现危机。各地紧急组织支援，命名方式就是以各地美食作为代称，比如“海南粉 / 热干面来了！”“胡辣汤挺住！”同时，很多地方在饮食文化和餐饮业方面也形成了较强的品牌意识和产业意识。知名的如北京全聚德烤鸭、天津狗不理包子、黄山烧饼、臭鳜鱼，这些餐饮品牌和老字号都得到了扶持和保护。另外，美食街区的规划、运营也是推广美食和民俗的重要路径，如上海的南京路、北京的王府井与三里屯、南京的夫子庙、海口的骑楼小吃街，都是吸引游客的重要街区。

民间节庆同样是民族文化的重要组成部分。像春节、清明节、端午节、中秋节等都被列入国家法定节假日，并被列入国家级非物质文化遗产的保护名单。中国各民族民间节庆很多，据统计，汉族节日 500 多个，少数民族有 1200 多个。耳熟能详的有蒙古族的那达慕、傣族的泼水节、东乡族的开斋节、藏族的藏历新年等。在节庆期间，往往还伴随着丰富的民俗活动，比如庆祝、祭祀、饮食，以及极具民族特色的表演（包括歌舞、音乐、杂技，等等）。这类活动往往能让游客融入其中，亲身参与，因此比起博物馆等文化场馆的单纯展示，无疑是独具吸引力的文化旅游资源。

（四）宗教文化旅游资源

宗教是人类社会发展进程中的重要精神文化现象，在世界历史上，基督教、伊斯兰教、佛教等都发挥了重要的文化、政治功能。耶路撒冷、麦加、梵蒂冈等地既是全球众多宗教信徒的朝觐圣地，也构成了大规模的宗教旅游。

在中国，同样存在着丰富的宗教文化资源，道教、佛教、伊斯兰教、基督教等都对中国文化产生了深刻的影响，留下了诸多知名的寺院、石窟和佛塔，非常有利于开发有特色的文化旅游产品。比如山西的五台山、河南的少林寺，作为全国重点佛教名山和寺院，在历史上就享有盛名，不仅自然风光优美，许多保留下来的古建筑也都非常珍贵，并以各种佛事活动、素斋等吸引中外游客。藏传佛教格鲁派也拥有很多知名寺庙，像布拉达宫、塔尔寺、拉卜楞寺、雍和宫，等等。再如回族聚居的北京牛街，因拥有北京规模最大、历史悠久的伊斯兰教礼拜寺和各种特色小吃而闻名于世。山东济宁任城区则因佛教、道教、基督教、伊斯兰教、天主教齐聚一区，而拥有了得天独厚的发展多种宗教文化旅游的条件。而像甘肃敦煌莫高窟、甘肃天水麦积山石窟、洛阳龙门石窟，则由于其精美珍贵的佛像、石窟、彩塑、壁画等艺术遗产，为当地造就了长久不衰的重要旅游文化资源。

不过，目前国内的宗教旅游还多局限于对寺庙、道观等古建筑的观光旅游，也就是物质层面的观赏，且表现出过多的商业化成分，对宗教本身所具备的启迪智慧、警戒欲望、提升精神境界等功能却很少挖掘开发。由于宗教节日和宗教文化日益对普通民众产生巨大的吸引力，因此，进一步利用电影、电视、融媒体等资源对宗教文化资源进行深度挖掘，开发宗教文化旅游商品亦是当务之急。

（五）公共文化场馆旅游资源

公共文化场馆主要包括博物馆、美术馆、科技馆、大剧院、体育馆等等。它们是现代城市和社区重要的文化资源，对城市经济、城市景观都有着重要的推动作用。这其中，博物馆在传统意义上是指标本和文物的主要收藏机构、科学研究机构和宣传教育机构，但其内涵逐渐延伸，还包括了图书馆、动物园、植物园、水族馆、展览馆甚至名人故居，虽然它们多是公益性的社会服务机构，但是却能让旅游者获得知识、审美和休闲娱乐体验。目前博物馆的发展也存在一些瓶颈，虽然博物馆与旅游进行了结合，如故宫博物院、四川博物院、南京博物院、陕西历史博物馆、河南省博物馆等都早已是著名的旅游打卡胜地，但是多数博物馆并不重视休闲娱乐功能的开发，没有形成博物馆旅游产品，或者说，博物馆纪念品店的产品多过于简单化、重复化，难以形成独特的吸引力。除了传统的展示、展览，博物馆旅游模式亟待创新。当然，游客目前可通过租借耳机或扫描展品二维码，来对博物馆的馆藏有较为深刻的了解，但是游客与博物馆之间的互动需求尚未得到满足。

体育馆既是全民健身的场馆，也可承担大型竞技体育赛事，比如北京的鸟巢、水立方，广州天河体育中心，上海八万人体育场，等等。鸟巢、水立方在北京奥运会结束后，成为向普通游客开放的场所，实现了与旅游的结合，激活了其经济潜能。而一些大剧院的重要演出也会构成旅游的盛事。针对大型的体育馆、大剧院，目前主要是考虑举办大型的文化艺术表演活动，将娱乐、休闲、健身、文化艺术融为一体，吸引大量外地游客，并引导游客在体育训练、康复疗养、表演竞赛等行业进行消费。

（六）主题公园旅游资源

一般认为主题公园起源于荷兰，兴盛于美国，尤其是 20 世纪中期问世于美国加州的迪士尼乐园，堪称主题公园中的佼佼者。综合多位研究者的界定，主题公园属于人造旅游资源，多以特定的文化内容为主题，以各类大型娱乐设施为主，以现代科技和文化因素为表现手段，以市场创新为导向。目前中国香港、上海都成功引进了迪士尼乐园；华侨城公司则推出了锦绣中华，并在深圳、北京、成都、天津、上海、武汉等地投资了欢乐谷项目；另外还有苏州的乐园、广州的长隆欢乐世界、安徽芜湖的方特欢乐世界和方特梦幻世界、海口的长影环球 100 奇幻乐园等等。它们的表现手段和文化内涵都越来越丰富。这显示出，中国旅游业的发展在很大程度上已与国际旅游同步。事实证明，这类主题公园往往成为当地旅游的重要地标，对城市功能的提升和城市形象的塑造都起到了积极的作用。

区别于传统的自然型景区、人文型景区，主题公园特别注重影视媒体的参与，注重商业包装、科技投入、资本运作，关注休闲娱乐活动与旅游者之间的双向互动关系。它不再是一种静态景观模式，而更强调项目的动态表演与个性化参与，强调主题的文化性和多元化，游乐氛围的刺激性和场景化，产品技术的互动性和现代化，园林景观的真实性和自然化，这些都对未来主题公园的发展提出了更高的要求。魏小安等人认为，围绕着一个主题公园，往往能够形成一套比较完整的产业系列，如饭馆、酒店及其他各类服务设施，从而使主题公园对社区经济和城市经济的发展起到重要的推动作用[①]。

在主题公园中还可更细致地分出一类文化主题公园，具体包括：历史文化型主题公园，以开封的清明上河园为例；影视文化型主题公园，以宁夏西部影视城、云南大理天龙八部影视城、广东南海影视城为例；文学文化遗产型主题公园，以北京大观园、上海鲁迅公园、淄博聊斋人

① 魏小安等:《中国旅游业新世纪发展大趋势》，广东旅游出版社 1999 年版，第 233 页。

观园、无锡三国城为例；民族文化型主题公园，如深圳中国民俗文化村、深圳世界之窗、北京世界公园，等等。这类公园专注于某类文化主题，往往会还原当时当地的文化情境，体验活动非常丰富。另外，像动物园、植物园也可归入此类，它们既可以让人们休闲观赏，也可以成为科研基地、科普教育基地，且能维护当地的生态平衡。像北京、济南、湖北等地的植物园和动物园也都是重要的文化旅游资源。

以上所呈现的文化旅游产业主要发展类型并非截然孤立，多数情况下是互相融合的。比如青岛国际啤酒节，国内外游客除了享用美食与啤酒，还能体验当地的海洋文化、齐鲁文化、殖民文化，并参观当地的大型文化场馆，这些场馆往往还同时举办大型交易会、博览会、科技与体育活动。各地在思考文化旅游产业发展战略时，务必意识到，文化乃是当代旅游业最重要的因素之一，是真正吸引旅游者的深层动机。通过大力投资文化旅游产业，既能加强各地区之间文化的交流与沟通，亦能创造活跃高效的经济市场。

第三节　国外文化旅游产业的发展状况

尽管国内学者普遍认为，文化旅游产业已经存在了很长时间，但作为概念的“文化旅游产业”在国外的学术研究中是很少被提及的。西方学者更多的是探讨文化旅游及其影响，或者关注作为文化产业的旅游，因此，他们有关旅游文化的研究成果是非常丰富的。在这些研究中，就包括了文化旅游所产生的经济影响、文化影响。一些西方国家由于文化资源丰富，技术手段发达，在文化旅游方面有很多成功的实践和范例。

一、国外关于文化旅游的研究

学者梅勒妮·史密斯（Melanie Smith）在其专著《文化旅游研究的几个问题》（*Issues in Cultural Tourism Studies*）中就专门讨论了文化旅游的影响。她认为，文化旅游在发达国家、发展中国家产生了不同的影响，但是文化旅游同样能给不发达地区带来很多好处，比如提高其知名度，提高当地人民的生活水平，为当地的经济、社会和文化发展作出积极贡献。[①]尽管文化旅游并非万能灵药，但它能提供极具吸引力的社会经济发展选择。学者兰凡特（M.Lanfant）也指出，文化旅游重新发现了那些被排除在关注视线之外的封闭与贫困地区，使其与国际市场结合起来，促进当地就业和基础设施建设的发展。文化旅游还能重振文化自豪感，复兴传统习俗，增强跨文化交流的机会。不过，兰凡特认为，需要警惕部分发展中国家倾向于将旅游视为解决其经济问题的"快速解决方案"，或者说将自己推向全球竞争舞台的最后机会。因为这样的速成式开发，很可能会导致对当地环境的破坏，对社会文化产生负面影响，甚至对经济也可能产生意料不到的副作用，比如周边土地和房地产价格膨胀，反倒损害了贫困地区人民的经济利益。[②]

梅勒妮认为，需要警惕在旅游业发展过程中，可能会出现发展中国家或地区无法用本地产品满足国际旅游业需求的情况。她以加勒比或南太平洋等小岛屿经济体为例，认为游客在酒店或度假村更需要西式设施，虽然他们会购买当地工艺品，但让他们坚持消费当地美食可能就会有困难。这类问题在中国旅游业也是存在的，因此像大型主题公园都会提供多元化的国际饮食和居住需求，魏小安等旅游研究者曾经专门提到厕所应格外注重文化性[③]。更值得一提的是，在《中华人民共和国国民经济和社会发展第十四个五年规划和2035年远景目标纲要》中，这个问题更是被着重指出："健全旅游基础设施和集散体系，推进旅游厕所革命，强化智慧景区建设。"可见，旅游基础设施及其服务水平的高低已经成为影响旅游业发展的重要因素。

梅勒妮还与他人合作编辑出版了《劳特里奇文化旅游手册》（*The Routledge Handbook of Cultural Tourism*）。其中收入两篇文章，《文化旅游的经济影响》（*The Economic Impacts of Cultural Tourism*）、《文化旅游的经济价值：文化游客消费的决定因素》（*The Economic Value of Cultural Tourism:*

---

① Melanie K. Smith, *Issues in Cultural Tourism Studies*, Routledge, 2003, p.57.

② M. Lanfant, J.B.Allcock and E.M.Bruner, *International Tourism: Identity and Change*, Sage, 1995, pp.3–5.

③ 魏小安等：《中国旅游业新世纪发展大趋势》，广东旅游出版社 1999 年版，第 39 页。

Determinants of Cultural Tourists' Expenditures）。作者们都认同，文化旅游市场往往面向那些旅游支出相对较高的游客，是目前增长最快的细分市场之一。应当坚持文化旅游的可持续性发展，加强对当地居民的文化教育。

二、国外文化旅游产业发展的现状

西方很多城市之所以能够成为著名的文化旅游目的地，原因之一在于其丰富多样的公共文化场馆。在进行文化规划时，政府关注“所有人群，即不同社会阶层、不同年龄层次、不同种族民族人群的不同特征肌理及其多元的需求与要求”[①]，而非仅面向精英。以巴黎这座世界名城为例，博物馆、图书馆、剧院、音乐厅、画廊等公共文化设施散布在城市的各个角落，市民出门最多十几分钟即可进入密布于市区的各个图书馆。“历任总统首先会在任期内完成一项巴黎的公共文化设施工程建设”[②]，所以它采取的是一种分散式建设模式。伦敦亦不必说，大英博物馆、泰特现代艺术馆、狄更斯故居等文化场馆比比皆是。柏林同样也是文化之都，拥有 180 多家博物馆（其中有著名的博物馆岛）和 440 家画廊，另有 88 家公共图书馆、56 家剧院、250 个音乐场馆以及 3 家世界一流歌剧院，文化设施之多令人叹为观止。毫无疑问，这些文化场馆营造了当地浓郁的文化旅游情调，每年都会吸引大量的游客。

西方国家还多以公开的艺术演出活动吸引游客。1969 年的伍德斯托克音乐艺术节以“和平与音乐”为主题，吸引游客人次多达 40 万，成为音乐文化史也是旅游史上的传奇。在德国、英国、美国、澳大利亚、法国、奥地利等欧美国家，都有借助音乐而形成其旅游名片的成功范例，比如巴斯音乐节、拜鲁伊特音乐节、莱比锡哥特音乐节。这些地区同时也是全球知名的旅游胜地。而一些地区或场馆也会通过策划和引进音乐节，或者举办艺术表演、展览，提升旅游竞争力，比如伦敦东北部的克勒肯维尔。这个地区原本是伦敦废弃的工业仓库，由于数码创意工作者

---

① 李祎、吴义士、王红扬：《从“文化政策”到“文化规划”——西方文化规划进展及对我国的启示》，《城市发展研究》2007 年第 2 期，第 76 页。

② 吕斌、张玮璐、王璐、高晓雪：《城市公共文化设施集中建设的空间绩效分析——以广州、天津、太原为例》，《建筑学报》2012 第 7 期，第 2 页。

和企业家的进驻，这一工业遗址成为全球十大著名艺术场区之一。在中国，类似的例子当属 798 艺术区。

一些电视节目等也对旅游资源的推广起到了重要的作用。2009 年，英国 BBC 拍摄了系列纪录片《坐着火车游英国》（*Great British Railway Journeys*）。由米歇尔·博蒂洛（Michael Portillo）手持 1840 年出版的一份《布莱德肖铁路旅行指南》，乘坐火车，遍游英伦，追溯维多利亚时代的遗迹、名人等文化遗产，感受各地当下的民俗、美食和风土人情，今昔对照。该纪录片大受欢迎，共发行了 155 集，充分展示了英伦文化的多元魅力。

在亚洲，也出现了以电视节目推动旅游的热潮。韩国 MBC 电视台推出的《爸爸！我们去哪儿？》（2013—2015 年）将来自好几个家庭的爸爸和孩子带到不同的自然环境中，既向观众展示出父亲与孩子在旅游过程中发生的感人亲情，又是一种极好的旅游推销途径。节目播出后，像江原道元德川村、济州岛面寿洞村、无人岛等地都成为热门旅游区，其中的旅游项目也颇受追捧。《爸爸！我们去哪儿？》成为旅游区演出节目和推销旅游资源的一种全新方式。在其启发下，中国湖南卫视推出的《爸爸去哪儿？》也取得了收视率的成功，其所选取的拍摄地址也包括了不少旅游景区，如沙漠、森林公园、少数民族自治区等，对当地的旅游观光也起到了良性的宣传和推动作用。

第四节　我国文化旅游产业的发展现状与趋势

2018 年，文化部、国家旅游局正式合并为国家文化和旅游部，随后省市县各级文化和旅游行政部门机构的改革任务也基本完成，这充分显示出文旅结合的重要性和广泛性。中央和地方各级政府根据“宜融则融、能融尽融”的总思路，秉持“以文促旅、以旅彰文”的理念，积极探索文旅融合发展的新道路。

一、我国文化旅游产业的发展情况

目前，我国文化旅游产业的发展格局已经基本形成，主要表现在以下四个方面：

（一）国家支持并鼓励文化旅游品牌的开发

自 2013 年起，原文化部文化产业司每年面向全国征集一批优质文化旅游项目，并对重点项目予以支持。自 2016 年起，原国家旅游局会同多家金融机构共同遴选出一批优选旅游项目，并积极推动项目落地。在支持手段方面，通过最终审核的优选项目会被纳入文化和旅游部产业项目服务平台、文化和旅游产业项目库，优先获得支持，以及获得在文化和旅游部产业项目服务平台、重点展会等各类推介活动上被重点推介的机会。同时，文化和旅游部还争取资金对入选项目进行支持，鼓励并支持符合条件的入选项目发行文化和旅游产业专项债券。2017 年被遴选的全国优选旅游项目多达 680 个，其中北京有 3 个，分别是南石洋大峡谷景区综合提升项目、十八潭景区综合提升项目和北京五指山庄汽车俱乐部；天津入选 5 个，分别是亿利国际生态旅游岛、中国光年城国家文化旅游度假项目、天津市迷你世界乐园、齐心魔法小镇、绿源生态园。整体上，这些项目普遍重视人工创造、创新文化旅游资源，科技含量更高，服务设施也更加完备。

（二）文化旅游产业已经具备一定的市场规模

根据目前发行的《中国文化旅游产业报告 2015》《中国文化旅游发展报告 2017》，中国的文旅发展势头强劲。文旅融合丰富了旅游供给，提升了旅游服务和产品的品质，并增加了文化特色和地方风情。目前文化旅游市场的主角有：各地开发的主题公园，一些特色文旅小镇，大型旅游演艺节目，主题旅游文化节，红色旅游、乡村旅游。

以中国主题公园的发展为例。2017 至 2018 年，中国华侨城集团、华强方特、长隆集团连续两年位于榜单的第 4、第 5、第 6 位；2019 年，华侨城集团跻身全球主题公园集团第 3 位。华侨城支持建设的北京欢乐谷项目在全球主题公园排名第 24 位[①]。主题公园的投资规模也越来越大，并向二、三线城市渗透。方特集团在大同、嘉裕、汕头、沈阳、泰安、天

① 《数说中国主题公园》，《北京商报》，搜狐网，2020 年 12 月 3 日，https://www.sohu.com/a/436056895_115865.

津、郑州、株洲、芜湖等地都开发了欢乐世界，其中芜湖方特旅游度假区已被认定为国家 5A 级旅游景区，每年吸引数千万名游客。

配合乡村旅游开发热潮，特色文旅小镇也成为重要的文化旅游资源。2016 年 7 月，住房和城乡建设部、国家发改委、财政部联合下发《关于开展特色小镇培育工作的通知》。对文旅小镇的要求主要面向两种，一种是以保护为主的中国传统村落或中国历史文化名镇，以乌镇、周庄、西递等村镇为代表，这类村镇的建筑、民俗都得到了较好的维护，如今已成为知名的旅游景点；第二种是以开发为主、面向当代生活的特色小镇，比如位于北京密云的古北水镇，它被赞为“长城下的星空小镇”“长城下的红叶小镇”，获得“2020 年度中国旅游景区品牌影响力典范”。

红色旅游近年来持续升温，尤其是伴随着中国共产党成立 100 周年庆祝活动的举行，红色旅游景点成为很多民众包括国外游客喜爱的旅游目的地。目前全国共有 12 个重点红色旅游区、30 条红色旅游精品线，以及 100 个红色旅游经典景区。

（三）立足地方文化传统，大力开发独具地方特色的文化旅游资源

悠久厚重的历史文化是地方旅游业赖以生存和发展的基础，尤其是对北京、西安、南京、开封、泉州等城市来说。但是，在旅游业地位愈发重要也愈发普遍的形势下，如何能突出当地旅游资源的文化特色，如何能让游客更加满意地享受旅游、提高旅游的质量，成为各地面临的突出问题。

比如西安拥有周、秦、汉、唐等朝代的丰厚历史文化，是非常适合探索中国古代文化底蕴的历史古都，这是该城市游客常年不衰的基础。西安的文化旅游资源极其丰富：以秦始皇兵马俑为代表，连接起秦始皇陵、华清池、碑林、大小雁塔、古城墙乃至陕西历史博物馆，凸显其厚重的文化主题和文化内涵；以大唐芙蓉园、大唐不夜城、大明宫国家遗址公园集中呈现盛唐文化，并增加了神奇的水上表演、激光秀等现代化手段；以钟楼、鼓楼作为重要城市地标，集聚大量休闲观光游客，钟楼广场还紧依有数百年历史的回民风情街，充分体现西安宗教文化和美食文化的魅力。尽管已经有这么好的旅游基础，陕西省文化和旅游厅仍然遵循“国际视野、世界眼光、西安特色”的目标，坚持不懈地提升其文

化旅游品质，促进文化旅游融合发展。比如 2020 年 1 月曾组织庚子年“中国年·看西安”系列文化旅游活动，突出“文化年、欢乐年、美食年”概念，围绕历史文化、年俗文化、现代文化，通过一系列主题文化活动，充分展示西安深厚的文化底蕴和特色风采，推动其城市品牌的营销和形象推广。

泉州也是重要的旅游城市，素有“泉南佛国”“闽南蓬莱”之称，大量的名胜古迹、宗教寺庙、文物都是重要的文化旅游资源。在持续打造城市形象的过程中，泉州的申遗行动独树一帜。2021 年 7 月 25 日，在福州举行的第 44 届世界遗产大会上，“泉州：宋元中国的世界海洋商贸中心”顺利通过审议，成功列入《世界遗产名录》。泉州之所以能够申遗成功，首先应归功于当地丰富的历史文化资源，集合了 22 处代表性的古迹遗址；其次在于泉州的重要地位，它是联合国唯一认定的海上丝绸之路之起点，也是国家“一带一路”倡议的 21 世纪海上丝绸之路先行区；再次，泉州申遗采取了一种专业主导、学术引领的工作思路，依托国家文物局，组织了国内高水平的专业机构和权威专家，与福建、泉州当地专业机构、专家合作，开展泉州城市考古、历史研究、价值阐释、规划管理等工作，这是对今后历史文化旅游资源开发的重要启示。值得一提的还有，游客在互联网上可搜到“泉州：宋元中国的世界海洋商贸中心”专属网页，可集中获取各遗址的文化信息、考古收获和学术研究。可以说，泉州申遗成功既彰显了该城作为中国古代对外贸易窗口的重要历史地位，又体现了它在保护历史文化遗产、彰显地区文化特色方面所做的精细努力。

（四）文化旅游的盈利模式不断创新

首先，传统的文化旅游经营项目主要是依靠门票收入而获得经济效益，我国多数旅游景区和文化演出项目都是如此。但是，由于部分景区门票价格过高，导致游客对景区内的餐饮、购物、娱乐都不能或都不愿尽兴体验，所以单一门票模式主导之外，如今又出现了“门票＋多元消费”模式。这一模式降低了门票价格，创造了很多消费点，反而能带动景区就业和产业的发展。甚至个别地区如杭州西湖，还采取了零门票的多元消费模式，这种模式能够在短时间内吸引大量人气，快速引爆市场，通过游客的餐饮、住宿、娱乐、购物而实现商业盈利。

近 20 年来，出现了一种“文化旅游 + 地产”“文化旅游 + 休闲”的新模式。一些大集团、大公司如观澜湖、华侨城集团先投入巨资，在一些市郊野地建设大型的休闲旅游度假区。这些地区没有传统的旅游资源、旅游景区，而经过这些大集团的开发，这类度假区一般会建成极具影响力的大型主题公园，配备高尔夫球、高级酒店等高档娱乐区，基础设施先进，风景优美，配套便利。这类度假区通常还会在景区开发较为高端的房地产，以景区带动房产，以房产成为景观的组成部分。在海口观澜湖旅游度假区，目前已经形成了世界级的高尔夫球场，包括丽思·卡尔顿、万丽酒店等在内的五星级酒店群，温泉、水上大世界、水上乐园、兰桂坊时尚街区和深圳观澜湖免税购物区，以及观澜湖华谊冯小刚电影公社。在观澜湖区域，还集合了融创、观澜湖、观邸、九里等多家房地产。根据海南省政府的部署，海南大学观澜湖校区、海南省人民医院南院也在观澜湖落地开工。总之，围绕休闲、娱乐、饮食、购物、温泉、高尔夫球场、教育、医疗，观澜湖已经成为海口市乃至海南省一个非常重要的文化旅游目的地，未来它的重点发展方向就是康养旅游、文化旅游与休闲商务。

二、我国文化旅游产业的发展趋势

党的十九届五中全会通过的《中共中央关于制定国民经济和社会发展第十四个五年规划和二〇三五年远景目标的建议》明确提出，“推动文化和旅游融合发展，建设一批富有文化底蕴的世界级旅游景区和度假区，打造一批文化特色鲜明的国家级旅游休闲城市和街区，发展红色旅游和乡村旅游”，进一步明确了文化和旅游融合发展的要求，为“十四五”时期文化和旅游改革发展提供了遵循、指明了方向。

（一）天津市文旅产业发展政策

下面我们重点分析一下天津市文旅产业政策及高质量发展情况。

2021 年 2 月，天津市发布了《天津市国民经济和社会发展第十四个五年规划和二〇三五年远景目标纲要》。其中涉及文化、旅游兼融合发展的内容非常丰富，具体指导意见非常详细而明确，主要表现为以下几项内容：

1. 立足于天津特色，致力于建设国际消费中心城市，打造国际文化旅游消费目的地。

这一部分政策主要涉及旅游环节中的“购”“娱”“住”。天津市“十四五”规划指出，不但要大力振兴老字号品牌，打造津味老字号特色聚集区，还要引入更多国内外知名品牌进驻天津市场，在高品质商圈和商业步行街形成品牌汇聚地，形成若干鲜明的商业地标和消费体验中心。同时，为进一步促进消费，天津市将“开展免税购物，提升机场、邮轮母港等口岸免税店水平，在重点商圈和主要旅游景区建设退税购物商店，设立市内免税店，建设集免税购物、餐饮、旅游、休闲、购物、娱乐等为一体的高端免税综合体”。

在此过程中，需要对重点街区进行街道提升改造工程，包括“打造和平路滨江道、五大道、意式风情区、津湾广场知名商圈，整体推进老城厢—古文化街、泰安道—小白楼、南门外大街、六纬路、大胡同商圈建设，发展桂林路、河北路、光复道后街经济，构建多元、混合、全天候的商业中心”。这里面所涉及的道路均属天津市商圈和旅游圈的核心，本来就是重要的旅游集散地。

而为了建设国际文化旅游消费目的地，就要开发量多质优的旅游产品，举行国际性的文化旅游节。关于“娱”这方面的具体指导意见包括：利用天津作为海滨城市的特色，“加快旅游产品创新，推出海上游艇、游船项目，丰富邮轮旅游线路，开发沿海旅游航线，打造国际知名邮轮旅游目的地”；提升文化消费品质，推出各种文化节庆活动，如“培育引进电影节、服装节、旅游节、动漫节、文化节等具有国际影响力的文化展演活动。集聚时尚产业，依托意式风情区等载体举办国际设计周，提高文化创意的国际影响力”；以体育运动、国际赛事为契机，吸引国内外观众来津消费，带动旅游、餐饮、零售、酒店等行业发展。着力提升旅游满意度。对“住”的环节也加强了规范，“增加高端酒店、精品商务连锁酒店、文化主题酒店等市场供给，提升消费舒适度”。

总之，天津市“十四五”规划提出，要打响“购天津”品牌，积极推介具有天津地域特色的商旅文娱新项目，用好文化地标，打造网红打卡地。

2. 紧抓天津作为海滨城市的地理优势，做足做大海洋文化，在公共文化服务体系、旅游文化休闲上都围绕海洋、海洋文化而展开。

首先表现在“滨城”即滨海新区建设方面。滨海新区是天津的市辖区、国家级新区和国家综合配套改革试验区，是国务院批准的第一个国家综合改革创新区。天津“十四五”规划强调，要提高新区的文化软实力，推动新区公共文化服务体系的完善和发展。具体意见涉及博物馆等公共文化场馆，即“丰富完善国家海洋博物馆场馆功能，建设一流国家海洋博物馆”；同时，“建设滨海旅游产业集聚区，打造若干临海地标性建筑和 5A 级景区，做足大气洋气的‘海味’文化”。

其次要利用海岸线的优势和现有的海洋旅游资源，构建“亲海亲水旅游空间格局”。具体指导意见包括：“充分利用河、海岸线资源优势，以海洋、湿地、河流为核心要素，结合天津人文特质和国家海洋博物馆、航母主题公园、东疆湾沙滩公园、东疆国际邮轮母港等旅游资源，构建‘一湾三廊’的亲海亲水旅游空间格局”。天津市需要“高水平规划建设一批国际化休闲旅游项目，打造人与自然和谐共生场景，建设国际一流亲海亲水生态休闲旅游目的地”。由此将对海洋文化的保护与利用紧密结合，并以此标准面向国际旅游市场。

3. 明确区分了四大类亲海亲水旅游精品项目。

世界海洋文明度假湾精品项目。重点围绕“海洋 +X”主题，建设“两中心一小镇四岸线”。依托中新天津生态城妈祖文化园、国家海洋博物馆、航母主题公园等资源，打造“世界海洋文明体验中心”。依托东疆湾沙滩景区、邮轮母港等资源，打造“国家海洋休闲运动中心”。依托大神堂渔村、牡蛎礁国家海洋自然保护区，加大大神堂渔村的改造提升，打造“海式生活”国际休闲小镇。依托中新天津生态城临海新城的东南北三堤、东疆滨海公园、天津港保税区临港湾、原海滨浴场南侧等四段岸线，为市民提供长度约 45 公里的公共亲海亲水休闲岸线。

潮白河乡村休闲廊精品项目。重点围绕“河、湖、湿地 +X”主题，建设“一道两区四小镇”。依托潮白河河堤，实施水系治理、道路拓宽、景观美化等提升工程，打造十里一景、水景相融的京东第一自驾风景道。依托东丽湖、宝坻温泉城等资源，打造东丽湖度假乐园、京津国际健康城。依托耶律各庄村、木头窝、葫芦窝、小辛码头村等重点村落，打造辽金文化重镇、渔耕文化水镇、曲艺民俗美镇、千年古渡小镇等。

独流减河生态休闲廊精品项目。重点围绕“绿屏、河、湖库、湿地 +X”主题，建设“一镇两园两基地”。依托小卞庄古村落，打造常青藤国际艺术小镇。依托万亩稻田、特色果蔬等资源，打造稻香现代农业产业园、台头农业公园。依托北大港湿地外围可建设用地，打造北大港观鸟研学基地。依托团泊湖水库外围可建设用地，建设团泊湖青少年户外拓展基地，打造环团泊湖国际体育圈。

海河文化休闲廊精品项目。重点围绕“绿屏、河、海 +X”主题，建设“一带三地标”。依托文化遗产、工业遗迹等资源，串联海河赛艇皮划艇训练基地、“设计之都”核心区（柳林地区）、国家会展中心（天津）、葛沽民俗文化小镇、国家海洋工业创意园等重点项目，修复中部绿色生态屏障功能，保持原汁原味生态原貌，打造彰显津派文化的海河双城休闲带。依托富民公园、二道闸、大沽口出海口，建设展现天津新风貌的“滨海新貌”国庆彩车、海河锦鲤跃龙门、共筑海洋梦等三大新地标。

4. 在保护传承优秀历史文化的基础上，促进文旅融合高质量发展。

天津“十四五”规划指出，应加大历史文化街区、保护性建筑、革命文化遗址、工业文化遗存、名人故居等保护力度，突出城市特色和文化底蕴。积极推动长城、大运河国家文化公园建设，高标准实施黄崖关长城保护展示提升工程、杨柳青大运河国家文化公园、大运河博物馆等一批国家级标志性项目，打造文化遗产活力焕发的大运河示范带。加强非物质文化遗产保护和活化利用，建设非遗博物馆，宣传展示杨柳青年画、泥人张等国家级非物质文化遗产。

毫无疑问，对天津城市历史文化资源的充分挖掘和利用将为文化旅游的发展提供最为坚实的基础和地方特色，有助于加强城市的标识度和文化形象。如今，“近代中国看天津”的旅游品牌已经初步树立。在“以文塑旅、以旅彰文”的指引下，天津市将重点打造名人故居游、文化博览游、乡村休闲游等旅游精品线路，推动杨柳青古镇、五大道文化旅游区、航母主题公园、黄崖关长城创建国家 5A 级旅游景区；打造特色海洋文化旅游带、海河文化旅游带，并致力于促进蓟州区、和平区、中新天津生态城等全域旅游示范区建设。这些举措均紧密围绕天津文化旅游资源的优势与特色，并将利用这些优势和特色推动旅游与文化的双赢。

（二）文化旅游产业的发展趋势分析

1. 智慧旅游将渗透并体现于旅游营销、旅游管理与旅游服务三个层面。

智慧旅游又称智能旅游，是在“互联网 +”基础上产生的。智慧旅游是旅游信息化发展的新模式，它以云计算为基础，以移动终端应用为核心，以感知互动等高效信息服务为特征。2011 年国家旅游局即指出：要抓住三网融合快速推进、移动互联网快速发展等机遇，推动旅游业广泛运用现代信息技术，以信息化带动旅游业向现代服务业转变。2013 年，国家旅游局即将 2014 年旅游宣传的主题确定为“美丽中国之旅—2014 智慧旅游年”，要求全国各旅游部门围绕智慧旅游开展一系列的旅游推广宣传和旅游营销活动。

近几年来的旅游业发展证明，智慧旅游已经成为旅游行业的重要手段和不可或缺的一部分。游客完全可以通过手机、平板等移动终端，自主查询观光信息、网上订票，还可以通过携程、去哪儿网等订制私人旅游线路，或提前做好旅游攻略，合理安排个人日程，以最大化地利用旅游时间。

智慧旅游的优势集中表现在：透彻感知、互联互通、分析预测、智能推送、智能导引。景区可利用智能视频监控终端对景区内的实际情况进行实时感知和智能管理，加强景区流量控制。景区、酒店、旅行车、交通、餐饮等多系统可以实现资讯和商务数据共享。景区可以对未来的客流量、车流量进行实时预测，及时进行风险评估和应急处理。游客可提前获得景区推送的旅游信息，获得旅游线路导引，等等。2020 年新冠疫情暴发以来，政府能够通过大数据实时统计公民旅行信息，智慧旅游功不可没。因此，未来智慧旅游必将会获得更加深入的发展，为文化旅游服务创新提供更好的技术平台和信息支撑。

2. 文化旅游产业将进一步细分。

从全国多个省市地区的发展现状来看，文化旅游产业多已告别粗犷原始的发展路线，转向有重点的细化。目前文化旅游产业形成了主题公园、演艺旅游、红色旅游、影视旅游、海洋文化旅游、民族文化旅游、体育文化旅游、商业文化旅游、乡村文化旅游等发展方式，可谓蔚为大观。这其中，乡村文化旅游也将成为不可忽视的旅游趋势。

国务院制定的“十四五”规划和远景目标纲要明确指出，“把乡村建设摆在社会主义现代化建设的重要位置，优化生产生活生态空间，持续改善村容村貌和人居环境，建设美丽宜居乡村”。同时，要求壮大休闲农业、乡村旅游、民宿经济等特色产业。在此思想指导下，乡村旅游必将成为优化乡村经济社会结构、统筹城乡发展的重要途径。在文化旅游产业如火如荼的发展形势下，乡村旅游与文化旅游综合体也成为一种特殊的综合性产业。应该说，乡村旅游拥有广阔多样的发展前景，完全可以依据具体乡村的不同特征，建设休闲农家乐庭院、民俗文化村、生态度假村、观光农场，或者建设农业文化展览馆等具有教育性质的公共文化场馆。采摘蔬果、品尝农家乐还是乡村旅游的主体，比如天津盘山景区就带动了一大批农家乐的兴起。观光农场近年来已在很多大城市郊外悄然流行。而在重庆，早早就诞生了一家巴渝农耕文化陈列馆，它由农民自主创建维护，1986 年建成，2006 年正式免费对外开放。该陈列馆主要展示农业生活、农业生产、民风民俗，收藏了 1000 多件农具，吸引了很多城市居民、文化人士和学校师生参观。

作为一个农业大国，乡村文化旅游被认为是我国旅游市场发展的一大亮点，未来必须走与生态旅游、文化旅游相结合的道路，营造良好的生态环境，挖掘民族文化的丰厚内涵。如此，才能从根本上改变我国乡村相对落后于城市的现状，建成一大批美丽宜居的现代乡村。像“半条被子”故事的发生地湖南汝城县沙洲村走出了“红色文旅 + 绿色产业 + 古色瑶乡”的发展模式，呈现文旅融合的新风貌。

3. 未来对文化旅游产业的研究提出更高的要求，需要形成更为强大的智库集团，加强对文化旅游产业的引导和提升。

2019 年 12 月，由国家文化和旅游部授予，在中国社科院、北京大学、清华大学、北京师范大学、对外经贸大学等全国 25 个知名高校和研究机构成立“文化和旅游研究基地”。这项举措致力于推动打造一批高质量的文化和旅游智库，加快推进文化和旅游融合发展，增强文化和旅游改革发展工作的前瞻性、科学性、实效性。基地将理论研究与服务社会相结合，注重服务现实需求，把理论和现实问题紧密结合，加强对文化和旅游领域重大现实问题和重要政策议题的研究，为国家和地方文化旅游发展献计献策。这 25 个国家文旅研究基地对国家文化旅游产业发展作出的创新性贡献尚有待时日来检验。

4. 党和国家对文化旅游产业的扶持力度将会持续增强。

习近平总书记指出："我们要坚持道路自信、理论自信、制度自信，最根本的还有一个文化自信。"说到底，这种文化自信来自中华 5000 多年的文明和传统。那么，弘扬优秀传统文化、保护历史文脉的重要途径除了要保护、要传承，还应该在社会主义新时代的背景下对其进行科学的开发再利用，以这些丰富多样的文化资源走中国特色社会主义发展道路。文旅融合是彰显我国文化自信的重要途径。

2021 年 4 月，国家发展改革委、文化和旅游部等 7 部门印发《文化保护传承利用工程实施方案》，明确到 2025 年的总体目标，即全国城乡公共文化服务体系更加完善，重点文物和重大考古遗迹保护水平有效提升，文化旅游融合程度显著加深，扩大内需和促进消费能力不断增强，中华文化重要标志的传播度和影响力进一步彰显。该方案还明确，到 2025 年，大运河、长城、长征、黄河等国家文化公园建设基本完成，打造形成一批中华文化重要标志，彰显中华文化重要标志的吸引力和影响力。大运河、长城、长征三大文化公园均涉及多个省区市，必将会系统推进保护传承、研究发掘、环境配套、文旅融合、数字再现等重点基础工程建设。

参考文献

［1］Carolina Bonink, *Cultural Tourism Development and Government Policy: A Comparison of the United Kingdom and the Netherlands*,University of Utrecht，1992.

［2］M.Bywater, "The Market for Cultural Tourism in Europe," *Travel and Tourism Analyst*, No.6 (1993) : 30–46.

［3］M.Lanfant,J. B. Allcock and E.M.Bruner, I*nternational Tourism: Identity and*

Change, Sage, 1995.

[4] R.McIntosh and C. Goeldner, *Tourism: Principles, Practices, Philosophies,* Wiley, 1986.

[5] Melanie Smith, *The Routledge Handbook of Cultural Tourism*, Routledge, 2013.

[6] R.Stebbins,"Cultural Tourism as Serious Leisure," *Annals of Tourism Research*, 23. 4 (1996) : 948–95.

[7] [加] 鲍勃·麦克切尔、[澳] 希拉里·克罗斯，《文化旅游与文化遗产管理》，朱加平译，南开大学出版社 2006 年版。

[8] 马勇、舒伯阳：《区域旅游规划：理论·方法·案例》，南开大学出版社 1999 年版。

[9] 张宏梅、赵忠仲：《文化旅游产业概论》，中国科学技术大学出版社 2015 年版。

[10] 朱桃杏、陆林：《近 10 年文化旅游研究进展——*Tourism Management, Annals of Tourism Research* 和〈旅游学刊〉研究评述》,《旅游学刊》2005 年第 6 期。

撰稿人：张杰，海南师范大学文学院副教授，博士

第七章　推动市场主体高质量发展

企业是最重要的市场主体，本章从市场主体高质量发展概述入手，分析国外推进企业高质量发展的经验，梳理党中央推动市场主体高质量发展的新理念，提出推动市场主体高质量发展具体措施。

第一节　市场主体高质量发展概述

经济从高速增长阶段转向高质量发展阶段是中国特色社会主义迈入新时代的鲜明特征，高质量发展在相当长一段时间将成为中国经济发展的重大战略方向。经济高质量发展归根到底需要通过企业高质量发展予以实现。无论是推动经济发展方式转变、经济结构优化和增长动力转换，还是实施质量变革、效率变革和动力变革，都离不开市场主体的作用，其成功与否的关键在于市场主体，在于能否实现市场主体高质量发展。

一、市场主体高质量发展的内涵

习近平总书记在《我国经济已由高速增长阶段转向高质量发展阶段》一文中明确指出："高质量发展，就是能够很好满足人民日益增长的美好生活需要的发展，是体现新发展理念的发展，是创新成为第一动力、协调成为内生特点、绿色成为普遍形态、开放成为必由之路、共享成为根本目的的发展。"在新的历史方位下，高质量发展更强调发展的质量和效益，是解决好不好的问题。新时代，高质量发展已成为我国经济发展的突出特点和基本追求，市场主体转向高质量发展也就成为必然要求。

参考黄速建、肖红军、王欣等对于企业高质量发展的分析，市场主体高质量发展就是市场主体追求高水平、高层次、高效率的经济价值和社会价值创造，以及塑造卓越的市场主体持续成长和持续价值创造素质能力的目标状态或发展范式。

二、市场主体高质量发展的特征

综合肖静、黄速建、肖红军、王欣、李翼恒、吴玉楠、戚金洲等人的研究成果，市场主体高质量发展具有以下特征：

（一）更加注重社会价值

以社会价值为引领，将参与解决社会问题、创造社会价值、贡献社会进步作为企业存在与发展的出发点，在用创新的方案解决社会问题和满足社会需要的同时实现企业自身经济价值。

（二）要素配置效率更高

能有效推动技术创新，有效调动各种要素的积极性，使各种要素投入最大程度地发挥作用，市场主体高质量战略资源等软实力要素效率得到充分发挥。

（三）坚持绿色可持续发展

更注重考虑各种经济社会资源的承载能力，更加遵循客观规律，坚持科学发展观，发展更稳定、可持续。

（四）管理服务更趋先进有效

与时俱进，创新管理模式，建立符合市场主体实际需要的先进管理体系。具备工匠精神，善于借助自身资源优势发挥其核心功能，高度重视产品服务有效性与高效性，为社会提供高品质的一流产品服务。

（五）运营更加透明开放

加强与利益相关方沟通，开展透明运营；同时，也高度重视利益相关方参与，实施开放运营。

（六）社会声誉更高

注重塑造自己的品牌和社会形象，以促进社会认同，赢得长期的社会尊重，并获得良好的社会声誉，对社会经济发展和提高人民生活质量具有决定性的影响，有强大的行业领导力和社会领导力。

三、我国市场主体高质量发展成效显著

企业是我国经济高质量发展的微观主体。从做大规模到做强做优，从模仿跟随到创新引领，从本土企业到全球企业，近年来，中国市场主体高质量发展的步伐越走越稳健。

（一）提质增效成绩凸显，收入及占比不断提升

企业利润增速超过收入增速，增长速度与质量效益同步向好；在效益增长的同时，深挖内部潜力，降本增效成效明显，凸显提质增效、转型升级良好。

明确主业发展目标和重点，推动技术、人才、资金等各类资源向主业集中，强化战略引领。加快制造业优化升级，积极培育世界级先进制造业集群，努力占领产业制高点，成为现代装备制造业强国。积极培育和发展新产品、新业态、新模式，战略性新兴产业加快布局，在生态保护修复、新能源汽车、北斗产业、互联网、大数据、人工智能等领域迈出实质性步伐，引领新兴产业集群发展。

（二）资源配置更加优化，产业链向高端迈进，可持续发展能力明显提升

围绕落实国家战略，稳步推进装备制造、煤炭、电力、通信、化工等领域企业战略性重组，促进国有资本进一步向符合国家战略的重点行业、关键领域和优势企业集中，推动产业结构调整升级。以业务做强做精为目标，实现资源向优势企业、主业企业集中，积极开展专业化整合。围绕发挥协同效应，指导推动重组企业加快同类业务横向整合、产业链上下游纵向整合，加快剥离非主业、非优势企业，切实加强重组后内部融合。

坚决落实创新驱动发展战略，自主创新能力不断增强。通过广纳科技研发人才、加大科技研发投入、提高科技成果质量、重点攻关大国重器，在航空航天、装备制造、高铁、特高压输变电、铁路港口基础设施等重要产业领域、重大工程建设领域取得举世瞩目成就，一些核心产品和技术已达到国际领先水平。

积极践行绿色发展理念，探索以生态优先、绿色发展为导向的高质量发展之路；主动服务社会保障民生，有力推动贫困地区特色产业发展；在境外经营中秉持依法合规、诚信经营的原则，重视社会责任建设。

（三）改革不断深化，企业素质显著增强

大力推进供给侧结构性改革，积极进行瘦身健体，提高资产质量，夯实高质量发展基础，去产能工作、压减工作、解决历史遗留问题工作均取得明显成效。

公司制改革全面完成；中央企业集团总部积极改革管理方式，更好应对市场竞争，市场化经营机制基本形成；推行经理层任期制和契约化、建立职业经理人制度、集团层面股权多元化改革试点取得重要进展；混合所有制改革有序推进，中国特色现代国有企业制度加快建立。

积极落实"走出去"战略，开展国际化经营，拓展发展空间，增强全球配置资源能力，境外经营实力迅速壮大，形成面向全球的生产服务网络，构建起全方位、多层次开放合作格局。

高度重视风险防范工作，把防范化解重大风险摆在突出位置，不断健全风险防控机制，持续提高风险化解能力。重视安全生产，把风险化解在苗头之中，化解在未然之中，有效增强了企业抗风险能力。

（四）民营企业撑起经济半壁江山

党的十八大以来，民营企业数量每年以 20% 以上的速度增长，注册资本大幅度提高，数量已占市场主体比重在 95%，已成为中国市场主体生力军，经济实力大幅增强。国内生产总值占比上升至 60%，税收占全国税收的 50% 以上，吸纳了 70% 以上的农村转移劳动力，容纳了 90% 的新增就业。大型民营企业数量越来越多，对外投资超过国有企业，成为对外投资的主力军。一大批民营企业家在市场浪潮中崛起，新生代民营企业家也逐步走上历史舞台。近期民营经济发展呈现出新特点，表现为更加注重降本增效、控风险、提升竞争力，更加注重加大科技创新投入、增强新动能，更加注重转型升级、应对外部冲击，更加注重抓住新业态新模式新机遇、拓展外贸空间，更加注重履行社会责任。

（五）数字经济、总部经济成为企业高质量发展的重要引擎

2021 年 5 月 16 日发布的《数字经济蓝皮书：中国数字经济前沿

（2021）》显示，2020 年中国数字经济增加值规模超过 19 万亿元，占 GDP 比重约为 18.8%，已成为中国经济增长的重要引擎。数字经济被提升到国家战略高度，在传统行业担当经济稳定增长基石的同时，为中国企业高质量发展提供动力。总部经济迅速发展。2002 年京沪开始争夺跨国公司总部，此后，武汉、杭州、厦门、成都、深圳等城市纷纷出台政策，吸引总部企业落户。总部经济发展大大提升了落户区域的产业水平，扩大了地区经济总量，提高了区域经济竞争能力，成为当地企业高质量发展的重要引擎。

（六）党的建设不断加强，企业发展强根固本

坚决贯彻落实习近平总书记“两个一以贯之”要求，全面提高党的建设质量，落实好管党治党政治责任，抓好党建工作责任制，使党组织发挥作用组织化、制度化、具体化，为企业党委（党组）充分发挥把方向、管大局、保落实的领导作用提供了有力保证。

第二节　发达国家推进企业高质量发展的经验

下面重点分析美国、日本和德国推动企业高质量发展的做法。

一、美国推动企业高质量发展

（一）政府重视前沿技术的创新和发展

近年来，美国政府逐渐改变了“政府应该减少对经济发展的干预”的认识，通过采用功能性、服务性政策工具，重点支持企业基础技术与通用技术的研究与扩散。一是通过美国国家科学基金会、国防部高级研究计划局、国立卫生研究院、原子能委员会、小企业创新研究计划等政府机构、基金会和国家计划所构成的高度分散且网络化的政府支撑机制，来推动企业基础技术发展。二是通过授权小企业和大学可以保留政府资助项目研发成果的知识产权、授命国家实验室可以将技术成果转移给私营部门等知识产权领域的改革为国家实验室的基础研究商业化提供了制度保障，让公共部门和私人部门在基础研究和共性技术平台上的合作投

资能够创造更高的市场经济效益。三是鼓励企业创新人才的培养和对高技术人才的吸纳，完善企业高技术产业人才的培养体系，以适应对高技能劳动力的需求。

（二）鼓励军民融合，实现军民资本与技术的双向渗透和扩散

政府鼓励军工企业间进行并购重组，并出台政策和法规，允许军用技术向民用领域转移，利用民用市场化解过剩产能；同时降低民营企业进入军工领域的门槛，从而降低军品采购成本。政府多部门合作，鼓励开发军民两用技术，并提供资金支持，以提高技术的开发利用效率。军工巨头对内，利用已有技术进行军民品间的互相转化，如波音公司的军民用飞机可以共线生产，成为美国民品收入和利润占比最大的军工集团，通用动力更是在海陆空天全领域实现军民融合；对外，积极开展并购，巩固所在领域的竞争优势，形成了以典型的军民两用特征的信息技术为核心技术、军民两用高新技术产业收入占绝对优势、商业资本市场为重要融资平台、在某些领域实现了管理组织及设备设施的一体化生产经营的军工企业高质量发展体系。

（三）实用主义的管理创新

美国社会崇尚个人主义，靠石油起家的约翰·D. 洛克菲勒、汽车大王亨利·福特一世以及微软公司创始人比尔·盖茨等人，他们以“白手起家”的创业精神，成为美国人心目中的英雄。表现在企业管理上，美国企业普遍以创新与变革为基本价值观和发展目标，抛弃僵化和保守，推崇变化和灵活，注重实用性。管理中看重的是个人给企业创造的价值，对于企业的组织机构和管理体制也随着企业价值创新的需要及时调整。

（四）用高质量新产品占领国际市场

美国企业极其重视以高质量、高科技新产品、名牌系列产品开拓市场，提高市场占有率，把争创一流、永不落后、追求更高更新的技术和业绩作为全体员工和整个企业的创新目标，不断地、及时地开发新产品，更新换代产品。如“追求卓越”是 IBM 公司的三大价值观之一，惠普公司则强调“以世界第一流的高精度而自豪”，“不断淘汰自己的产品”则是微软成功的秘诀之一，3M 公司立志成为“世界上最具创新精神的公司”，特斯拉汽车公司则从造出小批量高价车、证明电动车是可行的，到

把消费者范围扩大、造出性价比更高的车、同时实现盈利，再到推出更便宜的大众市场的电动车逐步占有市场。

二、日本推动企业高质量发展

（一）着力打造良好的制度环境

政府对企业给予指导和政策支持，为优化企业结构提供财政、税收和技术支持。通过减少政府对企业和经济的干预，放宽对外国劳动力的限制，加强能源危机治理，促进电力供应的地方分权化和多样化，促进新能源和可再生能源的开发和利用，降低企业税率，提高企业生产效率，建立企业新的竞争优势。注重弘扬法治理念，加强执法监督，为企业的生产经营、公平竞争提供制度保障。

（二）重视教育和培养专业化人才

日本有重视教育的传统。在江户时代，先进的文化教育机构就得以建立。二战后，日本将重点发展教育作为促进经济增长和赶上欧美国家手段，逐步普及高中教育，是世界上教育水平、国民素质最高的国家之一。职业教育是日本教育体系的重要组成部分，职业高中和专科学校是职业教育的主阵地，企业培训是职业教育的重要补充。大型企业通常结合生产经营条件进行不同层次的管理人员和员工培训。政府鼓励和支持中小企业对员工进行培训，如实行人才投资促进税收制度，对中小企业的培训活动实行减税或免税。培训经费占劳工开支的比例越高，可获得的优惠幅度就越大。

（三）强调科技是企业发展的动力

日本从政府、科技界、管理界到企业界都非常重视科技研发。政府制定和实施《外资法》，鼓励企业引进先进外国技术。企业管理者都将科技开发放在首位，鼓励员工发明创造、奖励合理化建议。例如东陶、大建等公司基础研发费用占销售收入的 3%—5%，年均研发费用多以 10 亿元计。规模较大的企业都设立有研究所从事基础研究。另外，企业在研究中重视技术设备的改造，通过不断的技术改造和革新提高设备的使用效率，降低生产成本。

（四）坚持以质量求生存

“100-1=0”是日本企业界的质量口号。日本企业普遍认为，产品质量是企业的生命线。在技术产业化和产品生产的过程中，注重在每一个环节上精耕细作，以满足客户对质量、标准、服务等方面的需求。“质量第一、信誉至上”贯穿于企业生产、销售各个环节，从江户时代发展和传承下来的包含敬业、专注、精益等元素的“工匠精神”，有力地促进了日本企业的高质量发展，使日本产品成为高质量的代名词。如丰田公司，在产品质量上，一方面把不断更新产品、增加新品种、满足顾客各方面的需要作为提高产品质量的基本方法；另一方面大力推行TQM全面质量管理（TQM），严格实施ISO9000质量管理和质量保证系列族标准，以工序质量保证产品质量，实现生产全过程优化控制，减少质量波动、提高产品精度，用优良的服务和一流的品质，赢得用户的广泛赞誉。

（五）构建“以人为本”的稳定合作关系

企业注意发挥人的作用，重视以人为本的管理方法，讲究集体主义价值观，诉求团队的力量，经营体制大多采取终身雇佣制、年功序列制。终身雇佣制使员工与企业形成“命运共同体”，使企业因雇佣关系稳定而倾向于对员工长期投资，培养和提高其知识储备、现场技能及综合素质，也使决策不会因为过分地诉求个人主义而层层消耗，更不会出现执行偏差或无力执行等现象。年功序列制要求管理人员从基层干起，严格论资排辈，不允许越级行事，保证了对策更针对实际。同时，企业还非常注重构建外部长期稳定的协作关系，大企业与为其生产和提供零部件、原材料的中小企业分工协作，形成上下游产业链，实现共同发展。

（六）积极拓展国际化运营空间

企业重视国际市场的开拓，通过发展对外贸易，解决生产原材料等问题，扩大产品海外销路。伴随着经济发展及企业实力的日益增强，海外直接投资也成为日本企业国际化战略的重要组成内容，企业大规模向海外转移生产，以降低成本、扩大销售渠道、规避摩擦，汽车等运输机械企业出现了销售“现地化”趋势。

三、德国推动企业高质量发展

（一）完善的职业培训机制

德国是世界上进行职业培训教育最好的国家之一。国家层面上，高中毕业并被公司接受为学徒的学生必须首先接受为期三年的双轨培训：一周三天半至四天在公司学习实用技能，一至两天在职业学校学习理论，企业和学校密切合作，承担培训企业雇员的责任。培训费和学徒费全部由企业支付。如果在企业中找不到培训职位，或者企业过于专业化，无法完成整合企业的培训功能，就由独立的职业培训中心承担。在企业内部，管理者认为“员工培训是企业发展的基石”，从战略高度重视职工培训，培训以多种形式进行，从高级管理人员到普通员工，从新员工到退休员工，在企业内部形成了一个强调技能与实践相结合的庞大培训网络。完善的、理论与实践相结合的、出徒即是技师的培训体系，为企业提供了整体素质良好的一线员工。

（二）职工参与企业管理

职工通过企业监事会、职工委员会等形式参与企业重大决策，保证了管理层与员工之间的经常沟通，双方增进了了解，融洽了劳资关系，大大提高了劳动生产率。由于员工以主人翁的身份参与企业的管理，使得工人都有非常强的责任心，比如操作规程上要求一个螺丝要拧 12 圈，他绝对不会只拧 11 圈。“责任”也成了大众汽车公司的核心价值观。

（三）注重技术创新

通过大企业自己研发、中小企业联合研发、与国外合作技术开发、委托科研机构和高等院校研发、引进技术和有计划改造老企业等形式，组织实施跨部门、多领域的研究与创新活动。企业技术创新体现在研发上，就是集中优势力量，深入研究有限领域，从而产生非凡的独创性和独特性，“生产没有竞争对手的独家产品”。在大型工业设备、精炼化工产品、精密机床和高级光学仪器等方面德国企业拥有无可争辩的优势。如西门子公司，作为世界上最大的电气工程和电子公司之一，其成功的秘籍就是靠领先于竞争对手的创新技术及体现创新技术的创新产品所形成的核心竞争力。

（四）以品牌为导向的严格质量管理

德国企业非常重视产品质量，可以说是世界之最。他们的产品以精取胜，都是世界知名品牌。汽车工业是德国质量管理的典型代表，几大汽车公司都有一整套健全的质量管理机构与体系，对质量管理的投入相当巨大，强烈的质量意识深深植根于企业广大员工心中。大众公司在企业中树立精益求精的质量理念。奔驰汽车公司每天要从生产线上抽出两辆汽车，对1300个点进行全面检测，对所有协作厂商提供的零部件也同样进行检查，只要发现一箱外协零件不合格，此批产品就要全部退回。正是靠着严格的产品质量管理，德国产品在世界上赢得了声誉。

（五）走市场营销国际化道路

企业界认识到，只有市场营销国际化，企业才能有赖以生存的空间。企业十分重视选派有工程和经济学学位的管理人员去国外工作或担任职务，工程师的专业知识和经济学家的头脑，加上丰富的对外工作经验，使这些管理者对国际市场上的竞争对手了如指掌，保证了企业产品在国际市场占有的份额。

（六）注重企业文化的培育

在国际市场上，德国制造和德国标准通常代表着高品质，是消费者可以完全信赖的。高质量产品主要取决于德国企业高质量的企业文化。强调以人为本。企业家们认为，和谐的气氛，能激发人的潜能，能最大限度地发挥员工的创造性，因此企业管理者普遍注重和员工沟通，采取种种措施来解决人际关系上的问题，企业中人际关系和谐、老板尊重员工人格。而且企业普遍十分重视员工的培训，坚持“自己培养和造就人才”。注重以诚信服务客户、塑造品牌、树立企业形象。

第三节　践行新发展理念，推动市场主体高质量发展

2021年1月28日，习近平总书记在主持中央政治局第二十七次集体学习时强调：“新发展理念是一个整体，坚持创新发展、协调发展、绿色发展、开放发展、共享发展，全党全国要统一思想、协调行动、开拓前进……把新发展理念贯彻到经济社会发展全过程和各领域。”

一、坚持把关定向，打造发展新引擎

方向问题是市场主体发展的根本性问题，事关市场主体兴衰成败。

面对不断变化的内外部形势，坚持把关定向，统一思想，凝聚共识，对于引领市场主体高质量发展至关重要。推动市场主体高质量发展是遵循经济发展规律的必然要求，是转变经济发展方式、优化经济结构、转换增长动力进而实现我国经济发展质量变革、效率变革、动力变革的重要抓手，因而是实现经济高质量发展的题中应有之义。为此，要贯彻落实创新、协调、绿色、开放、共享发展理念，坚决摒弃与高质量发展不相符的思路和做法，始终把服务经济社会发展、提高经济效益作为市场主体投资决策的首要标准，始终坚持以提高发展质量和效益为中心，持续提升企业的市场竞争力、盈利能力和可持续发展能力，大力推动市场主体高质量发展。

二、突出战略引领，抢占发展新高地

科学的发展战略是市场主体走向成功的决定性因素，对于推动市场主体高质量发展有着至关重要的作用。创新是引领发展的第一动力，也是打造市场主体发展新动力、培育市场主体竞争新优势的关键。要把科技创新摆在推动市场主体高质量发展的突出位置，更好发挥科技创新对实现市场主体高质量发展的支撑作用；要持续引领行业技术进步，集中攻关掌握一批关键核心技术和具有核心竞争力的前沿技术，抢占引领未来发展的科技制高点。深化供给侧结构性改革，大力化解过剩产能，统筹推进低效无效资产处置和“处僵治困”等工作，分离企业办社会职能，妥善解决历史遗留问题，促进企业持续健康发展。积极构建国内国际双循环相互促进的新发展格局。着重优化资本配置，布局企业高质量发展产业链。发展数字经济，鼓励通过技术创新、管理创新提升传统产业的数字素养和数字化应用能力，利用数字技术促进产业结构和产品升级，鼓励支持建设第三方数字化服务平台，降低数字化应用门槛，强化数据互联畅通，强化数字教育和数字技能培训，加快数据资源产业化步伐。全面强化互联网平台行为监管，预防和制止平台经济领域的垄断行为，打击借助数字技术发展黑色或者灰色产业链的行为，营造良好发展环境。完善数据隐私保护法律法规，强化数据隐私保护的技术支撑。切实做好重大风险防范，更加重视风险防范，防范债务风险、重视安全风险、管控好环保风险、高度关注境外风险、加强企业风险内控管理，切实筑牢不发生重大风险的底线。

三、坚持制度创新，完善发展新保障

制度建设是抓好工作的根本。推动市场主体实现高质量发展，必须把健全制度机制作为重要保障和基础环节，在建立制度、完善制度、执行制度上下功夫。坚持和完善社会主义基本经济制度，将中国特色社会主义制度与市场经济有机结合起来，为推动高质量发展、建设现代化经济体系提供重要制度保障。深入推进混合所有制改革。实施混合所有制改革有利于国有资本与非公有资本优势互补、融合发展，把二者的竞争关系转化为合作共生的关系。混合所有制改革是国有企业改革的重要突破口，同时也为民营企业提供了良好的发展机遇。不断为民营经济营造更好发展环境，帮助民营经济解决发展中的困难，支持民营企业改革发展，变压力为动力，让民营经济创新源泉充分涌流，让民营经济创造活力充分迸发。混改企业通过切实转换经营机制，实现国有资本与非公有资本融合发展、优势互补，激发高质量发展的内生动力。完善中国特色现代企业制度，通过强化制度建设，使党的领导与公司治理高度统一、有机融合，形成各司其职、各负其责、协调运转、有效制衡的法人治理结构。按照市场化改革方向，不断完善经营机制。进一步加强董事会建设，提高董事履职能力；加快推进选人用人制度的市场化改革，更大范围、更大力度地推行经理层任期制和契约化；加快建立职业经理人制度，实行与市场接轨的经理层激励制度和差异化薪酬体系；大力弘扬企业家精神、科学家精神和工匠精神，充分激发骨干人才干事创业的积极性、主动性和创造性，为高质量发展筑牢人才基础。完善激励和保障机制，坚持产学研用相结合，优化创新要素配置，推进协同创新，大幅提升国有企业科技创新能力。

四、壮大民营企业，激发发展新活力

2021 年 9 月 24 日，在国家发展改革委举行的惠企纾困专题新闻发布会上，围绕民营企业发展相关热点问题，体改司副司长蒋毅表示，要通过多种方式，持续发现和了解民营企业遇到的困难和问题，及时研究解决；开展民营经济跨区域发展政策协同试点，通过破除区域间涉民营经济政策壁垒、建立区域间利益协同机制，推进涉民企政务服务协同、区域市场协同；引导支持民营企业平等享受有关政策，引导民营企业参与增量混改；发挥好示范带动作用，推动形成支持民营企业改革发展的良好氛围和环境。将继续推动放宽市场准入限制，对《市场准入负面清单（2020 年版）》开展全面修订，总体上力争清单事项进一步缩减；同时，开展放宽市场准入试点，结合国家区域重大战略，加快深圳建设中国特色社会主义先行示范区放宽准入特别措施出台，推进浦东、横琴等特别措施研究制定工作，支持湖北开展放宽市场准入试点；进一步完善市场准入的效能评估指标体系，逐步扩大评估范围，实施违背负面清单案例归集与通报，畅通市场主体对各类市场准入问题的反馈渠道，营造更加公平畅通的市场准入环境。财金司副司长张春表示将加快信用信息共享步伐，推广完善“信易贷”模式，促进金融服务实体经济；以更大力度推动纳税、社会保险费和住房公积金缴纳、水电煤气等信息纳入共享范围，夯实信用信息在促进中小微企业融资中的“基础桩”作用。

五、发展中小企业，培育发展生力军

为中小企业营造良好发展环境，促进中小企业专精特新发展。坚决破除各种不合理门槛和限制，进一步放宽市场准入，最大程度实现准入便利化。进一步深化对中小企业的“放管服”改革，主动服务中小企业，创新监管方式，寓监管于服务之中。完善财税支持中小企业政策，改进财税对小微企业融资的支持；落实对小微企业融资担保降费、贷款利息收入免征增值税、贷款损失准备金所得税税前扣除等奖补政策；清理规范涉企收费，完善政府采购支持中小企业的政策，向专精特新中小企业倾斜；充分发挥国家中小企业发展基金、国家级新兴产业发展基金、军民融合产业投资基金各类基金的引导带动作用，支持战略性新兴产业、军民融合产业领域优质企业融资。提升中小企业创新发展能力，完善创新创业环境，加强中央财政对中小企业技术创新的支持；鼓励大型企业向中小企业开放共享资源，打造大中小企业协同发展的创新网络，推动大型科研仪器和实验设施向中小企业开放，打造大中小企业融通型、专业资本集聚型、科技资源支撑型、高端人才引领型等特色载体；加快建立侵权惩罚性赔偿制度，保护中小企业创新研发成果。支持推动中小企业转型升级，聚焦主业，增强核心竞争力，不断提高发展质量和水平，走专精特新发展道路。为中小企业提供信息化服务，推动中小企业业务系统云化部署，大力推动降低中西部地区中小企业宽带专线接入资费水平。改进中小企业服务保障工作。规范中介机构行为，提升中介服务质量水平，搭建跨部门的中小企业政策信息互联网发布平台，实现中小企业政策信息一站式服务；推动信用信息共享，重视培育企业家队伍。继续做好中小企业经营管理领军人才培训，提升中小企业经营管理水平，为企业家成长创造良好环境，构建亲清政商关系，树立优秀企业家典型，大力弘扬企业家精神。支持对外合作与交流，加强在促进政策、贸易投资、科技创新等领域的中小企业双边交流与合作。

六、强化党建引领，增强发展源动力

把党建工作融入企业运营、人才建设、文化塑造等方面，把党组织的优势转化为推动市场主体发展的优势，让党建工作成为引领市场主体高质量发展的源动力，实现党建工作与市场主体发展互促共赢。把党的政治建设摆在首位，旗帜鲜明讲政治，严肃党内政治生活，严守政治纪律和政治规矩，在政治立场、政治方向、政治原则、政治道路上同以习近平同志为核心的党中央保持高度一致，为推动市场主体高质量发展提供坚强政治保障。强化信仰是企业高质量发展的第一密码意识，坚持用习近平新时代中国特色社会主义思想武装头脑，坚定理想信念，拧紧企业党员、干部的世界观、人生观、价值观这个“总开关”，让信仰扎根在企业文化最深处。坚持党管人才的原则，加强科技人才队伍建设，把人才摆在更加突出的位置，在市场主体内部形成尚贤爱才的良好氛围；坚持党管干部的原则，坚持严管和厚爱结合、激励和约束并重，建设高素质专业化干部队伍。加强基层党组织建设，发挥好党组织的领导作用、党员领导干部带头的示范作用、基层党组织的战斗堡垒作用、党员的先锋模范作用。持之以恒正风肃纪，在常和长、严和实、深和细上下功夫，抓早抓小、防微杜渐，坚定不移整治“四风”、惩治腐败。

参考文献

[1] 国资委研究中心:《中央企业高质量发展报告：中央企业高质量发展迈出坚实步伐》(2019 年 11 月 2 日)。

[2] 王祥明:《在新发展阶段推动企业高质量发展》,《人民日报》2021 年 6 月 16 日。

[3] 曹培玺:《推动国有企业高质量发展》,《人民日报》2018 年 7 月 26 日。

[4] 洪雄:《以理念引领企业高质量发展的思考与探索》,《南方企业家》2018 年第 5 期。

[5] 金晓燕、任广乾、罗新新:《双循环发展格局下国有企业高质量发展对策》,《郑州大学学报（哲学社会科学版）》2021 年 3 月 25 日。

[6] 钟心:《“十四五”推动国有企业高质量发展的现实路径探析》,《企业家日报》2020 年 11 月 24 日。

[7] 贾华强:《推动经济高质量发展——学习习近平谈治国理政第三卷系列党课之十》,《党课参考》2021 年第 5 期。

[8] 陈凌:《充分激发中小企业发展活力》,《人民日报》2019 年 4 月 17 日。

[9] 融象咨询:《数字经济成为高质量发展新引擎，为何它能在逆势中实现增长？》，搜狐网，2021 年 6 月 8 日，http://www.sohu.com/a/471069487_120446035.

[10] 刘坤:《国家发改委：惠企纾困，支持民营经济高质量发展》,《光明日报》2021 年 9 月 26 日。

撰稿人：张群，21 世纪马克思主义研究院经济社会文化发展战略研究中心特约研究员

参加者：李群，中国社会科学院数量经济研究所研究员、21 世纪马克思主义研究院经济社会文化发展战略研究中心副主任；张立伟，天津渤海银行员工、21 世纪马克思主义研究院经济社会文化发展战略研究中心副主任

第八章　生态文明建设与高质量发展

党的十八大以来，党中央和习近平总书记高度重视林业现代化、生态文明和绿色高质量发展工作，对加强生态文明建设、加快推动绿色低碳高质量发展提出了新的要求，有力推动林业现代化和生态文明高质量发展。

第一节　开启加快生态文明建设新征程

党的十八届五中全会提出五大发展理念，绿色发展成为推动高质量发展的题中之义；党的十九大明确提出加快生态文明体制改革，建设美丽中国；党的十九届五中全会再次强调推动绿色发展，促进人与自然和谐共生。这一系列重大部署，宣示了以习近平同志为核心的党中央推进生态文明建设的坚定决心。

一、对生态文明建设提出新要求

进入新发展阶段，深入贯彻新发展理念，加快构建新发展格局，党中央对加强生态文明建设、加快推动绿色低碳高质量发展提出了新的要求。主要表现在：

一是将“生态文明建设实现新进步”作为“十四五”时期经济社会发展主要目标之一。

二是将“广泛形成绿色生产生活方式，碳排放达峰后稳中有降，生态环境根本好转，美丽中国建设目标基本实现”作为到 2035 年基本实现社会主义现代化的远景目标之一。

三是“十四五”规划纲要中，设专篇对“推动绿色发展，促进人与自然和谐共生”作出具体部署和安排，明确要求实施可持续发展战略，推动经济社会发展全面绿色转型，建设美丽中国。

四是加快发展方式绿色转型，坚持生态优先、绿色发展，严格控制高耗能高排放项目建设，加大货物运输结构调整力度，推动建筑领域绿色低碳发展，壮大节能环保等产业。

五是协同推进减污降碳，以改善生态环境质量为核心，深入打好污染防治攻坚战。“十四五”时期，我国生态文明建设进入了以降碳为重点战略方向、推动减污降碳协同增效、促进经济社会发展全面绿色转型、实现生态环境质量改善由量变到质变的关键时期。

六是积极推进应对气候变化，推动制定 2030 年前碳排放达峰行动方案。习近平总书记主持召开中央财经委员会第九次会议时强调，“实现碳达峰、碳中和是一场广泛而深刻的经济社会系统性变革，要把碳达峰、碳中和纳入生态文明建设整体布局，拿出抓铁有痕的劲头，如期实现 2030 年前碳达峰、2060 年前碳中和的目标。”

七是完善绿色低碳政策和市场体系，强化绿色发展的法律和政策保障。

八是广泛培育绿色低碳生活方式，提升全社会绿色低碳意识，通过生活方式绿色革命，倒逼推动生产方式和供给绿色转型。生态环境部负责人表示，“我们将以经济社会发展全面绿色转型为引领，以减污降碳为主抓手，加快形成节约资源和保护环境的产业结构、生产方式、生活方式、空间格局，坚定不移走生态优先、绿色低碳的高质量发展道路”。

九是深化生态保护补偿制度改革。2021 年 5 月 21 日，习近平总书记主持召开中央全面深化改革委员会第十九次会议，审议通过了《关于深化生态保护补偿制度改革的意见》。会议指出，要围绕加快推动绿色低碳发展、促进经济社会发展全面绿色转型，完善分类补偿制度，加强补偿政策的协同联动，统筹各渠道补偿资金，实施综合性补偿，促进对生态环境的整体保护。

二、建设人与自然和谐共生的现代化

（一）驾驭生态文明建设与实现绿色高质量发展的规律达到新高度

中共中央政治局2021年4月30日就新形势下加强我国生态文明建设进行第二十九次集体学习，习近平总书记发表重要讲话。指出，生态环境保护和经济发展是辩证统一、相辅相成的，建设生态文明、推动绿色低碳循环发展，不仅可以满足人民日益增长的优美生态环境需要，而且可以推动实现更高质量、更有效率、更加公平、更可持续、更为安全的发展，走出一条生产发展、生活富裕、生态良好的文明发展道路。“十四五”时期，我国生态文明建设进入了以降碳为重点战略方向、推动减污降碳协同增效、促进经济社会发展全面绿色转型、实现生态环境质量改善由量变到质变的关键时期。要完整、准确、全面贯彻新发展理念，保持战略定力，站在人与自然和谐共生的高度来谋划经济社会发展，坚持节约资源和保护环境的基本国策，坚持节约优先、保护优先、自然恢复为主的方针，形成节约资源和保护环境的空间格局、产业结构、生产方式、生活方式，统筹污染治理、生态保护、应对气候变化，促进生态环境持续改善，努力建设人与自然和谐共生的现代化。这是党中央和习近平总书记就生态文明建设的理念、目标、手段与措施等理论最新最全面的一次总结和阐释，说明我党驾驭生态文明建设与实现绿色高质量发展的规律达到了一个新水平。

（二）人与自然和谐共生的现代化是社会主义现代化的应有之义

习近平总书记在主持集体学习时指出，我国建设社会主义现代化具有许多重要特征，其中之一就是我国现代化是人与自然和谐共生的现代化，注重同步推进物质文明建设和生态文明建设。一要坚持不懈推动绿色低碳发展，建立健全绿色低碳循环发展经济体系，促进经济社会发展全面绿色转型。二要把实现减污降碳协同增效作为促进经济社会发展全面绿色转型的总抓手，加快推动产业结构、能源结构、交通运输结构、用地结构调整。三要强化国土空间规划和用途管控，落实生态保护、基本农田、城镇开发等空间管控边界，实施主体功能区战略，划定并严守生态保护红线。四要抓住资源利用这个源头，推进资源总量管理、科学配置、全面节约、循环利用，全面提高资源利用效率。五要抓住产业结构调整这个关键，推动战略性新兴产业、高技术产业、现代服务业加快发展，推动能源清洁低碳安全高效利用，持续降低碳排放强度。六要支持绿色低碳技术创新成果转化，支持绿色技术创新。实现碳达峰、碳中和是我国向世界作出的庄严承诺，也是一场广泛而深刻的经济社会变革，绝不是轻轻松松就能实现的。

（三）让老百姓实实在在感受到生态环境质量的改善

习近平总书记在主持集体学习时指出，要深入打好污染防治攻坚战，集中攻克老百姓身边的突出生态环境问题，让老百姓实实在在感受到生态环境质量改善。一要坚持精准治污、科学治污、依法治污，保持力度、延伸深度、拓宽广度，持续打好蓝天、碧水、净土保卫战。二要强化多污染物协同控制和区域协同治理，加强细颗粒物和臭氧协同控制，基本消除重污染天气。要统筹水资源、水环境、水生态治理，有效保护居民饮用水安全，坚决治理城市黑臭水体。三要推进土壤污染防治，有效管控农用地和建设用地土壤污染风险。要实施垃圾分类和减量化、资源化，重视新污染物治理。四要推动污染治理向乡镇、农村延伸，强化农业面源污染治理，明显改善农村人居环境。

（四）坚持系统观念，提升生态系统质量和稳定性

习近平总书记在主持集体学习时指出，提升生态系统质量和稳定性，坚持系统观念，从生态系统整体性出发，推进山水林田湖草沙一体化保护和修复，更加注重综合治理、系统治理、源头治理。一要加快构建以国家公园为主体的自然保护地体系，完善自然保护地、生态保护红线监管制度。二要建立健全生态产品价值实现机制，让保护修复生态环境获得合理回报，让破坏生态环境付出相应代价。三要科学推进荒漠化、石漠化、水土流失综合治理，开展大规模国土绿化行动。四要推行草原森林河流湖泊休养生息，实施好长江 10 年禁渔，健全耕地休耕轮作制度。五要实施生物多样性保护重大工程，强化外来物种管控，举办好《生物多样性公约》第十五次缔约方大会。

（五）提高生态环境治理体系和治理能力现代化水平

习近平总书记在主持集体学习时指出，要提高生态环境治理体系和

治理能力现代化水平。一是健全党委领导、政府主导、企业主体、社会组织和公众共同参与的环境治理体系，构建一体谋划、一体部署、一体推进、一体考核的制度机制。二要深入推进生态文明体制改革，强化绿色发展法律和政策保障。三要完善环境保护、节能减排约束性指标管理，建立健全稳定的财政资金投入机制。四要全面实行排污许可制，推进排污权、用能权、用水权、碳排放权市场化交易，建立健全风险管控机制。五要增强全民节约意识、环保意识、生态意识，倡导简约适度、绿色低碳的生活方式，把建设美丽中国转化为全体人民自觉行动。

（六）积极参与全球环境治理体系建设

习近平总书记在主持集体学习时指出，积极参与全球环境治理。一要积极推动全球可持续发展，秉持人类命运共同体理念，积极参与全球环境治理，为全球提供更多公共产品，展现我国负责任大国形象。二要加强南南合作以及同周边国家的合作，为发展中国家提供力所能及的资金、技术支持，帮助其提高环境治理能力，共同打造绿色“一带一路”。三要坚持共同但有区别的责任原则、公平原则和各自能力原则，坚定维护多边主义，坚决维护我国发展利益。

（七）各级党委和政府要切实负起加快绿色发展的责任

习近平总书记就推动绿色低碳发展时要求，各级党委和政府要拿出抓铁有痕、踏石留印的劲头，明确时间表、路线图、施工图，推动经济社会发展建立在资源高效利用和绿色低碳发展的基础之上。不符合要求的高耗能、高排放项目要坚决拿下来。习近平总书记提出总体要求，各级党委和政府要担负起生态文明建设的政治责任，坚决做到令行禁止，确保党中央关于生态文明建设各项决策部署落地见效。

第二节　林业现代化是建设生态文明的重要路径

林业建设事关经济社会可持续发展，发展林业是全面建成小康社会的重要内容，是生态文明建设的重要举措。近年来，林业系统深入实施以生态建设为主的林业发展战略，着力维护生态安全，大力推进绿色惠民，加快林业改革发展，林业现代化建设取得明显成效，在许多方面发生了深层次变革、取得了历史性成就，有力地推进了生态文明建设。一是生态修复取得新进展，全国森林面积达到 2.2 亿公顷，森林蓄积量达到 175 亿立方米，森林覆盖率达到 23.04%，成为同期全球森林资源增长最多的国家。二是生态保护迈出新步伐，天然林保护范围扩大到全国，恢复退化湿地 350 万亩，自然湿地保护率提高到 49.03%，全国林业自然保护区达到 2249 处，面积 18.9 亿亩。三是生态惠民取得新成效，全国林业产业总产值年均增长超过 10%，继续保持林产品生产和贸易第一大国地位。四是生态治理能力有了新提高，出台了一系列重大规划和制度方案，林业公共财政覆盖面不断扩大，补助标准逐步提高，形成了全面保护自然资源、推进重点领域改革和多元投入的林业支持保障体系。

一、推进林业现代化建设要以习近平新时代中国特色社会主义思想为指导

在中国特色社会主义新时代，建设社会主义现代化国家，必须有良好的生态、发达的林业。必须把推进林业现代化建设作为新时代林业工作的根本任务。推进林业现代化建设，要全面贯彻党的十九大精神，以习近平新时代中国特色社会主义思想为指导，以建设美丽中国为总目标，以满足人民美好生活需要为总任务，坚持稳中求进工作总基调，认真践行新发展理念和绿水青山就是金山银山理念，按照推动高质量发展的要求，全面深化林业改革，切实加强生态保护修复，大力发展绿色富民产业，不断增强基础保障能力，全面提升新时代林业现代化建设水平，为实施乡村振兴战略、决胜全面建成小康社会、建设社会主义现代化强国作出更大贡献。

二、推进林业现代化建设必须全面深化改革创新

坚持改革创新，完善生态文明制度。推进新时代林业现代化建设，必须全面深化改革创新，在关键领域寻求突破，把改革的红利、创新的活力、发展的潜力有效叠加起来，加快形成持续健康的发展模式。要突出抓好集体林权制度和国有林场、国有林区改革，进一步完善林业体制

机制，全面增强林业发展内生动力。积极推进林业供给侧结构性改革，不断扩大优质林产品有效供给。积极推进国家公园体制和国有自然资源资产管理体制试点，建立以国家公园为主体的自然保护地体系。探索建立多元化、可持续生态补偿机制，推进国有自然资源有偿使用，完善天然林保护、森林和湿地等补偿制度和保护立法。大力推动林业科技、金融和管理创新，深入实施“互联网 +”林业行动计划，实施林业支撑保障体系建设工程，加强基础设施、技术装备、基层站所和人才队伍等建设。

三、推进林业现代化建设必须把生态保护修复放在首要位置

坚持生态保护优先，加强生态保护修复。我国生态系统脆弱，生态问题突出。推进新时代林业现代化建设，必须把生态保护修复放在首要位置，始终坚持保护优先、自然恢复为主，优化生态安全屏障体系，提升森林、湿地、荒漠生态系统的质量、功能和稳定性。要统筹山水林田湖草系统治理，实施重要生态系统保护和修复重大工程，开展大规模国土绿化行动，推进森林城市建设，扩大退耕还林，加强防护林体系建设、湿地保护恢复和荒漠化治理。全面实施森林质量精准提升工程，加快培育国家储备林，保护好天然林资源。完善林业法律法规，划定生态保护红线，实行最严格的生态保护制度。加强林业自然保护区建设，实施珍稀濒危野生动植物拯救性保护行动，加快构建生态廊道和生物多样性网络，保护好重点野生动植物物种和典型生态系统。加强森林防火和林业有害生物防治，强化森林资源管理和林业执法监管，严厉打击破坏自然生态的行为，确保生态资源安全。

四、推进林业现代化建设必须积极拓宽林业发展空间

坚持全面协调发展，拓展林业发展新空间。党的十九大提出，要实施一系列重大发展战略。林业必须发挥优势，抓住机遇，积极作为。要推动实施乡村振兴战略，全面加强乡村原生植被、自然景观、古树名木、小微湿地和野生动植物保护，大力弘扬乡村生态文化。实施乡村绿化美化工程，抓好四旁植树、村屯绿化、庭院美化等身边增绿行动，着力打

造生态乡村。建设一批特色经济林、花卉苗木基地，确定一批森林小镇、森林人家和生态文化村，加快发展生态旅游、森林康养等绿色产业，促进产业兴旺和生活富裕。推动实施脱贫攻坚战略，抓好林业精准扶贫和定点扶贫工作，提高森林生态效益补偿标准，继续在深度贫困地区吸纳有劳动能力的贫困农民就地转成护林员，让更多的贫困农民通过参与林业建设和保护实现稳定就业和精准脱贫。推动实施区域协同发展战略，支持老少边穷地区加快发展林业、实现转型发展。坚持生态先行、率先突破、共抓大保护。

五、推进林业现代化建设必须坚持共建共治共享

坚持共建共治共享，推进生态惠民和绿色发展。当前，良好生态环境已成为人民群众最强烈的需求，绿色林产品已成为消费市场最青睐的产品。推进新时代林业现代化建设，必须顺应人民对美好生活的向往，始终坚持发展为了人民、发展依靠人民、发展成果由人民共享。要探索形成生态共建共治共享的良好机制，调动广大人民群众的创造性和积极性，既吸引群众积极参与林业建设，开展身边增绿行动，又确保群众公平分享发展成果，让人民群众更好地亲近自然、体验自然和享受自然。在保护修复好绿水青山的同时，要大力发展绿色富民产业，创造更多的生态资本和绿色财富，生产更多的生态产品和优质林产品。扩大林业对外开放，实现理念互鉴、经验共享、合作共赢，积极参与全球生态治理，共建生态良好的地球美好家园。

第三节　加快推进绿色高质量发展

一、积极推进生态文明建设

（一）坚持以人民为中心

江西省中国特色社会主义理论体系研究中心肖承贵与华启和 2020 年 12 月 23 日在《经济日报》发表理论文章《坚持以人民为中心推进生态文明建设》。指出建设生态文明，“一条重要的经验就是始终坚持以人民

为中心的发展思想，积极回应人民群众所想、所盼、所急，把人民对美好生活的向往作为奋斗目标”。一是着力满足人民的优美生态环境需要。二是坚持把人民的评判作为检验生态文明建设成效的依据。三是发挥人民在生态文明建设中的主体作用。正如习近平总书记所强调的，“人民群众有着无尽的智慧和力量，只有始终相信人民，紧紧依靠人民，充分调动广大人民的积极性、主动性、创造性，才能凝聚起众志成城的磅礴之力”。

（二）提高生产要素配置效率

天津社会科学院屠凤娜 2020 年 12 月 4 日在《经济日报》发表的文章《绿色转型要提高生态要素配置效率》，就这个问题进行了分析。作者认为，党的十九届五中全会指出，促进经济社会发展全面绿色转型，建设人与自然和谐共生的现代化进一步明确了绿色转型的范围、领域和程度，凸显了统筹推进生产和生活方式绿色转型目标的重要性和紧迫性。全面绿色转型是将生态环境保护全方位、全地域、全过程地融入经济社会发展之中，从污染防治到低碳发展，从绿色企业到绿色供应链，从绿色生产到绿色生活，每个环节都要提高自然资源和生态要素的配置效率。一是全面绿色转型要以绿色发展观为引领，将污染防治视为“新常态”。绿色发展观坚持以人民为中心的发展思想，以生态环境高水平保护推动经济高质量发展，坚决打好生态环境质量持续改善攻坚战，为人民群众营造良好生产生活环境。二是全面绿色转型要积极构建绿色低碳循环产业体系。坚持优化存量的同时，加快做大做强绿色生态型产业的增量。积极发挥市场、技术、人才、资金等创新要素的融合优势，谋划智慧型、低碳型经济发展，努力构建新发展格局。三是全面绿色转型要坚持改革创新。从政府治理层面来说，应加快制定以绿色 GDP 考核为主的晋升激励机制，引导地方政府牢固树立“绿水青山就是金山银山”的发展理念，在全社会形成生态保护的文化氛围。从企业治理层面来说，应树立企业自然资源基础观，将资源节约与环境保护视为提升企业核心竞争力的重要途径。从居民生活与消费层面来看，要提高生活资料的循环利用度，树立资源与能源节约意识。同时，要坚守自然生态安全边界，探索绿色发展创新路径，把生态环境优势转化成经济发展的优势。

（三）构建生态文明建设体系

江西省中国特色社会主义理论体系研究中心聂晓葵 2020 年 11 月 10 日在《经济日报》发表理论文章《筑牢生态文明体系的“四梁八柱”》。作者认为，生态文明体系建设，是现代国家治理体系建设的重要内容，当前的一项迫切任务是加快构建起生态文明体系的“四梁八柱”，为建设美丽中国提供坚实基础和保障。一是建立健全以生态价值观念为准则的生态文化体系。二是建立健全以产业生态化和生态产业化为主体的生态经济体系。三是建立健全以改善生态环境质量为核心的目标责任体系。四是建立健全以治理体系和治理能力现代化为保障的生态文明制度体系。五是建立健全以生态系统良性循环和环境风险有效防控为重点的生态安全体系。生态安全是事关大局、对国家安全具有重大影响的安全领域。生态安全体系的建设是一项具有长期性、复杂性、艰难性的系统工程。

（四）加强生态文明建设战略定力

生态环境部环境规划院董战峰 2021 年 6 月 2 日在《光明日报》发表理论文章《保持生态文明建设战略定力》。作者认为，“习近平总书记在推进南水北调后续工程高质量发展座谈会上强调，要加强生态环境保护，坚持山水林田湖草沙一体化保护和系统治理，加强长江、黄河等大江大河的水源涵养，加大生态保护力度。这进一步彰显了党中央加强生态文明建设的战略定力”。一是推动经济绿色低碳发展。保护生态就是发展生产力，坚定不移地把生态文明建设融入经济社会发展全过程，探索以生态优先、绿色发展为导向的高质量发展新路子。以实现碳达峰碳中和目标为重要抓手，深入推进结构调整，培育绿色新动能，全面推动绿色生产生活与绿色消费方式形成。二是要打好升级版污染防治攻坚战。抓好 PM2.5 和 O_3（臭氧）协同控制，统筹推进“提气、降碳、强生态，增水、固土、防风险”，解决好突出环境问题。统筹考虑疫情对经济社会发展的影响，把握好推进节奏和力度，提高生态环境治理成效，突出依法、科学、精准治污。三是深入推进生态文明制度改革。建立健全现代环境治理体系，强化法律和政策保障。完善生态文明建设领域统筹协调机制，全面实现部门间充分配合协作，形成生态文明建设的有效合力。加强大数据、卫星遥感等新技术手段运用，全面提升生态文明建设信息化和智能化水平。四是积极参与全球生态环境治理。秉持人类命运共同体理念，积极参与和引领应对气候变化等生态环保国际合作，深化“一带一路”绿色发展多边合作，推动完善全球生态环境治理体系，共谋全球生态文明建设。

（五）推进生态环境治理体系和治理能力现代化

国务院发展研究中心陈健鹏2020年4月7日在《中国发展观察》发表《完善生态文明制度体系，推进生态环境治理体系和治理能力现代化》一文。作者认为，党的十九届四中全会围绕如何推进坚持和完善中国特色社会主义制度、推进国家治理体系和治理能力现代化这个时代命题，部署了一系列重大任务和举措。全会对“坚持和完善生态文明制度体系，促进人与自然和谐共生”作出系统部署，充分体现了以习近平同志为核心的党中央对加强生态文明建设的高度重视，为进一步完善生态文明制度体系提供了基本遵循。就如何稳步推进生态文明制度建设，文章指出了以下几点做法：一是优化生态文明体制改革决策、实施机制，进一步厘清改革方法论，增强改革系统性、集成性。二是进一步完善责任体系和问责机制，提高环境监管体系的可问责性。三是抓住关键改革举措，优化资源环境政策体系。四是进一步厘清生态文明建设领域机构职能定位，统筹推进机构改革。五是完善生态文明体制改革的支撑配套条件。

二、认真践行“双山理念”

（一）关键是抓好落实

中央党校（国家行政学院）习近平新时代中国特色社会主义思想研究中心郭兆晖2020年9月29日在《经济日报》发表文章《将“绿水青山就是金山银山”理念落到实处》。作者认为，绿水青山就是金山银山，这是重要的发展理念，也是推进现代化建设的重大原则。“绿水青山就是金山银山”理念已经成为全党全社会的共识和行动，成为新发展理念的重要组成部分。如何落到实处，作者的基本观点如下：一是深入理解“绿水青山就是金山银山”理念，更好认识和把握人与自然的关系。二是以“绿水青山就是金山银山”理念为引领，处理好发展与保护的关系。三是贯彻落实“绿水青山就是金山银山”理念，树立正确政绩观。四是将“绿水青山就是金山银山”理念体现到统筹区域协调发展的实践中。五是在统筹疫情防控和经济社会发展工作中践行“绿水青山就是金山银山”理念。

（二）探索转化的实现路径

中央党校（国家行政学院）习近平新时代中国特色社会主义思想研究中心孙要良 2019 年 8 月 19 日在《学习时报》发表文章《绿水青山向金山银山转化的实现路径》。作者认为，绿水青山就是金山银山。良好的生态环境不是经济社会发展的负担和累赘，而是可以实现经济价值的。问题的关键在于弄清绿水青山向金山银山转化的路径、模式、条件。这必须从以下几个方面入手：一是加强交通、信息基础设施建设。二是发挥生态优势，找到生态与经济的黄金分割点。三是推动三产融合发展，建立合理利益联结机制。四是加强品牌建设，提升产品质量形象和文化内涵。五是推动宏观规划的原则性与操作配套的灵活性相结合。六是推动企业与地方合作开发生态产品。绿水青山分布在各个具体的市县，推动绿水青山向金山银山转变需要相应的模式、产业、市场和项目支撑。

（三）把握转化的方法论

中央党校（国家行政学院）习近平新时代中国特色社会主义思想研究中心孙要良 2020 年 8 月 14 日在《光明日报》发表理论文章《把握绿水青山向金山银山转化的方法论》。作者认为，近年来，各地在推进绿色发展方面进行了很多积极探索，取得了丰富成果和经验。但现实中也出现了个别地区守着绿水青山这个“金饭碗”去“讨饭”的现象。究其原因，就是没有找到推动绿水青山向金山银山转化的科学路径。习近平总书记指出：“绿水青山和金山银山决不是对立的，关键在人，关键在思路。”推动绿水青山向金山银山转化，重点在于解决“过河”需要的“船”和“桥”的问题。一是提高市场机制的配置效率。二是发挥政府的公共管理服务职能。三是因地制宜，发挥四种资本的协同作用。推动一个地区经济社会发展，实现劳动生产率的提高，需要自然资本、物质资本、人力资本、社会资本有机结合、科学配比、相互协同。推动绿水青山向金山银山转化，既要保护好绿水青山、不断扩大自然资本，也必须重视其他三种资本，使四种资本协同发力。

三、推动绿色高质量发展

（一）积极探索实现路径

河南省中国特色社会主义理论体系研究中心黄耀霞和康来云 2019 年 6 月 20 日在《经济日报》发表理论文章《新时代推动绿色发展的价值意蕴及实现路径》。作者认为，绿色发展是 21 世纪人类发展的共同追求，也是新时代我们党推动我国发展的重要理念之一。党的十八届五中全会提出，“坚持绿色发展，必须坚持节约资源和保护环境的基本国策，坚持可持续发展，坚定走生产发展、生活富裕、生态良好的文明发展道路，加快建设资源节约型、环境友好型社会，形成人与自然和谐发展现代化建设新格局，推进美丽中国建设，为全球生态安全作出新贡献”。关于绿色发展的实现路径，作者认为：一是加快建立绿色生产和消费的法律制度和政策导向。要建立健全绿色低碳循环发展的经济体系，大力发展绿色金融，壮大节能环保产业、清洁生产产业、清洁能源产业，推动新能源汽车、新能源和节能环保等绿色低碳产业成为我国经济发展的支柱产业。要构建市场导向的绿色技术创新体系，通过绿色科学技术研发和创新政策激励，促进企业同科研机构的绿色科技联合，增强企业绿色技术创新能力，突破绿色技术难题和技术壁垒，重点研发和运用资源高效利用技术、清洁生产技术、循环利用技术、污染治理技术等。要构建绿色能源体系，持续推进能源生产和消费革命步伐，加快建设国家新型能源产业基地，着力推进清洁能源生产供给技术进步，着力发展清洁能源，完善能源税制，鼓励支持零碳智慧绿色能源体系建设。二是加快建设循环经济示范区。要坚持创新引领、协同发展，促进资源集约利用、产业集群发展，着力培育绿色园区、绿色工厂、绿色供应链以及绿色产品。要运用绿色低碳技术改造提升传统优势产业，促进传统产业向绿色产业转型升级，大力推广应用绿色制造技术，提升绿色制造水平，推进示范区资源全面节约和循环利用。三是建立健全科学规范的环境保护工作体系。四是加强绿色文化宣传，倡导绿色生活和绿色消费。要构建社会绿色文化体系。

（二）筑牢绿色屏障

金观平 2021 年 3 月 8 日在《经济日报》发表《筑牢高质量发展绿色

屏障》一文。作者认为，当前的一项重要工作，就是要进一步增强生态文明建设对高质量发展、可持续发展的支撑作用，以实现更高质量的生态环境保护为切入点，与满足人民美好生活需要紧密结合起来，筑牢高质量发展的绿色屏障。一要从增强生态保护的政治自觉出发，深刻领会党中央的大政方针和决策部署，站在政治的高度牢牢守住生态红线。二要从问题导向出发，紧紧抓住提升质量和效益这个关键，找到当前影响生态环境的重点问题，各项举措要更加精准务实有效。三要从系统观念出发，既要重点关注和解决生态环境领域的突出问题，又要将生态文明建设置于“完整、准确、全面贯彻新发展理念”的大格局中去，注重协同发力、形成合力，以生态环境质量和效益的提升，牵引经济社会各领域的高质量发展。

（三）加快形成绿色发展方式和生活方式

中国社会科学院黄承梁 2020 年 3 月 26 日在《人民日报》发表《加快形成绿色发展方式和生活方式》一文。作者认为，党的十九届四中全会《决定》指出，要坚持人与自然和谐共生，坚守尊重自然、顺应自然、保护自然，健全源头预防、过程控制、损害赔偿、责任追究的生态环境保护体系。贯彻绿色发展理念，建设美丽中国，必须在尊重自然、顺应自然、保护自然中推动形成绿色发展方式和生活方式，让天蓝地绿水清深入人心，使良好生态环境成为人民幸福生活的增长点。一要尊重自然。坚决摒弃损害甚至破坏生态环境的增长模式，加快形成节约资源和保护环境的空间格局、产业结构、生产方式、生活方式，把经济活动、人的行为限制在自然资源和生态环境能够承受的限度内，给自然生态留下休养生息的时间和空间。二要顺应自然。实践表明，人与自然相处的最好方式就是顺应自然规律，在利用自然资源方面秉持科学、合理、可持续的态度，而不能肆意破坏自然界，否则最终受惩罚的还是人类自己。三要保护自然。要加快形成绿色发展方式，通过调整经济结构和能源结构，优化国土空间开发布局，培育壮大节能环保产业、清洁生产产业、清洁能源产业，推进生产系统和生活系统循环链接。还要加快形成绿色生活方式，在全社会牢固树立生态文明理念，增强全民节约意识、环保意识、生态意识，培养生态道德和行为习惯，努力让天更蓝地更绿水更清。

（四）社会主体要勇于担当

许晴 2020 年 1 月 14 日在《人民日报》发表《担起绿色发展的企业责任》一文。作者认为，2019 年底发布的《中国应对气候变化的政策与行动 2019 年度报告》回答了这个问题，指出“全社会广泛参与的绿色低碳发展格局逐渐形成”。这一判断概括了 2018 年以来我国积极应对气候变化的成效和最新进展，彰显了中国推动构建人类命运共同体的责任担当。企业作为践行绿色低碳发展的重要主体，是产业群零碳排放、绿色转型和绿色创新的重要推动者，在应对气候变化的过程中也作出了自己的贡献。一是绿色低碳发展是企业发展题中应有之义，关乎经济高质量发展的成色，关乎生态环境保护的本色，也关乎最普惠的民生福祉。二是从理念而言，绿色低碳发展从来不是“自娱自乐”，而是“共建共享”。三是从方法来说，践行绿色低碳发展，离不开企业的创新驱动。习近平总书记指出，只有积极承担社会责任的企业才是最有竞争力和生命力的企业。在通往市场的道路上，企业自觉把“生态优先，绿色发展”理念贯穿到经营活动中，用实际行动保护清新空气、清洁水源、美丽山川、肥沃土地和生物多样性，才能在全球竞争中提升竞争力，让中国“绿色、低碳、循环利用资源”的生动实践更好延续下去。

四、积极推动实现“双碳”目标

（一）把“双碳”目标管理纳入宏观经济治理

周人杰 2021 年 1 月 20 日在《人民日报》发表《把绿色低碳发展纳入宏观经济治理》一文。作者认为，2020 年中央经济工作会议公布了我国实现“双碳”目标的要求，即二氧化碳排放力争 2030 年前达到峰值，力争 2060 年前实现碳中和。做好碳达峰、碳中和工作，需要加快调整优化产业结构、能源结构，继续打好污染防治攻坚战，也需要把绿色低碳发展纳入宏观经济治理，完善财政、货币、就业、产业、投资、消费、环保、区域等支持政策，努力在新发展阶段实现中国经济的全面绿色转型。一是实现“双碳”目标要与经济社会发展规划结合。作者指出，加快推动绿色低碳发展，促进经济社会发展全面绿色转型，是一项关系全局的系统工程。从问题角度看，只有坚持系统思维，努力把碳达峰、碳中和任务同经济社会发展一体谋划、一同部署，才能避免各项政策各自为战，杜绝责任不清、相互推诿等问题。二是站在新的历史起点上，做好经济工作必须更注重精细、精准，“更加精准地贯彻新发展理念，举措要更加精准务实，切实解决好发展不平衡不充分的问题”。绿色转型的“全面”与宏观经济治理的“系统”，交汇点在于加快形成绿色生产和生活方式，加快构建现代环境治理体系，尽快形成导向清晰、决策科学、执行有力、激励有效、多元参与、良性互动的“大环保”格局。

（二）实现“双碳”目标须推进源头防治

中国人民大学许光清 2021 年 3 月 17 日在《光明日报》发表《实现“双碳”目标须推进源头防治》一文。作者介绍了 2021 年 3 月 15 日中央财经委员会第九次会议精神，习近平总书记强调，实现碳达峰、碳中和是一场广泛而深刻的经济社会系统性变革，要把碳达峰、碳中和纳入生态文明建设整体布局，拿出抓铁有痕的劲头，如期实现 2030 年前碳达峰、2060 年前碳中和的目标。2021 年 3 月召开的全国两会，碳达峰、碳中和成为热点，会议通过的“十四五”规划纲要提出，落实 2030 年应对气候变化国家自主贡献目标、制定 2030 年前碳排放达峰行动方案、锚定努力争取 2060 年前实现碳中和，已然成为我国“十四五”期间经济高质量发展和生态环境高水平保护的有力抓手，成为我国 2035 年基本实现社会主义现代化、2050 年全面建成富强民主文明和谐美丽的社会主义现代化强国的核心议题。一是实现“双碳”目标，要求生态环境治理模式进一步从末端治理向源头防治转变。倒逼我国能源结构深刻转变，持续提高我国可再生能源装机容量和发电量，实现能源转型变革。二是“双碳”目标的本质要求是经济高质量发展，必须依靠贯彻新发展理念，推动经济走上绿色低碳循环发展的道路。三是实现“双碳”目标需要从要素驱动转向创新驱动。未来全球都将实现绿色低碳发展和碳中和，低碳发展能力、低碳先进技术和低碳经济体系将成为各国经济发展的核心竞争力，要素驱动型发展模式已经到了必须改变的阶段。

（三）促进人与自然和谐共生

中国节能环保集团有限公司宋鑫 2021 年 5 月 20 日在《人民日报》发表《着眼如期实现碳达峰、碳中和目标，积极建设人与自然和谐共生的现代化》一文。习近平总书记指出："我国建设社会主义现代化具有许多重要特征，其中之一就是我国现代化是人与自然和谐共生的现代化，注重同步推进物质文明建设和生态文明建设。"这深刻体现了我们党对社会主义现代化建设规律的认识达到了新高度。作者认为，只有积极投入人与自然和谐共生的现代化建设，才能促进碳达峰、碳中和目标的实现。一是发挥国有企业实现"双碳"发展目标的能力和主体作用。要牢固树立以人民为中心的发展思想，坚定不移做强做优节能与清洁供能传统主业，做大做优生态环保核心主业，全面落实国企改革三年行动，以企业高质量发展的成效增强服务碳达峰、碳中和的能力。二是以党的创新理论最新成果引领事业发展。要认清转变经济发展方式、加快推进绿色转型的重要性和必要性，认清实现碳达峰、碳中和目标的全局性和紧迫性，坚定信心、强化担当，持续激发推进节能环保事业的责任感、使命感。三是以科学思维方式推进工作、解决问题。正确处理碳达峰、碳中和阶段要求与最终目标的关系，构建零碳、负碳"双驱动"业务布局，大力发展风电、太阳能、生物质能源、区域能源服务。统筹考虑不同地区经济发展水平和自然禀赋特征，着力提高节能降耗与产业结构的适配度，发挥节能环保全产业链综合实力，一城一策、一域一策、一企一策提供环境治理综合解决方案。四是以解决实际问题能力的提高应对风险挑战。围绕实现碳达峰、碳中和面临的技术难题，梳理形成关键核心技术清单，联合国内外顶尖科研机构，加紧负碳技术研发和示范应用。充分发挥"绿色智库"功能，积极参与碳达峰、碳中和国家相关标准、规范和机制建设，加快提升碳核查统计、碳资产开发、碳排放交易等碳资产管理服务能力，推动重点行业和区域碳达峰路径方式研究，积极开展气候投融资国际合作，不断提升在国际气候治理领域的话语权和影响力。

五、积极引领全球生态治理

外交部副部长罗照辉 2020 年 9 月 28 日在《人民日报》发表《引领全球生态治理 共建人类美好家园》一文。文章介绍了当年 9 月 22 日习近平主席在第七十五届联合国大会一般性辩论上发表的重要讲话，呼吁各国迈出决定性步伐，落实《巴黎协定》、推动疫情后世界经济"绿色复苏”，并宣布中国将提高国家自主贡献力度，采取更加有力的政策和措施，二氧化碳排放力争于 2030 年前达到峰值，努力争取 2060 年前实现碳中和。这一宣示体现了中方走绿色低碳发展道路的坚定决心，彰显了中方坚定支持《巴黎协定》履约、推动全球气候环境治理、与各方共建清洁美丽世界的负责任大国担当。一是中国政府倡导并建设生态文明，协调推进应对气候变化和保护生物多样性工作，也积极为全球生态文明建设、构建地球生命共同体作出不懈努力。二是以习近平生态文明思想为指导，努力建设美丽中国。三是中国以多边合作为旗帜，携手共建美丽世界。中国坚定支持多边治理体系，积极参与全球气候变化和生物多样性等环境治理进程。我国倡导合作共赢精神，将绿色作为“一带一路”的底色，通过成立“一带一路”绿色发展国际联盟、构建“一带一路”生态环保大数据服务平台、实施绿色丝路使者计划等，积极推动绿色“一带一路”国际合作，助力生态环保举措在沿线国家落地生根。与世界各国建立广泛双多边合作机制，广拓生态“朋友圈”，不断深化南南合作，积极推广“基于自然的解决方案”，用中国行动和中国智慧让绿色发展理念深入人心，推动全球生态文明建设行稳致远。三是为全球环境治理贡献中国力量。要做生态文明的践行者，走协调发展之路。要做多边主义的倡导者，走合作共赢之路。要做生物多样性治理进程的贡献者，走雄心与务实兼备之路。

参考文献

[1] 董战峰:《保持生态文明建设战略定力》,《光明日报》2021 年 6 月 2 日。

[2] 肖承贵、华启和:《坚持以人民为中心推进生态文明建设》,《经济日报》2020 年 12 月 2 日。

[3] 屠凤娜:《绿色转型要提高生态要素配置效率》,《经济日报》2020 年 12 月 4 日。

[4] 宋鑫:《着眼如期实现碳达峰、碳中和目标积极建设人与自然和谐共生的现代化》,《人民日报》2021 年 5 月 20 日。

[5] 许晴:《担起绿色发展的企业责任》,《人民日报》2020 年 1 月 14 日。

[6] 聂晓葵:《筑牢生态文明体系的“四梁八柱”》,《经济日报》2020 年 11

月 10 日。

[7] 郭兆晖：《将“绿水青山就是金山银山”理念落到实处》，《经济日报》2020 年 9 月 29 日。

[8] 罗照辉：《引领全球生态治理 共建人类美好家园》，《人民日报》2020 年 9 月 28 日。

[9] 黄耀霞、康来云：《新时代推动绿色发展的价值意蕴及实现路径》，《经济日报》2019 年 6 月 20 日。

[10] 孙要良：《把握绿水青山向金山银山转化的方法论》，《光明日报》2020 年 8 月 14 日。

[11] 金观平：《筑牢高质量发展绿色屏障》，《经济日报》2021 年 3 月 8 日。

[12] 周人杰：《把绿色低碳发展纳入宏观经济治理》，《人民日报》2021 年 1 月 20 日。

[13] 许光清：《实现“双碳”目标须推进源头防治》，《光明日报》2021 年 3 月 17 日。

[14] 孙要良：《绿水青山向金山银山转化的实现路径》，《学习时报》2019 年 8 月 19 日。

[15] 陈健鹏：《完善生态文明制度体系，推进生态环境治理体系和治理能力现代化》，《中国发展观察》2020 年第 24 期。

[16] 黄承梁：《加快形成绿色发展方式和生活方式》，《人民日报》2020 年 3 月 26 日。

撰稿人：蒋业恒，中国林科院副研究员、博士

第九章　财政绩效管理与高质量发展

本章重点分析财政效能在国家治理体系和治理能力现代化中的作用、发达国家关于财政效能的状况、国内财政绩效的现状与问题、提升财政效能的政策保障措施以及财政绩效管理的典型案例等。

第一节　财政效能在国家治理能力现代化中的作用

一、党中央国务院关于提高财政效能的基本要求

（一）坚持以人民为中心的思想

坚持以人民为中心是党中央国务院对提高财政效能的基本要求。习近平总书记指出："人民是我们党的力量源泉，我们党根基在人民、血脉在人民，必须把人民放在心中最高位置，始终以百姓心为心。"公共财政取之于民、用之于民。在财政管理中贯彻以人民为中心的思想，就是要求财政积极发挥资源配置、收入分配、宏观调控等职能作用，坚持艰苦奋斗、勤俭节约，坚持政府过"紧日子"，精打细算、节用为民，加大民生投入，进一步履行好分配调节职能，保障和改善民生，努力增强人民群众的获得感、幸福感与安全感。

财政管理中坚持尽力而为、量力而行，加强基本民生保障极为重要。习近平总书记指出："要着力补齐民生短板，破解民生难题，兜牢民生底线"，"提高公共服务可及性和均等化水平"。因此，政府与财政部门要进一步强化责任担当，全面落实习近平总书记重要讲话精神，始终牢记我

们党的根基和血脉在人民，牢记人民是我们党执政最深厚的基础和最大的底气，加强基本民生保障，加强财政承受能力评估，建立健全激励约束机制，提高民生支出资金管理的科学性。要完善再分配机制，强化对低收入群体的兜底保障。要增加中央对地方转移支付规模，并向财政困难地区和欠发达地区倾斜，增强困难地区和欠发达地区保基本民生的能力，支持全面推动乡村振兴。

（二）发挥财政绩效管理的重要作用

关于强化财政绩效的重要思想是习近平新时代中国特色社会主义思想的重要组成部分。党的十八大以来，党中央和习近平总书记多次强调财政绩效管理的重要作用，为加强财政绩效管理指明了方向。

党的十八届三中全会通过的《中共中央关于全面深化改革若干重大问题的决定》，明确了建立现代财政制度的改革方向。

习近平总书记强调加强绩效管理，提高资金使用效率。2015 年 11 月 27 日，习近平总书记在中央扶贫开发工作会议上的讲话指出，“政府的钱不能乱花”，要强调绩效管理，加大财政支出整体整合力度，优化支出框架，确保重点支出，提高资金使用效率，避免资金浪费。

习近平总书记在党的十九大报告中提出加快建立现代财政制度，建立权责清晰、财力协调、区域均衡的中央和地方财政关系，建立全面规范透明、标准科学、约束有力的预算制度。

党中央国务院对加强财政绩效管理进行全面部署。2018 年，党中央国务院关于全面实施预算绩效管理的意见正式发布，对我国预算绩效管理的全面实施进行了总体部署，从全方位、全过程、全覆盖三重维度，对预算绩效管理作了界定。提出要创新预算管理模式，更加注重结果导向，强调成本效益，硬化责任约束，力争用 3—5 年时间基本建成全方位、全过程，全覆盖的绩效管理体系，实现预算和绩效管理的一体化。

历年政府工作报告都对绩效管理提出明确要求。李克强总理多次指出，要将绩效管理覆盖所有财政资金，贯穿预算编制执行的全过程，做到花钱必问效，无效必问责。要把绩效评价结果与预算调整和政策调整挂起钩来，低效无效资金一律削减。2017 年的政府工作报告指出，提高资金使用效率，每一分钱都要花在明处，用出实效；2018 年政府工作报告强调，全面实施预算绩效使财政资金花得其所、用得安全，强化加强扶贫资金绩效管理，科研项目绩效评价要加快从重过程向重结果转变等。2020 年的政府工作报告中再次要求，“要大力提质增效，各项支出务必精打细算，一定要把每一笔钱都用在刀刃上、紧要处，一定要让市场主体和人民群众有真真切切的感受”。

二、财政效能与国家治理能力现代化的关系

（一）财政绩效管理是国家治理能力与治理体系现代化的基础

改革开放以来，财税改革在各个发展阶段总是具有引领性和关键性的作用。40 多年来，党中央国务院颁布了数百项重大的政策和法律法规，在这些重大的改革措施中，有大量与财税体制和财税制度改革建设相关的措施，或者是以财税体制和制度改革建设为前提的措施。这些财税改革措施基本上体现了财政在国家治理过程中的基础功能与重要支柱作用。

（二）财政绩效管理是推进国家治理体系和治理能力现代化的内在要求

全面实施预算绩效管理，实现财政效能的高质量，是财政职能的本质要求。财政具有四大基本职能：资源配置、收入分配、调控经济和监督管理等。

1. 在资源配置方面，财政不仅是一部分社会资源的直接分配者，而且是全社会资源配置的调节者。一是调节社会资源在政府部门和非政府部门之间的配置；二是在政府部门内部配置资源；三是对非政府部门资源配置进行调控。财政通过自身的收支活动为政府提供公共产品给予财力保障，引导资源有效和合理利用，弥补市场的失灵和缺陷。

2. 传统财政资金分配和管理使用中存在某些缺陷。主要表现在“重收入轻支出、重分配轻管理、重数量轻质量”上。由于缺乏绩效管理，监督方式以上级对下级政府的监督为主，导致大量财政资金在国库账户上“沉睡”，财政调控经济效果或资源配置效果不够理想。

3. 收入分配因缺乏绩效评价导致财政效能出现低下的现象。以传统财政资金专项转移支付为例。一方面，专项资金拨付使得地区间财力差距加大，而非促进地区间财力均等。另一方面，专项资金有时出现被上

级政府“截流”或被本级政府“挪用”等现象，导致专项转移支付资金收入分配的财政职能被扭曲。

（三）全面实施预算绩效管理是国家治理能力和治理体系现代化制度安排

1. 全面实施预算绩效管理，增强地方政府落实绩效的主动性。全方位的预算绩效管理能够调动政府、预算部门和单位预算绩效管理的多个积极性，给予预算部门和单位预算绩效管理更大自主权，较过去“碎片化、部门化”绩效管理更具有科学性、完整性与全面性。

2. 全面实施预算绩效管理是对公共财政体制建设的进一步完善。1998 年以来，以“建设公共财政制度”为导向的一系列改革，强调公共财政取之于民、用之于民。同时，从 2003 年党的十六届三中全会首次提出“建立预算绩效评价体系”开始，到 2018 年《全面实施预算绩效管理的意见》提出“全方位、全过程、全覆盖”实施预算绩效管理，公共财政制度建设始终注重在全社会培养绩效理念，树立绩效意识，转化为绩效行动，进而形成绩效自觉。

3. 为地方现代财政体制建设筑牢制度基础。在地方政府拥有适度财权和事责的条件下，如何实现地方政府的“善治”，全面实施预算绩效管理从制度上引导，将地方政府治理置于公众意愿和预算约束下，把有限的公共资源投入到效率最高的部门，配置到最能实现公共利益最大化的领域和项目，实现公共资源配置的帕累托效率状态，促进资源配置的合理性。

（四）提高财政效能是国家治理体系和治理能力现代化的能力体现

全面实施预算绩效管理制度作为财政体制现代化改革的制度安排，对促进政府治理能力建设的作用体现在：一是预算是政府履职和执行宏观调控优化资源配置的集中反映，预算绩效管理要求把绩效理念和方法深度融入预算全过程，是一种注重结果导向、讲求成本效益、强调责任约束的新型预算管理模式，也是一种整合事和钱、权和责的机制，有利于从根本上实现“以财行政”。二是全面预算绩效管理强调，政府部门申请预算时必须依据其职责，设定具体的绩效目标，准确计算达成目标所需的资金，根据“谁支出、谁负责”的基本原则，力求避免浪费；项目资金分配必须根据项目的必要性、可行性、所要取得的效果（效益）进行立项，并有资金配置的预算依据；每年的财政支出要与取得的产出或成效挂钩，上一年的表现会影响下一年的预算安排。这在很大程度上增强了财政支出的绩效意识。三是通过推进全面预算绩效管理促进预算全过程透明。预算绩效管理一方面强化部门内部监督，增强预算透明度；另一方面将政府部门非涉密的活动置于公众监督之下，强化部门活动的社会监督，提高公众对政府的信任度。

（五）提高财政效能以适应不断增长的财政收支规模和缓解日趋加大财政收支矛盾

1. 日益壮大的财政收支规模更需要不断加强预算绩效管理。自 1994 年“分税制”财税体制改革以来，经济平稳较快发展，财政收支规模不断迈上新台阶。以 1994 年和 2018 年为例，全国财政收入从 5218.10 亿元增长到 183351.84 亿元，年均增长 28.95%；全国财政支出从 5792.62 亿元增长到 220906.07 亿元，年均增长 29.7%；国内生产总值从 48637.5 亿元增长到 900309.5 亿元，年均增长 23.18%。1994 年全国财政收支占国内生产总值的比重分别为 10.73%、11.91%；到 2018 年占比分别达 20.37%、24.5%。日益壮大的财政收支规模亟须加强预算绩效管理，构建较为规范的公共支出管理体系，提高财政资金使用效益。

2. 全面实施预算绩效管理有利于缓解财政收支矛盾。经济、社会、文化发展的公共支出需求与财政可用财力不足之间的矛盾是预算绩效管理改革的根本动因。1994 年，财政收入比支出少 574.52 亿元，占同期国内生产总值的比重为 1.18%；到 2020 年，收支缺口达 67580 亿元，占预期同期国民生产总值的比重突破 4%。而且，随着我国经济发展进入经济调整阵痛期、经济增速换档期，在一定时期内经济增长相对平稳，各地财政均面临着可用财力增长缓慢的窘境；而财政支出呈不断增长的趋势：一方面，民众对公共产品和公共服务的质量要求也日趋提高，教育、医疗、养老等民生类刚性支出不能减少；另一方面，我国经济已由高速增长阶段转向高质量发展阶段，正处在转变发展方式、优化经济结构、转换增长动力的攻关期，新旧动能转换等相对薄弱环节和短板，需要财政支出增加。因此，实施全面预算绩效管理，通过项目预算的必要性、可行性、有效性进行评审，减少不必要项目的财政资金支出；做好绩效运行监控，对绩效目标实现程度和预算执行进度实行“双监控”，发现问题要及时纠正，减少财政支出浪费；建立健全绩效评价结果应用，要把绩效评价结果与预算调整和政策调整挂起钩来，低效无效资金一律削减，长期沉淀的资金一律收回，统筹用于亟须支持的领域，使积极的财政政策更加聚力增效。

3. 全面预算绩效管理是提高财政资金分配科学性、减少收支矛盾相对量的重要举措。传统的财政支出分配弊端表现为缺乏科学合理的配置依据和标准，资金配置不规范、不透明；上下“博弈”、讨价还价；地区之间、部门之间、项目之间苦乐不均；资金短缺与资金浪费并存等。科学的分配财政资金，一方面，必须建立资金配置和项目立项的科学依据；加强绩效管理，就是将政府部门公共服务所需经费分解为可考核的绩效目标，结合上年绩效目标及绩效结果，编制合理的年度资金分配预算，提高财政资金的使用效率。另一方面，也包括减少收支矛盾相对量。这主要是指由于财政资金分配不科学，而导致的局部地区财政资金过剩、另外多地收支存在缺口的问题。

（六）提高财政效能是强化防范化解公共风险的有效手段

1. 财政预算绩效对冲未来公共风险。预算绩效管理是嵌入到整个公共部门的一种约束机制，既是建立“约束有力的预算制度”，建设现代财政制度的重大举措，也是提升国家治理能力，推进国家治理现代化的重要一步。要准确把握预算绩效的内涵，还须把“预算绩效”作为一个整体来认识，预算的是未来，预算的是实现战略和政策的行为绩效。即从以资金为对象内容来编制、执行预算，转向以支出和政策行为绩效为对象内容来编制、执行预算。预算绩效的重心就从“资金”转移到“目标”上来了，预算模式也就从“过去—现在—未来”转变为逆向的“未来—现在—过去”，即转变为未来导向的预算，更加注重对未来风险变化趋势的分析与预测，防范化解明天的公共风险，以此更好地对冲公共风险。我国经济已由高速增长阶段转向高质量发展阶段，当前正面临“三大攻坚战”，以此为例：防范化解重大风险，重点是防控金融风险，这是化解经济金融领域的风险；精准脱贫，是化解社会领域的风险；污染防治，是防范化解生态环境领域的风险，事关人的基本生存条件和健康中国建设。这三大攻坚战，实际上是针对经济、社会、生态环境领域三大公共风险的攻坚战。因此，财政钱花得好不好，整体上就看三大风险攻坚战有没有取得进展；如果没有取得实质性进展，再怎么评价，都谈不上有绩效。

2. 财政预算绩效化解道德风险。在经济活动交往中，人们为了最大限度地增加自身效用，经常会做出不利于他人的行动。在委托代理关系中，随着代理关系的建立，代理人一旦被雇用，委托人实际上无法保证代理人的行为总是符合委托人利益最大化的目标。在预算分配过程中，财政部门拥有资金分配所有权，追求预算收支的平衡、财政状况的不断改善，处于委托人地位，但对于财政资金的具体使用及公共产品的供给成本上处于信息劣势；而职能部门作为政府职能的具体执行机关，是财政资金使用的代理人，处于信息优势。由于二者委托代理关系的成立以及信息不对称的存在，在通常情况下，职能部门会基于自身部门利益而产生支出扩张冲动，在财政资金分配和使用中也会出现损害财政部门利益的行为。

3. 财政预算绩效防范项目（自身）风险。项目风险是指根据落实国家战略或政策而细分的项目选择、项目执行、项目结果给社会带来的新风险。项目选择风险，以扶持产业转型升级的资金为例，政府各经济部门都有各种扶持企业创新和产业转型升级的资金，从各自部门的任务目标来看，都具有合理性，但有可能妨碍市场公平竞争。项目执行风险，即项目执行“跑调”“走样”引致的新风险。项目结果风险，既有项目所包含的工程本身质量不过关引致的公共事件，也有项目完结后，工程款项支付不及时、拖欠而引致的农民工上访或聚众闹事等现象。

第二节　发达国家财政管理的演变与作用

据有关资料记载，绩效预算理念发端于美国，最早用于实践则开始于 20 世纪 30 年代。到了 20 世纪 40 年代，美国的“重组政府”运动方兴未艾，借此契机，第一届胡佛委员会在 1949 年的报告中，完整地定义了绩效预算，从而定下了绩效预算改革的基调。此后，政府预算的“绩效、效率”观念开始深入人心。本节重点对美国等发达国家的财政绩效管理进行梳理分析。

一、美国财政效能的演变与发展

（一）20世纪30年代绩效管理产生

1907年纽约市政研究局提供的“改进管理控制计划”的报告中强调“通过对已批准项目的管理，提高资源使用效率”。“绩效预算管理”的概念开始萌芽。20世纪30年代美国田纳西流域管理局和美国农业部采纳了这种绩效预算管理创新模式，大大提高了部门运作效率。

（二）二战后绩效管理成为政府刺激经济的重要手段

二战后，简单的分类方法已经不能满足复杂的公共预算管理需要，管理实践要求新的预算形式来提高公共部门的绩效。杜鲁门政府接受胡佛委员会建议：改善政府的预算进程，新的预算进程应该着重于怎样帮助政府实现公共目标，而不是简单地进行支出分类。由此，杜鲁门政府便在世界上首次大规模采用绩效预算编制方法，强调预算投入与产出的关系，政府通过公共产品和服务与成本的比较，要求以最小的投入取得最大的产出。1951年，杜鲁门政府通过预算账户、叙述式计划与业绩报表将计划和活动清单纳入预算，但由于技术等多方面因素影响，美国政府很快就放弃了绩效预算编制方法，最终这次改革宣告失败。

（三）20世纪60年代绩效管理制度基本成形

1960年，美国经济学家道·希奇和麦克森所著的《核时代的国防经济学》一书探讨了国防经济的效率问题，并建议在军事设计上应将各种可行方案的成本与效益作出比较。1961年美国国防部长麦克纳马纳采纳他们的意见，并建议在国防部试行计划项目预算。据分析，美国采取这种根据经费（投入）与效果（产出）的分析来编制国防预算的方式，一年可节省几十亿美元，因此约翰逊政府于1965年决定在其他部门也推行这种预算制度。

（四）20世纪90年代绩效管理形成法律

1993年，美国国会通过《政府绩效与成果法案》（GPRA），使得绩效预算改革进入了一个新的阶段。1997—1999 年，GPRA 进入全面推广阶段。2000 年克林顿在此基础上提出了包含绩效预算在内的政府改革“总统管理议程”。2002 年美国白宫管理与预算局（OMB）推出项目评估比率工具（PART），试图系统、连续、透明地评价支出项目，用于预算分析和决策。在 2004 年的美国联邦预算中，OMB 选择 20% 的支出项目进行 PART 评估。PART 使绩效与预算的联系更紧密、更清晰，新绩效预算由此真正建立。

绩效预算的建立，提高了政府工作效率，使美国政府从 1998 年开始结束长达近 40 年的预算赤字历史，连续实现财政盈余。

二、日本财政效能的现状与作用

二战后日本政府预算制度由典型的中央集权型逐步过渡为“集权和分权的结合”。这一变化历程，既体现出日本政府预算制度的独有特点，也反映了 20 世纪八九十年代以来西方国家在政府预算制度改革方面的总体趋势和基本潮流，在很大程度上体现了西方国家现代政府预算制度发展变化的一般规律性。

（一）实行复式预算制度

日本的中央预算分为“一般会计预算”“特别会计预算”和“政府关联机构预算”三大类。这三大类预算几乎涵盖了日本政府的所有收支活动，使得政府的职能范围与预算收支紧密统一起来，只要属于政府行为就须接受预算的约束。日本政府预算制度的法制化、规范化程度很高。20 世纪 90 年代以来，随着预算制度改革的推进，日本政府预算正在从一种保证财政支出的合法性与合理性的手段，向改善公共部门管理和提高资金使用效益的工具转变。

（二）政府预算制度的特色

日本财政体制的基础是中央调控的市场经济和地方自治制度。中央和地方间的财政关系相对协调、规范，在保证各级政府行使各自职能的同时，中央政府在宏观调控和促进地方社会经济发展方面发挥着积极作用。这与日本法制化、规范化的预算管理制度密不可分。该制度主要有以下几个特点。

1. 预算管理法制化程度高，预算约束力强。对财政收支活动进行立法限制是现代国家财政管理体制的共同做法。日本的预算管理法制化程度很高，预决算全过程受法律的约束和规范。（1）法制比较健全。除《宪法》就财政的地位以及财政运营的基本方针做出规定外，还制定有大量的财税专门法规。如《财政法》《会计法》《地方财政法》《地方交付税法》《国库法》《税法》《财政监督法》《国有资产法》等。上述法律法规对中央、地方政府间事权、财权划分明确，使得政府一切收支活动有法可依、有规可循。而且，日本政府还根据财政运营中出现的问题以及社会经济发展的需要，及时对法律进行修改、补充和完善，从而使财政法规体系不断趋于严谨和完善。（2）预算法案作为法律文本，一经批准后不得随意更改。如遇特殊事态，需编制修正预算或临时预算，也须经国会审议、批准。（3）预算违法行为惩戒等相关规定明确，执法监督力度大。特别是对于因故意或重大过失而导致国家遭受损失时赔偿责任等的规定，不仅保证了预算的准确执行，在很大程度上防止了预算支出违法行为的发生，而且会计检查院对审计决算时发现的问题进行跟踪，了解和监督有关单位、人员如何被处罚、采取何种措施对给国家造成的损害做出补救、是否采取措施防止今后发生类似过错等。（4）严格执行税收法定主义。日本每年的税制修订，严格按照法定程序执行，与国家预算同步推出。这就使得财税政策与国家宏观经济政策得以统一、协调，保障了税收政策实施的效果。

2. 复式预算使得政府的收支活动得以全面反映并接受国会监督。日本自 20 世纪 50 年代起，陆续建立起了包括一般会计预算、特别会计预算、政府关联机构预算以及财政投融资计划在内的复式预算制度。几类预算制度主要是依据财政收支的不同来源与不同用途，反映财政收支行为的不同性质，以及为了实行政府的产业政策和适应政府宏观管理需要而设立的。其内容几乎包涵了政府所有的收支活动，使政府的职能范围与预算收支活动有机统一起来。而且，几类预算都置于国会监督之下，必须经国会讨论通过。以财政投融资计划为例，发行“财投债”时，必须明示财政投融资机构自有资金的详细情况。地方公共团体贷款，包括来源于邮政储蓄、简易保险基金的贷款等，也按照同一原则公开。在复式预算下，几乎没有游离于预算外的政府资金活动。

3. 预算编制时间充裕，预决算程序规范，预算审议能广泛听取各方意见。日本的预算年度为每年的 4 月 1 日至次年的 3 月 31 日。预算编制开始于每年的 6 月份（确定预算编制方针并编制“概算要求书”），而众参两院审议和表决政府预算一般在翌年的 2 月份。由于预算编制时间充裕，准备工作充分，预算准确性和科学性较高。而且，预算从编制、审批、执行、监督到审计、绩效评价等各环节都有明确而详细的法律规定，对于因特殊情况不得不编制临时预算或修正预算也有明确规定，体现了很强的严肃性。另外，日本政府预决算的全过程，国会发挥着重要作用。国会对预算案的审查时间长、环节多、审议深入具体。为保证审议效果，采取分科会、听证会等形式进行审议。而且国会在审议预算草案过程中特别注重在野党的意见，不仅针对预算本身的询问和质疑能切中要害，对预算的敏感部分也能听取社会各界的意见。

4. 预算信息公开充分，预算管理透明度较高。日本政府预算的透明度相对较高，这不仅有助于提高预算管理水平，同时也有效地推进了国家治理的民主化进程。（1）《财政法》等法律规定：国家的财政状况应向全体国民公开。公开性原则是日本政府预算的基本原则之一。日本的预决算各环节，除少数涉及国家机密的信息外，一般都向社会公布，接受社会监督。（2）预算编制进程及重大情况等会随时报道公开。尤其是 2009 年以来，在预算编制过程中，日本内阁下设的“行政刷新会议”开展了“事业筛选”工作，由议员、官员及专家组成的筛选委员会重点审核、评估部分预算支出项目，质询并要求各省厅做出必要解释说明。相关审查现场还通过网络视频向全国直播。（3）在国会审议预算案过程中，代表不同利益集团的党派一般都会在国会参与讨论。电台、电视台也会直播国会讨论情况，在一定程度上提高了国民对预算的关注度。

5. 政府审计体制完善，财政审计监督到位。日本是世界上极少数几个实行独立型政府审计体制的国家，会计检查院独立于国家立法、行政、司法机关之外，在人事权、规则制定权、对特定事项检查权以及特定经费保障等方面具有很高的独立性，有力地保障了外部监察机关对财政的监督权。日本在强化财政审计监督方面采取的措施主要有：一是不断扩大政府审计范围，审计案件数量也从 1989 年的 220 项增至 2016 年的 487 项。特别是 2001 年《政策评价法》的颁布，加强了对行政有效性和绩效的审计，审计目标从 3E 拓展至 5E（3E 是指经济性 economy、效率性 efficiency、有效性 effectiveness。5E 是在 3E 基础上加上公正性 equity 和伦理性 ethics）。二是注重与其他监察机关的信息交流。会计检查院与总务省的行政评价局，以及地方公共团体的监察部门建立有定期的交流机制，以便对政府机关业务进行恰当评价。会计检查院还与财税联合会、出资法人的监事及内审机构的监察机关定期召开审计报告说明会等。针对审计对象中的大公司、日本注册会计师协会等召开专门会议征求意见等。信息交流机制的建立不仅提高了审计效率，也确保了审计的公平。三是审计信息化水平高。自 2003 年起，日本已建成并全面启用“国家会计信息中心”，实现了审计工作的电子化和网络化。

三、欧盟财政效能管理的现状与作用

欧盟财政效能管理有独特的模式。欧洲一体化发展并孕育了一种十分独特的制度模式，它既超出了一般政府间组织而又远未形成一个超国家实体，欧洲一体化的发展虽然波折不断，但是总能创造出奇迹般的合作成果，不断地推进一体化的深化。财政政策的协调伴随着欧盟一体化的整个过程，并作为欧洲一体化的重要组成部分。欧元启动后，欧元区成员国的货币政策已由欧洲中央银行制定，各国仅拥有财政政策的制定权，这对传统经济学中一种货币政策与一种财政政策进行搭配实现经济目标的分析提出了挑战。因此，欧盟财政政策已经是欧盟成员国的主要研究内容。欧盟的财政预算只占整个联盟国内生产总值的 1% 多一点，而各成员国的财政预算（包括社会保障基金）通常占国内生产总值的 50% 左右。欧盟预算仅有行政开支和农业开支。《马斯科里赫特条约》规定，只有当某项政策目标在欧盟范围内实行比在各国能更好地实现时，欧盟才予以介入，因此目前欧盟本身基本上不存在社会保障、法律和秩序以及教育等方面的支出。欧盟对各成员国的财政政策规定主要是条规性的。

欧盟各成员国内部财政绩效管理吸引力仍然很强。多数国家通过明晰目标、改进方法，切切实实地看到了财政绩效带来的好处，努力使绩效预算更加有效地发挥作用。比较典型的就是“支出审查”制度。所谓支出审查，就是对支出的经济性、效益性和效率性进行系统性审查，对低效无效或不必要的公共产品或服务支出的政策进行削减，从而确定节支措施的过程，2010 年开始欧盟国家广泛建立支出审查制度，将其作为绩效预算编制过程中的常设步骤，一是对所有政府支出开展“综合审查”，通常以政治周期性挂钩为新政府提供重新分配资源的机会；二是对部门和项目层面较小规模的支出开展“具体审查”，意在重新确定支出的优先次序。

第三节 我国财政绩效的现状及政策

一、全过程绩效管理在中央各部门和地方得到实施

财政部在推进绩效管理体系建设中发挥了重要作用。2004 年财政部会同科技部、教育部、农业部等部委，优先选择部分科技、教育、农业等重大项目进行项目支出事后绩效考评试点，财政部经建司选择了海洋局进行绩效评价试点，预算绩效评价正式成为预算管理改革重要举措。

通过出台相关法律法规推动绩效管理体系建设。2011 年，财政部在广东召开了全国预算绩效管理改革工作会议，发布了《关于推进预算绩效管理的指导意见》和 2012—2015 年四年预算绩效管理工作规划。2014 年修订《预算法》，第 57 条明确要求各级政府、各部门、各单位应当对预算支出情况开展绩效评价。在《全面实施预算绩效管理指导意见》的基础上，2020 年的《预算法实施条例》又进一步明确了绩效评价的定义及绩效评价结果应用，打通了绩效评价工作的实施路径。

中央高度重视财政绩效管理工作。2018 年《中共中央国务院关于全面实施预算绩效管理的意见》（以下简称《意见》）发布，揭开了中国全面实施预算绩效的大幕。《意见》围绕“全面”和“绩效”两个关键点，对全面实施预算绩效管理作出部署。总体思路是，创新预算管理方式，更加注重结果导向、强调成本效益、硬化责任约束，力争用 3—5 年时间基本建成全方位、全过程、全覆盖的预算绩效管理体系。

《意见》发布之后，所有中央部门和地方都实施了全过程绩效管理，包括绩效目标管理、绩效运行监控、绩效自评，并选择重点政策和项目开展绩效评价，绩效信息报同级人大并向社会公开，接受绩效审计。绩效管理为完善政策、改进管理和科学安排预算提供了重要依据和抓手。现实状况是，一般公共预算、政府性基金预算、国有资本经营预算已经全面实施了绩效管理，社保基金预算的绩效管理办法正在研究制定过程中。

政府和社会资本合作与专项债绩效最先落地。按照《意见》的要求，积极开展涉及一般公共预算等财政资金的政府投资基金、主权财富基金、政府和社会资本合作（PPP）、政府采购、政府购买服务、政府债务项目绩效管理。

中央文件明确要求政府投资基金、PPP 项目、地方政府债务项目实施全过程绩效管理，相关文件和制度办法已经出台。中央级政府投资基金绩效管理已经落实到位，地方级政府投资基金、PPP 项目和地方债项目绩效管理各项措施落地进程比较缓慢，还要加速。

“预算资金分为基本支出和项目支出两类。其中，基本支出包括人员经费和公用经费，主要通过定员定额管理，实施绩效目标管理意义不大，而约一半以上的项目和政策支出是绩效管理的重点，所有刚需资金都要实施绩效管理。”

2020 年 3 月，财政部印发《政府和社会资本合作（PPP）项目绩效管理操作指引》，明确了 PPP 项目绩效评价结果是按效付费、落实整改、监督问责的重要依据，政府承担的项目建设成本与运营成本均应根据绩效考核结果进行支付。现在已有 7000 多个 PPP 项目进入执行阶段。目前，四川、贵州等省份已印发 PPP 项目绩效管理细则，对污水处理、市政道路、停车场、高速公路、非义务教育学校等领域已发布较为详细的绩效考核指标。

二、形成多方参与的绩效评估新态势

（一）促进政府投资的科学性，利于落实财政预算

第三方中介机构参与政府预算绩效评价，有利于引导财政资金向需

要的地区、领域倾斜，进而产生良好的经济和社会效益。当前，政府资金的配比失衡问题是影响财政预算落实的重要因素，即有些地方政府对资金需求大、关系公共利益的项目投入不足，而对于资金需求少、社会效益性不强的项目投入过剩，进而造成了盲目投入的现象。第三方中介机构参与政府预算绩效评价与管理，一是能够提升政府资金支出行为的科学性与合理性，提高财政资金的使用效率，构建服务型政府；二是能够使政府适应市场化发展的需要，树立效益与效率意识，实现发展速度与发展效益的有机统一；三是便于社会公众对政府资金支出状况进行监管，促使政府积极转变职能，形成正确绩效观；四是充分发挥预算管理的约束作用，进而规范和调整政府支出，实现资源的优化配置。

（二）提高政府资金支出效率，优化资源配置方式

随着我国经济的发展，财政收入水平不断提升，当前，我国建立了比较完善的公共财政管理体制。政府资金支出管理是财政管理体制中的重要环节，资金支出的管理效率会影响项目投资，进而会影响政府公信力，财政部门如果不组织相关单位或机构对预算绩效进行评价与管理，就会造成资金使用的主观随意性，资金的使用效率降低。专业咨询公司、会计师事务所、资产评估机构等第三方中介机构对政府预算的效率性和效益性进行客观、公正的评价，评价结果将成为总结决算、安排下年度预算的主要依据，从而提高政府资金的支出效率，优化资源配置方式。

（三）深化预算管理体制改革，实现预算分配科学合理性

第三方中介机构参与政府预算绩效评价，有利于深化预算管理体制改革。传统的财政预算方式是一种事后预算，比较注重预算的过程，而对预算结果缺乏必要的重视，这就造成政府预算制定、实施及反馈的及时性、科学性及合理性难以保证。积极地进行预算管理也是实现资金支出有效性的基础。专业咨询公司、会计师事务所、资产评估机构等作为第三方中介机构，对政府预算绩效进行评价与管理，一方面，能够实现“政府—市场”双重主体的协调发展，即随着市场经济体制改革的深入发展，政府职能发生阶段性改变，在预算管理中采用企业管理的模式，是适应市场经济的体现，具有进步性，且该方式的实施，实现了对财政资金的有效管控，有利于政府目标的达成；另一方面，第三方中介机构的

地位独立性特点决定了其参与政府预算绩效评价与管理的客观性、公正性，这也是保证预算管理体制改革深入进行的前提和基础，所以该主体具有很大的外部优势。

（四）深化财政资金管理改革，增加政府支出的公开透明性

当前，我国的财政资金支出监督管理机制尚不完善，监督管理的深度和广度也没有达到一定的要求，监督实施环节，侧重于关注项目投资的合法合规性检查，而对资金支出的使用效果却缺乏相应的绩效评价指标加以考核。专业咨询公司、会计师事务所及资产评估机构等第三方中介机构根据设定的绩效目标，运用科学、合理的绩效评价指标、评价标准和评价方法，监督政府资金支出的合法合理性、有效性，注重运用一系列绩效指标对资金流向、资金使用行为进行持续化监督。这种方式不仅有利于政府预算的落实，建立以效益为导向的资金管理体系，促进预算单位责任制的实现，以评价结果作为考评与问责的主要依据。更进一步来说，第三方中介机构参与政府预算绩效的评价与管理，能够转变政府定位和工作方式，有效治理腐败，能够实现考评与监督的客观性、公平性，并有效提升财政资金支出的使用效率。专业咨询公司、会计师事务所等第三方中介机构作为独立的市场主体，参与政府的预算绩效评价，将个体评估、自我监管与第三方中介机构的外部评估、外部监管结合起来，实现了政府资金支出监督管理的内外联动。

三、财政绩效管理水平有待于提高

（一）某些地方对绩效管理的概念还存在模糊认识

一些地方财政部门人士认为，绩效现在越做越像一个流程正确的东西，是财政资金支出流程的必须一环，但又对资金使用没有影响。所以，有一位资深财政研究人士感慨“全社会没有从绩效理念转变成为绩效意识，更没有形成一种绩效行动自觉”。财政绩效的方向是绩效和项目立项以及资金支出应该挂钩，项目立项和资金支出一定要有绩效。这也是财政部力推的。但在现实中，面临的问题是文件纸面的要求无法在实际操作中真正得到有效落实。财政部推行的预算一体化，在立项之前应该有预算绩效，但是，在地方实施的过程中，这一点取决于党政领导的重视

程度，更多的是流于形式，并没有认真执行。正如曾经有位地方财政人士说过，“干财政十年多了，没有一次不调整预算的。既然预算还要调整，做绩效的意义在哪里？只能根据调整后的预算再做绩效目标”。所以，许多人没有从绩效理念转变成为绩效意识，更没有形成一种绩效行动自觉。对财政绩效在思想上还存在模糊认识。

（二）自评方式存在的客观公正性问题

从大多数的评价结论来看，财政部门对于同级的业务部门进行绩效考核，一般很少有不合格的。经常看到一些部门预算的绩效评价报告，自评都是这样描述的：“经过预算绩效工作领导小组对照财政局项目支出绩效自评评价指标标准得分为 100 分，自评率为：100%，部门项目支出实际完成率为 100%”。虽然是 100 分，但是也对自己的不足进行了总结，比如“专业能力和业务素质有待进一步提高”“对预算绩效管理认识不到位、理解不充分”“对预算绩效管理业务不了解，对工作重点把握不到位”等。其实是因为，预算绩效工作领导小组一般由该部门的一把手领导，分管财务的局领导往往任副组长，评价结果自然是满分。所谓的不足都是套话，空话。

事实上，每一个项目，每一笔支出，绩效目标都不一样，但是自评结果为什么都是一样的，都是满分？是因为，业务主管部门不可能把自己做不到的做成绩效目标，所以绝不会出现低于 85 分的情况，100 分也是正常的。所以，绩效也只是流程正确的一环，绩效几乎都是优秀和良好。

（三）预算绩效目标设定不合理

比如有一份绩效自评表，分为三级指标体系，一级指标是产出指标和效果指标，两个一级指标又分为十多个二级指标。但是，负责该项目的财政人士也坦言，每个项目支出，绩效指标是必须要做的，但“事实上，更重要的预算绩效是在前端，比如一个政策，一个项目，不是在资金支出后做绩效，而是在政策出台，项目是否值得设立，就应该开始做绩效，但是现在还没有”。“还有一个情况是现在省里下的切块资金，一般会根据年初的情况，1 月就要报全年的绩效目标，这样就很难吻合。”“现在 100 个项目有 100 个绩效目标，是不同的，没有标准。绩效的核心是其目标的设定。绩效目标的设定有时很难，比如开一个展览会，给了 1000 万的费用，怎么做绩效？是带来多少客户还是多少投资额？”

（四）绩效评价水平有待进一步提高

财政预算项目绩效评价质量的高低，取决于建立完善科学的评价流程和选择合适的评价工作方法。高质量的绩效评价，评价标准应涵盖以下几个特点：公正性、有用性、技术适当性、利益相关者参与、反馈与扩散、成本经济。具备了这几个特点，绩效评价的质量就比较高。当前预算绩效评价质量控制存在的问题，主要表现是：

1. 指标设置不够科学。编制项目预算绩效评价指标体系是整个评价工作的基础，但由于财政预算绩效评价项目类型繁多，涉及各行业各领域，既有经常性专项业务费支出，也有建设类支出、管理类支出等，不同的项目之间又有很大差异，很难找到一套合适的指标来覆盖所有项目。因此在预算项目进行绩效评价前，设置项目绩效评价指标体系格外重要。在实施绩效评价过程中，由于某些指标不具备量化性，或无法取得相关资料支持，但迫于制度文件的约束，不得不设置相关指标，导致部分指标设置不恰当，不能真实反映该项目的实际实施效果。

2. 参与人员水平有待进一步提高。绩效评价参与人员有的存在评价知识欠缺，或考虑不全面，或生搬硬套其他案例指标与被评价项目脱轨，使指标不具备可行性；有的对指标体系分类过于笼统，如分为定量和定性或共性和个性两大类指标，有些指标体系过分强调定量指标，另一些则完全是定性指标。财政性项目支出类别繁多，绩效评价比较复杂，单纯使用定量指标或者定性指标难以真实反映专项资金的绩效结果。首先，指标体系的不统一，难以横向比较。在实际操作中，虽然对分类评价的科学性和标准化有所认识，但没有找到区分各个不同的被评价对象绩效难度的权重，并对其进行标准化提炼，导致不同的被评价对象缺乏可比性，难以形成相互之间的对比。其次，内容复杂，指标设计者往往希望指标能够涵盖尽可能多的内容，以期得到的结果能够与实际相吻合，但往往是事与愿违，自己掉进了自己设计的“陷阱”，相当的数据难以取得，结果无疾而终。再次，权重的确定。权重设计及分值安排主要依靠主观确定，或采取多人对不同因素依靠主观打分来确定。权重设计缺乏科学依据和客观标准，致使在实际操作中很茫然。一般在设计指标评分表时，内容下设三级指标，但是各个级次的评价指标占每个评价环节总分的比例缺乏科学、严格的依据。这种主观确定权重的做法既在理论上缺乏科学性，难以服众；又在实践上损害了评价的公平性，评价结果的公信力难以令人信服，这是绩效评价中普遍存在的问题。

3. 绩效目标制定没有按要求严格执行。根据财政部印发《关于财政支出绩效评价管理办法的通知》，预算部门年初申报预算时，应当按照本办法规定的要求将绩效目标编入年度预算；执行中申请调整预算的，应当随调整预算一并上报绩效目标。现在全国各省（直辖市、自治区）已要求预算单位申报项目预算时，同时上报财政支出绩效目标申报表，并对绩效目标申报表进行评审。但实际操作中存在预算绩效目标设定不规范、不系统、不全面等情况。

四、从制度建设上提高财政绩效管理

（一）健全预算绩效标准体系

各级财政部门要建立健全定量和定性相结合的共性绩效指标框架。各行业主管部门要加快构建分行业、分领域、分层次的核心绩效指标和标准体系，实现科学合理、细化量化、可比可测、动态调整、共建共享。绩效指标和标准体系要与基本公共服务标准、部门预算项目支出标准等衔接匹配，突出结果导向，重点考核实绩。创新评估评价方法，立足多维视角和多元数据，依托大数据分析技术，运用成本效益分析法、比较法、因素分析法、公众评判法、标杆管理法等，提高绩效评估评价结果的客观性和准确性。

（二）建立长效机制

建立长效机制，从整体上提高财政资源配置效率，《意见》将绩效管理关口前移，提出建立重大政策和项目事前绩效评估机制。财政部门要加强新增重大政策和项目预算审核，必要时可以组织第三方机构独立开展绩效评估，将审核和评估结果作为预算安排的重要参考依据。

为了保障绩效目标如期保质保量实现，《意见》明确对实施预算和绩效“双监控”，即各级政府和各部门各单位对绩效目标实现程度和预算执行进度实行"双监控"，发现问题要及时纠正。通过开展"双监控"，不仅有利于及时调整预算执行过程中的偏差，避免出现资金闲置沉淀和损失浪费，而且有利于及时纠正政策和项目实施中存在的问题，堵塞管理漏洞，确保财政资金使用安全高效。不仅如此，对于预算执行情况以及政策、项目实施效果，还将建立绩效自评和外部评价相结合的多层次绩效评价体系。对此，财政部有关负责人表示，通过建立多层次绩效评价体系，不仅能够落实部门和资金使用单位的预算绩效管理主体责任，推动提高预算绩效管理水平，而且能够全方位、多维度反映财政资金使用绩效和政策实施效果，促进提高财政资源配置效率和使用效益。

五、硬化预算绩效管理约束

有效发挥预算绩效管理激励约束作用是此次改革成功实施的关键。为使绩效真正有用和有约束力，《意见》明确提出硬化预算绩效管理约束。

财政部要完善绩效管理的责任约束机制，地方各级政府和各部门各单位是预算绩效管理的责任主体。项目责任人对项目预算绩效负责，对重大项目的责任人实行绩效终身责任追究制，切实做到花钱必问效、无效必追责。

在激励约束方面，要求各级财政部门抓紧建立绩效评价结果与预算安排和政策调整挂钩机制，将本级部门整体绩效与部门预算安排挂钩，将下级政府财政运行综合绩效与转移支付分配挂钩。对绩效好的政策和项目原则上优先保障，对绩效一般的政策和项目要督促改进，对低效无效资金一律削减或取消，对长期沉淀的资金一律收回并按照有关规定统筹用于亟须支持的领域。这将进一步倒逼各级党委、政府和部门单位牢固树立绩效意识、责任意识，端正决策者"当家理财"的政绩观，增强其使命感、责任感。

六、建立一支优秀的财政效能人才队伍

（一）建立健全党管人才的体制机制

财政部制定印发的《关于加强财政系统人才队伍建设的意见》（以下简称财政部《意见》）是加强财政人才队伍建设的指导性文件。

切实发挥各级财政部门党组的领导核心作用，构建党组统一领导、组织人事部门牵头抓总、其他部门各司其职的工作机制，把党的全面领导政治优势转化为人才发展体制机制优势。要突出政治标准选用人才，建立人才政治素质识别和评价机制，注重使用树牢“四个意识”、坚定“四个自信”、做到“两个维护”的优秀人才，政治不合格的坚决不用。要加强财政人才队伍政治建设，提高人才政治素养，锤炼政治担当，大力倡导爱国奉献的价值追求，拧紧世界观、人生观、价值观这个“总开关”，激励人才以岗位建功践行爱国奋斗精神。

（二）坚持把“事业为上”作为财政人才队伍建设的出发点

习近平总书记多次强调，要坚持事业为上，以事择人、人岗相适。坚持事业为上，“事业需要什么样的人就选什么样的人，岗位缺什么样的人就配什么样的人”，从党和国家事业大局出发，立足财政自身职能职责，统筹事业长远目标和当前任务需求，突出政治标准和实绩要求，及时发现人才、合理使用人才、科学评价人才、正向激励人才。同时，还要注重在推进财政事业发展的伟大实践中培养和锻炼人才，实现事业与人才相互促进、共同成长。

（三）坚持把“以用为本”作为财政人才队伍建设的落脚点

习近平总书记强调，要强化效益意识和柔性引才理念，不求所有、但求所用，不求所在、但求所为。财政部《意见》提出的组建各类专家工作室，是以正在做的事与急需培养的人有机结合的具体实践。专家工作室首先是落实中央重大决策部署的重要平台，必须从政治和全局的高度思考问题，自觉融入党和人民的伟大事业中来。专家工作室也是促进提升财政业务工作质量的“作战室”，要聚焦解决重点难点问题，深入开展专题研究，为财政中心工作建言献策。同时，专家工作室还是培养锻炼人才的“练兵场”，要在任务攻坚中培养、锻炼和使用人才，提升人才生产力、战斗力。各级财政部门要结合事业长远规划和当前急需，采取单独、委托或联合等方式组建专家工作室，实行牵头人负责制，从各类人才库、专家人才池和复合人才池抽调人员，挂靠业务对口部门，共同提出工作计划，推进落地实施，加强成果转化，将专家工作室成果充分应用到政策制定和日常工作中来，推动人才队伍建设更好地为中心大局服务。

（四）大力培养第三方中介服务机构及人才

1. 第三方评价极为重要。随着我国经济管理体制改革的深化，政府预算绩效评价发生重要变化，由传统的财政部门自我评价到引入专业咨询公司、会计师事务所和资产评估机构等第三方中介机构参与政府预算绩效评价与管理。绩效预算是指以效益为导向的预算管理体系，其强调对公共支出预算的约束，并将成本、过程及业绩等指标纳入该预算管理体系中。绩效预算的实施，提升了政府资金支出的使用效率。政府部门在预算执行和监督的过程中，要对预算实施效果进行量化与评价，并据此对下一年度的预算计划作出调整。此外，资金占用量大、公共利益涉及范围广的项目是预算管控的重点，行政部门要根据配比合理、重点突出的原则进行预算资金列支，且对由此产生的收益进行综合评价，以发挥预算手段在规范和约束政府收支方面的有效作用。但是，预算的编制具有不确定性，预算的执行也会受外部因素的影响，再加上自我评价的固有不足，导致预算绩效的评价与管理受到质疑。第三方中介机构参与政府预算绩效评价，不仅能够保证预算评价的客观性与公正性，还能扩展第三方中介机构的业务领域，进而产生双重效益。现代政府预算已远不只是一个汇集政府财务数据的文件，更是一个阐明政府职责和法律义务的载体，是民众监督政府、检验政府施政绩效的标尺。

为更好地发挥专业咨询公司、会计师事务所、资产评估机构等第三方中介机构在政府预算绩效评价中的作用，应当在制度规范、人才培养及监督管理等方面加以强化。

2. 加强制度化规范化建设。法律制度是保证中介机构参与政府预算绩效评价的重要基础。《财政支出绩效评价管理暂行办法》《预算绩效评价共性指标体系框架》《财政部关于委托第三方机构参与预算绩效管理的指导意见》《第三方机构预算绩效评价业务监督管理暂行办法》等相继发布并实施，为实现第三方中介机构的参与提供了制度性保障。为此，要积极引导第三方中介机构按照规章和程序参与政府预算绩效评价，并就评价过程进行实施计划的制定与分解，严格把控绩效评价指标，以保证评估结果的适切性和规范性。

3. 加快评价人才培养。专业能力较强的第三方人才是保证政府预算绩效评价真实性、准确性的前提条件。为提升第三方中介机构的执业质量，一方面，中介机构要加强选聘机制，选择一些技术能力强、道德素质优的执业人员参与到政府预算绩效评价的工作中；另一方面，要积极对执业人员进行培训，培训的形式应注重多样性，并将理论学习与现实实践有机结合，以提升执业人员的专业能力，并要求所有执业人员必须具备相应的资格证书。此外，执业人员的职业素养是评判其是否能胜任政府预算绩效评价的先决条件，这要求执业人员必须具备良好的职业道德。

4. 建立企业诚信档案，加强监督管理，就是要对专业咨询公司、会计师事务所、资产评估机构等第三方中介机构实行动态监督。要对专业咨询公司、会计师事务所、资产评估机构等中介机构承接的绩效评价项目，组织专家进行绩效评价，划分为不同的评价等级，并实现动态监督与管理，对于执业水平较高的中介机构应给予物质、荣誉等奖励，而对于执业水平较低的中介机构要及时敦促整改，暂停甚至取消其执业资格。

七、各级党委政府要高度重视绩效管理工作

（一）加强绩效管理组织领导

坚持党对全面实施预算绩效管理工作的领导。财政部要加强对全面实施预算绩效管理工作的组织协调。各地区各部门要加强对本地区本部门预算绩效管理的组织领导。

（二）加强绩效管理监督问责

审计机关要依法对预算绩效管理情况开展审计监督，财政、审计等部门发现违纪违法问题线索，应当及时移送纪检监察机关。各级财政部门要推进绩效信息公开，重要绩效目标、绩效评价结果要与预决算草案同步报送同级人大、同步向社会主动公开。

（三）加强绩效管理工作考核

各级政府将预算绩效结果纳入政府绩效和干部政绩考核体系，作为领导干部选拔任用、公务员考核的重要参考。各级财政部门负责对预算

绩效管理工作情况进行考核。要建立考核结果通报制度，对工作成效明显的地区和部门给予表彰，对工作推进不力的进行约谈并责令限期整改。

第四节 关于财政效能的典型案例分析

党的十八大以来，习近平总书记多次视察天津，提出了“要着力提高发展质量和效益、着力保障和改善民生、着力加强和改善党的领导，加快打造美丽天津”的“三个着力”要求，成为天津经济社会发展的指针。

一、建立健全财政绩效评价管理制度

（一）构建全方位全过程全覆盖的管理体系

天津市财政部门通过压实主体责任、优化管理全链条，积极构建全方位全过程全覆盖的管理体系。先后出台了项目事前、事中、事后全过程绩效管理的10个配套文件，建成了以天津市委市政府实施方案与若干配套办法构成的“1+N”制度体系。围绕部门预算和转移支付两大管理范畴，天津制定市级部门和市对区转移支付绩效管理办法，管理广度横向覆盖全部预算部门，纵向拓展至资金使用终端，真正实现“横向到边、纵向到底”。围绕事前绩效评估、绩效目标、运行监控、绩效评价等关键环节印发6个管理办法，并对应绘制预算绩效管理流程图，直观呈现预算绩效管理全过程各环节，打通绩效管理业务链条。

构建财政绩效管理指标体系。坚持系统观念，按照“统、分、合”的路径，研究确定会议培训、系统运维等17类共性指标和公共安全、交通运输等16个行业领域个性指标，初步构建了近4000条分行业、分领域、分层次的核心绩效指标体系，全部植入预算管理一体化系统，确保在市、区两级预算管理中及时得以应用。2015年，天津市制定出台《天津市市级政府向社会力量购买服务监督检查和绩效评价管理暂行办法》，奠定了政府购买服务绩效评价工作制度基础。引入第三方评价机制，提升绩效评价结果公允性和准确性。

（二）建立联审机制，加强绩效管理

认真实施预算绩效管理的改革部署，制定考核评分框架明确 8 方面 25 项改革重点任务，根据工作复杂度设置管理难度系数，多维度评定市级各部门预算绩效管理工作实绩。设置 6 大类 28 项考核指标，对各区绩效管理工作落实情况进行考评通报，针对发现的问题督促落实整改，组织对各区工作推进情况开展专项检查。2019 年，天津市财政局建立了由各业务处室参加的政府购买服务工作联审会议制度，主要审议普适性目录调整事项、购买服务采购指导性价格、购买服务项目预算编制、政府购买服务第三方绩效评价以及需要研究的其他事项，推动政府购买服务相关工作有效落实。

二、注重结果应用，提升财政绩效

（一）重视绩效评价的结果运用

2020 年市级部门绩效目标管理涵盖 147 个部门的 609 个项目，占项目支出金额 95% 以上，集中会审 12 个重点项目绩效目标。审核并批复 508 个抗疫特别国债项目绩效目标，涉及资金 82 亿元。建立日常信息沟通机制，定期将绩效管理资料报送财政部天津监管局和审计部门，对反馈的问题立行立改，坚持优势互补、资源共享。将 12 项重点绩效目标、10 个绩效评价结果与预决算草案同步报送市人大，积极与市人大财经委对接，实现绩效管理与预决算审查重点有机结合。例如 2018 年，天津市委、市政府出台《天津市关于加快推进智能科技产业发展若干政策》，2020 年天津市委市政府再次出台《天津市关于进一步支持发展智能制造的政策措施》，前后两项政策的出台，反映了财政绩效管理体制下绩效评价的结果运用。

（二）重视引入第三方绩效评价机制

2019 年 9 月，天津市政府相关部门委托第三方开展对涉及 100 亿元的智能制造专项资金进行政策绩效评价。评价结果显示，100 亿元智能制造财政专项资金，累计支持 4 批 911 个项目，市、区两级财政支持资金 36.4 亿元，带动项目总投资 373 亿元，拉动工业企业技术改造投资增长了 27%，创建了 60 家智能工厂和数字化车间，推动了 5000 家工业企业上云。第三方机构绩效评价报告和257家企业问卷调查显示，智能制造专项资金政策还需进一步优化完善，企业智能化改造等部分政策较为复杂分散，需进一步优化简化；机器人“先降后补”等部分政策操作性不强，有待进一步完善。此外，近年来国家和先进省市陆续出台一系列政策措施，支持5G、人工智能、区块链等新基建、新产业、新场景发展，《天津市关于加快推进智能科技产业发展若干政策》的有关政策尚未全部覆盖。在此基础上，为深化落实智能科技产业政策，加快新动能引育，大力发展智能制造，从2019年下半年开始，天津市工业和信息化局会同市委网信办、市发展改革委、市科技局、市财政局等部门，认真落实近年来国家支持智能制造的新政策，积极回应企业诉求，起草了《天津市关于进一步支持发展智能制造的政策措施》。

三、强化综合效益，绩效评价接受社会监督

（一）紧扣“绩”“效”两字，关注资金产出和资金使用效果

关注资金产出的数量、质量、时效和成本；关注资金使用的经济效益、社会效益、生态效益、可持续发展以及服务对象的满意度等。重视事前评估，把关成本绩效“关口”，事前绩效评价是推动科学决策和精准预算的关键之一。2020年，天津市选取14个重点项目开展政策事前评估，改变以往绩效管理滞后的弊端，推动重大政策和项目成果落实落地。一是优化政策制定机制。对部分重大政策和项目的规划、设计展开综合分析，对政策和项目方案的可行性进行全面评估论证，发现政策不精准、实施方案不完善等问题53条，提出改进建议72条，推动公共政策与市改革发展战略有效衔接，形成更加科学合理的资源配置决策机制。二是做好预算管理决策。在确保政策执行不打折扣、项目顺利实施的前提下，结合调整财政补助方式、严格预算开支标准等举措，2020年评估项目预算规模由15.1亿元核减到12亿元，总体核减比例达到20%，其中3个项目核减比例超过60%。在年度预算中对相关项目全部按照不高于绩效评估确定的金额安排。

（二）强化绩效导向，拓展绩效评价范围

2020年，天津财政通过实施绩效评估，调整完善相关项目绩效目标8项、绩效指标42条，绩效指标更加细化量化、针对性更强。同时，进

一步强化市级部门绩效理念，突出财政预算管理绩效导向，不但强化了事前绩效评估作为预算绩效闭环管理前端的“把关守口”作用，也为运行监控和绩效评价提供了重要参考。拓展绩效评价范围，组织市级部门开展项目绩效自评，范围首次实现“全覆盖”，编制绩效目标的项目全部开展自评。

（三）绩效评价结果公开，接受社会各界监督

首次实现绩效评价结果“全公开”，即全部自评结果随部门决算向社会公开；监督管理首次实现“全方位”，将自评结果报送审计部门，与财政部监管局联合开展直达资金调研检查。市财政积极引入第三方机构，扩大财政绩效评价范围，聚焦扶贫助困、公共交通、环境保护等民生领域，对 28 个重点项目的支出效果进行重点剖析和绩效考量，与下年度预算安排挂钩。

四、提升绩效管理水平，助推高质量发展

（一）进一步扩大绩效管理范围

《中共天津市委关于制定天津市国民经济和社会发展第十四个五年规划和二〇三五年远景目标的建议》中明确提出，要强化预算约束和绩效管理。2021 年初，天津市人大首次专门听取了关于全面实施预算绩效管理改革情况的汇报，提出进一步夯实预算绩效管理制度基础、发挥预算绩效管理引导作用的更高要求。天津相关部门提出，以扩围升级统筹财政资源、扩大绩效管理范围等手段与助力天津开启“十四五”时期高质量发展、全面建设社会主义现代化大都市新征程相衔接，继续完善绩效评价常态机制，借力第三方专业力量，为积极构建新发展格局提供支撑。

（二）下大力气提升绩效管理水平

1. 有效应用硬化刚性约束。将事前绩效评估与预算编制挂钩，绩效监控与预算调整挂钩，绩效评价结果与预算安排挂钩，及时清理退出绩效低下的政策和项目。拓展政策、项目全生命周期绩效管理范围，完善实质性管理链条。

2. 以考核评价压实主体责任。以管理制度为依托，结合阶段性工作重点开展市级考核，推动部门完善本行业核心绩效指标和标准体系，借

助高层次培训平台强化领导干部绩效理念。督导各区紧跟工作步伐，确保绩效管理延伸至基层单位和资金使用终端。

3. 以信息公开严格问效问责。大力推动重大政策和项目绩效信息与预决算同步公开，推动部门将绩效目标、绩效自评等信息全方位公开。借助人大、审计等部门和全社会的监督作用，多方参与、齐抓共管，切实做到花钱必问效，无效必问责。

参考文献

［1］李一花：《财政在国家治理中基础和支柱地位的理论分析》，《公共财政研究》2015 年第 1 期。

［2］《习近平谈治国理政》第 3 卷，外文出版社 2020 年版。

［3］肖捷：《全面实施预算绩效管理提高财政资源配置效率》，《学习时报》2018 年 3 月 16 日。

［4］刘尚希：《关于预算绩效管理的几点思考》，《地方财政研究》2019 年第 2 期。

［5］汪潘、倩颖：《各地政府强化预算绩效目标管理》，《经济日报》2020 年 11 月 22 日。

［6］胡帆：《发挥财政监管职能作用加快推进预算绩效管理高质量发展》，《财政监督》2020 年第 22 期。

［7］韩洁、胡璐、陈炜伟：《花钱必问效、无效必问责—聚焦全面实施预算绩效管理三大看点》，澎湃新闻，2018 年 9 月 25 日，https://www.thepaper.cn/newsDetail_forward_2474211.

［8］戴璐：《美国绩效预算管理及其启示》，《财会月刊（理论）》2007 年第 1 期。

［9］胡剑桥：《美国绩效预算发展历程及对我国的借鉴意义》，《谈古论今》2010 年第 7 期。

［10］李小迪：《美国绩效预算实践及其启示》，《宏观经济研究》2007 年第 9 期。

［11］杨华：《日本政府预算制度的构成、特点及启示》，《地方财政研究》2018 年第 2 期。

［12］孙迎春、周志忍：《欧盟通用绩效评估框架及其对我国的启示》，《兰州

大学学报（社会科学版）》2008 年第 1 期。

［13］杨灿明:《基于财政视角理解国家治理体系和治理能力现代化》,《国家治理》2019 年第 41 期。

［14］张颖:《探究当前财政预算绩效评价存在的问题及建议》,《山西财税》2019 年第 1 期。

［15］董万好 :《财税与公共管理学院召开绩效评价人才培养研讨会》，上海立信会计金融学院新闻网，2018 年 11 月 12 日，https://www.lixin.edu.cn/zg/73618.htm.

［16］武小惠:《建立支撑国家治理体系和治理能力现代化的财政制度》,《求是》2018 年第 24 期。

［17］王泽彩:《预算绩效管理是推进国家治理现代化的内在要求》,《经济观察报》2020 年 7 月 6 日。

［18］赵路、聂常虹:《西方主要发达国家政府绩效考评的实践及其对中国的启示》,《经济要参》2009 年第 39 期。

［19］韩寿静:《第三方中介机构在政府预算绩效评价中的作用探讨》,《财会学习》2018 年第 19 期。

［20］林致远:《财政治理与高质量发展》,《国家治理》2018 年第 16 期。

［21］张俊伟:《现代财政制度应具备五大特征》,《中国经济时报》2014 年 4 月 11 日。

［22］刘健:《为构建新发展格局提供支撑——天津市财政局党组书记、局长刘健谈全面实施预算绩效管理》,《天津财政》2021 年 2 月 23 日。

撰稿人：傅泉智，绩效评价师，某资产评估与绩效评价机构负责人

参加者：王明忠，21 世纪马克思主义研究院经济社会文化发展战略研究中心特约研究员、中国海洋经济研究会研究员

第十章　应急管理与高质量发展

在新发展阶段，经济社会发展追求高质量的目标，人民群众生活追求充实和持续的幸福感与安全感，要求政府建设现代化的应急管理体系和能力，提供高质量的应急管理服务。

第一节　高质量发展要求高质量应急管理

应急管理是政府应对突发事件的决策优化和非常态的管理模式。面对公共安全的风险挑战，加强应急管理是全面履行政府职责的重要体现、创新社会管理的重要内容、保证经济社会高质量发展的重要支撑。

一、什么是应急管理

应急管理的英文是 Emergency Management，与其有关的概念有风险管理、安全管理、危机管理等。目前，应急管理已为国际所通用。

应急管理的主要对象是各类突发事件。《中华人民共和国突发事件应对法》明确：突发事件是指突然发生，造成或者可能造成严重社会危害，需要采取应急处置措施予以应对的自然灾害、事故灾难、公共卫生事件和社会安全事件。因此，我国的应急管理以自然灾害、事故灾难、公共卫生事件和社会安全事件等各类突发事件为对象，工作内容包括突发事件的预防与应急准备、监测与预警、应急处置与救援、事后恢复与重建等应对活动，目的是预防和减少突发事件的发生，控制、减轻和消除突发事件引起的严重社会危害，规范突发事件应对活动，保护人民生命财产安全，维护国家安全、公共安全、环境安全和社会秩序。

应急管理是社会治理和公共治理的重要组成部分，具有多元化主体性。我国的应急管理涉及党委、政府、企业、社会组织和公众等各类主体，形成"党委领导、政府主导、社会协同、公众参与、协调联动"的应急管理工作格局。

二、应急管理与高质量发展的辩证关系

自改革开放以来，我国在处理安全与发展的关系上大致经历了"发展为主，安全为辅""安全因素逐步得到重视""安全与发展协调并重"三个阶段。党的十九届五中全会审议通过的《中共中央关于制定国民经济和社会发展第十四个五年规划和二〇三五年远景目标的建议》(以下简称《建议》)，把"统筹发展和安全"纳入"十四五"时期我国经济社会发展的指导思想，并作出战略部署。习近平总书记在《关于〈建议〉的说明》中明确指出："我们越来越深刻地认识到，安全是发展的前提，发展是安全的保障。"

未来，我国和世界仍面临特大地震、特大洪水、烈性传染病、大规模群体性事件，以及恐怖袭击、网络安全、特大安全生产事故、核事故、局部战争冲突等一系列重特大突发事件的现实挑战。应急管理是保护国家和人民生命财产安全的重要工作，事关国家和人民群众的根本利益。要从国家发展与安全辩证关系的层面，准确把握应急管理与高质量发展的辩证关系，把经济社会高质量发展作为应急管理体系和能力现代化的基础，把应急管理作为经济社会高质量发展的重要保障，使二者相互支持、相互促进，将构建新发展格局的战略部署落到实处。

首先，高质量发展是新发展阶段的主要发展目标。习近平总书记在党的十九大报告中指出，中国经济已由高速增长阶段转向高质量发展阶段，正处在转变发展方式、优化经济结构、转换增长动力的攻关期。高质量发展是"十四五"乃至更长一个时期我国经济社会发展的宏大主题，是实现国家治理体系和治理能力现代化的必然要求。高质量发展不只是经济要求，还是对经济社会发展的总要求。

其次，高质量发展离不开安全。习近平总书记指出：“奋力推进应急管理体系和能力现代化是保护人民群众生命财产安全和维护社会稳定，实现‘两个一百年’奋斗目标和中华民族伟大复兴的中国梦不懈奋斗的重要支撑。”作为社会治理的一项重要工作，应急管理承担着防范化解重特大安全风险、及时应对处置各类灾害事故、筑牢经济社会高质量发展安全屏障的重要职责。

最后，统筹发展和安全是我们党治国理政的一个重大原则。《建议》就统筹发展和安全、建设更高水平的平安中国提出明确要求、作出工作部署，要求增强忧患意识、做到居安思危，在复杂环境下更好推进我国经济社会发展。习近平总书记在《关于〈建议〉的说明》中指出：“当前和今后一个时期是我国各类矛盾和风险易发期，各种可以预见和难以预见的风险因素明显增多。我们必须坚持统筹发展和安全，增强机遇意识和风险意识，树立底线思维，把困难估计得更充分一些，把风险思考得更深入一些，注重堵漏洞、强弱项，下好先手棋、打好主动仗，有效防范化解各类风险挑战，确保社会主义现代化事业顺利推进。”

三、新时代对应急管理提出新要求

十九大报告指出，中国特色社会主义进入新时代，我国社会主要矛盾已经转化为人民日益增长的美好生活需要和不平衡不充分的发展之间的矛盾；党要团结带领人民应对重大挑战、抵御重大风险、克服重大阻力、解决重大矛盾；要坚持以人民为中心。2020 年 5 月 22 日，习近平总书记在参加十三届全国人大三次会议内蒙古代表团审议时指出，人民至上、生命至上，保护人民生命安全和身体健康可以不惜一切代价。要正确认识和把握这些新的重大政治论断，深刻理解新时代国家治理体系建设对应急管理提出的新要求。

经过改革开放 40 多年的发展，我国社会生产力水平明显提高，社会生产能力在很多方面进入世界前列，人民生活显著改善，对美好生活的向往更加强烈，不仅对物质文化生活提出更高要求，而且在民主、法治、公平、正义、安全、环境等方面的要求也日益增长。美好生活既是指物质生活的丰富，也是指精神生活的不断提升，人们对于安全和稳定的生存环境需求更为迫切，对安全风险的容忍度越来越低。党和政府的一切工作，应该使人民不断获得幸福感和安全感。要坚持“以人民为中心”的根本宗旨，把保障人民群众生命安全作为治国理政的一项重大任务，更好满足人民日益增长的对公共安全的新需要。要重视各类安全隐患，有针对性的采取措施，有效防范化解重特大安全风险，及时有效应对各类突发事件，为人民群众创造安全的社会环境和稳定的社会秩序。要准确把握形势变化，减少突发事件，降低其造成的伤亡和损失，建设安全的生产生活环境，保障人民的生命财产安全。要适应新时代发展需求，建设现代化的中国特色应急管理体系和能力，履行新时代应急管理“全灾种、大应急”新使命和新要求。

四、新时代应急管理面临新挑战

尽管我国应急管理体系和能力建设取得了巨大进步，但在多个重大灾害事故应对中也暴露出很多问题。随着各类突发事件的关联性、耦合性越来越强，防范气候变化等导致的巨灾风险，破解工业化、城镇化、全球化等趋势叠加引发的综合性风险，化解非传统领域的公共安全风险，构建新时代国家应急管理体系，仍面临着诸多巨大的挑战。

（一）快速发展带来综合风险

城市是一个庞大且复杂的运行系统。随着城市规模和功能不断扩大，传统安全与非传统安全相互交织，安全风险不断集聚，更加凸显了城市安全的复杂性和艰巨性。仅 2013 年以来，就发生了包括“11·22”青岛输油管道爆炸事件、“12·31”上海外滩踩踏事件、“8·12”天津滨海新区爆炸事故、“12·20”深圳山体滑坡等多起涉及城市安全的特别重大事故和事件，造成了巨大的损失。

首先，传统安全风险因素不断集中，城市脆弱性日益凸显。据不完全统计，我国城市中，100 米以上的超高层建筑近万栋，燃气管道近 70 万公里，轨道交通运营线路近 6000 公里，桥梁 7 万余座，各类化工园区 600 余家。此外，化工聚集区快速发展，生产储存装置日趋大型化，重大危险源密度高、数量大，危险化学品爆炸事故时有发生，城市公共安全的风险隐患不断增多，灾害事故的链式效应增强。比如一次冰冻灾害可以导致大规模停电，而一次大规模停电可以一定程度上导致整个城市与区域社会的瘫痪。灾害造成的损失日益增大，城市脆弱性日益凸显。

其次，新业态、新产业、新技术带来新型风险。随着我国经济社会的快速发展，城市新业态、新产业、新技术不断出现，特大高楼事故风险、城市地下空间风险、新技术风险等凸显，防范化解不可预知的风险成为摆在城市管理者面前的重大课题。比如，一些城市为了市容市貌，把很多明渠改成了暗渠，可能造成可燃及有毒气体集聚，增加事故风险，扩大事故危害。再比如，城市危险废物处置能力不足带来新风险、大型新能源汽车动力电池的安全威胁等，都是一些极大的风险挑战。特别是城市大型商业综合体，风险高度集聚，给火灾防控带来巨大的挑战。2017 年 7 月 10 日公安部消防局公布的数据显示，全国近 10 年来共发生高层建筑火灾 3.1 万起，造成死亡 474 人，直接财产损失 15.6 亿元。

最后，城市人口密集，事故灾害往往造成更大损失。我国城市和人口集中，东中部人口密集，经济发达，一旦发生事故灾害，往往造成巨大损失。据统计，2000 年以来，我国平均每年因自然灾害造成约 3 亿人次受灾，直接经济损失 3000 多亿元。另外，我国处于工业化、城镇化发展的关键时期，自然灾害、人类活动带来的风险隐患越来越多。比如，大中型城市人群密集场所越来越多，但安全防控还不充分，市民安全意识和危机应对能力也相对缺乏。

应该说，人们对城市美好生活的向往，是在一个相对安全的环境中，享受城市发展带来的工作生活上的便利和舒适。正如应急管理部副部长孙华山所指出的，城市安全已成为满足人民美好生活需要的必要基础和内涵要义。因此，从建设“安全城市”到创建“安全发展城市”是城市管理理念的一个飞跃，但是城市管理者也需要面对更多困难问题和挑战。

（二）极端气候带来巨灾风险

我国是世界上受气候灾害影响最严重的国家之一，70% 以上的城市、50% 以上的人口分布在气象、地震、地质、海洋等类型灾害的高风险区。气象灾害带来的损失占各种自然灾害的 70% 以上，每年受台风、暴雨、冰雹、寒潮、大风、暴风雪、沙尘暴、雷电、浓雾、干旱、洪涝、高温等气象灾害和森林草原火灾、山体滑坡、泥石流、山洪等气象次生和衍生灾害影响的人口达 4 亿人次，造成的经济损失平均高达 2000 多亿元，约占国内生产总值的 1%—3%。

极端气候事件频发给国家和地方应急管理工作带来了新的挑战。2021 年 6 月美国、加拿大出现的极端高温天气，7 月发生在欧洲（德国）和我国（河南）的两场强降雨，以及近年来世界越来越频繁的各种异常巨大灾害，清楚显示极端气候已经成为地球常客，对全世界构成严重威胁。据统计，最近 30 年，全球 86% 的重大自然灾害、59% 的因灾死亡、84% 的经济损失和 91% 的保险损失，都与气象灾害及其衍生灾害有关。

在全球气候变暖的大背景下，气候变化进一步加剧我国北方地区的干旱与南方地区的洪涝，作为“亚洲水塔”的青藏高原冰川变薄。随着全球地表温度持续升高，我国防范和应对全球气候变暖引发极端天气气候事件具有现实性和紧迫性。

（三）全球化导致风险国际化

全球化时代社会开放度日益提高，国家间政治、经济、社会、文化等领域的交流与合作全方位发展，公共危机的国际化或者说国际性的公共危机问题逐步凸显。首先，全球化使突发事件由境内扩展到境外成为可能。比如，日本福岛核电站核废水排放事件、美国“疯牛肉”事件等，不但严重影响当事国，还给别的国家甚至整个国际社会造成威胁。其次，境外突发事件影响境内化。随着我国“走出去”步伐的加快、出入境人数快速增长，发生在国外的突发事件不仅会对在当地工作、生活的国人产生影响，而且其影响会传导至国内。比如马航 MH370 事件，不仅需要境外处置，境内处置任务也非常繁重。最后，气候问题、重大公共卫生事件等非传统安全威胁，需要国际社会全面合作才能应对，没有人能独善其身。在本次新冠疫情应对过程中，已经有大量的正面和反面案例。从国际关系的角度，非传统安全领域的危机事件频发，逐渐成为现代国际社会的新常态，危机的公共化转化、国际化蔓延趋势日益显现，对我国的应急管理带来了新的挑战。

（四）信息化导致影响扩大化

随着新媒体的快速发展，突发环境事件的曝光度、关注度越来越高；后疫情时期公众对突发事件信息的感知更加灵敏，对事件的容忍度越来越低。信息化使得突发事件的影响迅速扩大，并且常常不限于国内，某些情况下会被敌对势力利用，风险防控与应急管理工作面临较大的公众监督压力。在全社会共同努力持续改善生态环境质量、建设美丽中国的背景下，突发环境事件尤其是重大敏感事件的防控，要特别注意公共舆情和国际影响。

现阶段，国际形势日益复杂多变，我国的安全与发展形势正在发生深刻复杂的变化。在这种态势下，对突发事件的处置极易造成不可预计的后果。因此，在应急管理方面无论是制定政策还是推动工作，都应该做到积极参与全球治理，同时坚决维护我国权益。

第二节　推进应急管理体系和能力现代化

党的十八大以来，以习近平同志为核心的党中央高度重视防灾减灾救灾与应急管理工作，作出系列决策部署，要求全面提升全社会抵御自然灾害风险的能力，增强生产安全事故防范治理能力。在党中央统一部署，政府、企业、社会组织、公众等多方共同参与下，我国应急管理事业高质量快速发展，应急管理体系和能力现代化步伐不断加快。

一、应急管理体系和能力现代化的内涵

我国的应急管理既体现中国特色，也遵循应急管理的科学规律。推进我国应急管理体系和能力现代化，必须系统、全面、深刻地分析和把握中国特色应急管理体系和能力现代化的内涵。

党的集中统一领导是我国应急管理体系现代化的根本，也是中国特色的鲜明体现。新时期构建现代化应急管理体系，要坚持以人为本，树立安全发展理念；要贯彻总体国家安全观，把应急管理体系纳入国家安全总体框架；要运用系统思维，构建大安全大应急格局。

具体制度体系和制度安排方面，应符合应急管理的先进理念和科学标准。要坚持预防为主、预防与应急相结合，立足应对大灾、巨灾和危机；要搞好风险评估，从举国救灾向举国减灾转变，从不惜一切代价应

急处置向千方百计做好应急准备转变；要加强风险治理，从以事件（事故）为中心向以风险为中心转变，从减少灾害损失向减轻灾害风险转变。各层面、各专项应急预案具有现代化的工作标准，应急管理体制机制达到现代化的运行标准，应急管理的各类法律、法规、规章和标准在具体化、标准化、可操作性上符合现代化标准，等等。

中国特色应急管理能力现代化，是指从需求和效果来看，以政府为主导的应急管理主体，具有符合现代化标准的应急管理能力。应急管理能力的主体，包括党委、政府及其组成部门、企事业单位、社会组织与公民个体，以及在突发事件预防与处置过程中被动员参与进来的组织与个人。应急管理能力的组成，包括预防与准备能力、监测与预警能力、处置与救援能力、恢复与重建能力；在实际的应急管理过程中，这些能力通过领导或管理能力、执行或专业能力、公众参与能力等表现。从需求角度，现代化的应急管理能力不仅满足各类突发事件应急管理的单项或各个环节的能力需求，也满足综合或整体需求；从效果角度，现代化的应急管理能力要能够最大程度地降低各类突发事件造成的各种危害。

二、构建中国特色应急管理体系

应急管理体系是一个国家应对突发事件的理念、制度安排与各类资源的总和，其构成和演变决定了一个国家应对突发事件的能力和效率。我国的应急管理体系，是以总体国家安全观为统领，党中央集中统一领导，政府、企业、社会组织、公众等多主体协同，适应我国政治、经济、社会、文化特点的中国特色应急管理体系。

（一）设立中央国家安全委员会

2013 年 11 月 12 日，党的十八届三中全会批准成立中央国家安全委员会（简称“国安委”）。国安委是我国一元化的国家综合安全管理的最高领导机构。成立国安委，有利于统筹国内和国际、军和民两个大局，关系到国家军事、外交、对外经贸、投资等各个领域，既包括军事斗争准备等在内的传统安全，也包括反恐、疫病灾害等非传统安全。国安委的设立把政府应急管理组织体系纳入新国家安全管理体制框架内，对我国的政府应急管理工作产生了方向性、全局性和战略性的影响，为解决政府应急管理理念、法制、体制、机制、应急队伍、资源管理等一系列突出问题和薄弱环节创造了契机。

（二）调整组建应急管理职能部门

国务院是我国突发事件应急管理工作的最高行政领导机构，领导应对各种类型的突发事件。在突发事件应对上，应急管理部负责自然灾害和事故灾难，卫生健康委员会负责突发公共卫生事件，社会安全事件主要由公安部门负责。

应急管理部于 2018 年 4 月 16 日正式挂牌，是在深化党和国家机构改革的大背景下，着眼于我国重大自然灾害与生产安全事故防治现状和基本国情，由十三届全国人大一次会议批准成立的。应急管理部的组建按照“9+4”模式，根据《深化党和国家机构改革方案》，把原先分散在安监、消防、水利、农业、救灾减灾、环境、林业、地震、防汛、森林防火等部门的应急管理职能，以及国务院办公厅的应急管理职责整合，实现对突发事件管理、指挥、救援、善后的集中统一。目前，全国县级以上（含县级）政府部门都组建了应急管理厅局，形成了职能明确、责任清晰的应急管理组织结构。“统一领导、综合协调、分类管理、分级负责、属地管理为主”的应急管理组织体系进一步完善。

（三）形成以“一案三制”为核心的应急管理体系

2003 年以来，我国逐步建立了以“一案三制”为基本框架的应急管理体系，“一案”即应急预案，“三制”即应急管理的体制、机制和法制。实践证明，这一具有中国特色的应急管理体系，经受住了包括新冠疫情在内的严峻考验，为保障人民生命财产安全、创造经济快速发展奇迹、保持社会长期稳定作出了重要贡献。

一是建立了纵向到底，横向到边的应急预案体系。包括 1 个国家总体预案和 19 个专项预案[①]，以及 550 余万件部门应急预案、地方应急预案、企事业应急预案。实现了从国家到省、市、县、乡镇各级政府和基层单位“纵向”垂直管理的不断层，“横向”所有种类突发事件的有人管，

---

① 中华人民共和国应急管理部。

并且相关预案之间互相衔接、逐级细化。

二是推动形成了统一指挥、专常兼备、反应灵敏、上下联动、平战结合的应急管理体制。组建了职能更为综合的应急管理部，建立以应急管理部牵头组织的多主体协同网络。组建了国家综合性消防救援队伍，从救援理念、职能、能力、装备、方式、机制等方面推动队伍转型升级。

三是流程重塑，优化和完善了应急管理机制。制定了应对特别重大灾害的“1 个响应总册 +15 个分灾种手册 +7 个保障机制”，实现了组织指挥的扁平化、防范救援救灾的一体化，形成了风险中心预防为主的应急准备体系，统筹协调、多方联动的应急救援体系，平战结合、专常兼备的应急力量和应急保障体系，政府主导、多方参与的宣传教育体系，公开透明、正确引导的舆论引导体系。

四是建立了综合与分类相结合的应急管理法律法规与标准体系。制定了《突发事件应对法》《安全生产法》等 70 多部法律法规，以及大量的部门规章和地方性法规，其中与应急管理密切相关的法律 17 件、行政法规 29 件[①]。系统完备、科学规范、运行有效的应急管理法律法规体系，为建立健全预案、依法行政、依法实施应急处置工作奠定了法制基础，使法治精神贯穿于应急管理工作的全过程。

五是建立和完善了国家应急管理的支持体系，包括应急管理理论、经济保障、科技装备、政策法规、专业人才团队等，应急管理学科建设和专业设置不断优化，应急管理基础理论和应用技术研究不断突破，应急产业和应急装备不断发展，为应急管理体系和能力现代化提供了重要支撑。

“一案三制”抓住了应急管理中的核心要素，实现了应急管理决策和组织体系的重大创新，为应急管理工作提供了明确的行动指南，全面推动了我国应急管理体系建设。我国在 2008 年的政府工作报告中郑重宣布“全国应急管理体系基本建立”，标志着具有中国特色的现代应急管理体系实现了历史性的跨越，我国应对突发事件的能力和效率显著提高。“一案三制”完成了我国应急管理体系的顶层设计，具有高屋建瓴、总揽全

① 应急管理部信息研究院：《应急管理法律法规》，应急管理出版社 2019 年版。

局的重要意义，对我国应急管理体系的发展和完善产生了深远影响。

三、高度重视应急管理工作

党领导应急管理工作是中国特色社会主义制度的显著优势之一。实践证明，应急管理事业发展必须以党的坚强领导为保障。

（一）党中央和习近平总书记高度重视

2014 年 4 月 15 日，习近平总书记主持国家安全委员会会议时指出："面对空前复杂的国家安全形势，唯有以全新的理念、全新的机制、全新的战略加以应对，方能争取主动、避免被动。"

2016 年 7 月 28 日，习近平总书记在河北唐山考察时强调"两坚持""三转变"，全面提升全社会抵御自然灾害的综合防范能力。

2018 年 2 月 28 日，党的十九届三中全会通过的《中共中央关于深化党和国家机构改革的决定》提出："加强、优化、统筹国家应急能力建设，构建统一领导、权责一致、高效权威的国家应急能力体系，提高保障安全生产、维护公共安全、防灾减灾救灾等方面能力，确保人民生命财产安全和社会稳定。"

10 月 10 日，习近平总书记主持召开中央财经委员会第三次会议，强调大力提高我国自然灾害防治能力。会议指出，要针对关键领域和薄弱环节，推动建设若干重点工程。

2019 年 10 月，党的十九届四中全会《中共中央关于坚持和完善中国特色社会主义制度、推进国家治理体系和治理能力现代化若干重大问题的决定》强调："坚持总体国家安全观，统筹发展和安全，坚持人民安全、政治安全、国家利益至上有机统一。""构建统一指挥、专常兼备、反应灵敏、上下联动的应急管理体制，优化国家应急管理能力体系建设，提高防灾减灾救灾能力。"

11 月 29 日，习近平总书记在主持中央政治局第十九次集体学习时强调："要发挥我国应急管理体系的特色和优势，借鉴国外应急管理有益做法，积极推进我国应急管理体系和能力现代化。"他同时指出，加强应急管理体系和能力建设，既是一项紧迫任务，又是一项长期任务。其中，队伍是关键、科技是支撑。要坚持群众观点和群众路线，坚持社会共治。

积极推进安全风险网格化管理，筑牢防灾减灾救灾的人民防线。

2020 年 2 月 3 日，习近平总书记在主持中央政治局常委会会议时强调："要针对这次疫情应对中暴露出来的短板和不足，健全国家应急管理体系，提高处理急难险重任务能力。"

10 月 29 日，党的十九届五中全会通过《中共中央关于制定国民经济和社会发展第十四个五年规划和二〇三五年远景目标的建议》。在第十二部分"改善人民生活品质，提高社会建设水平"指出："加强和创新市域社会治理，推进市域社会治理现代化。"

12 月 11 日，习近平总书记在中央政治局第二十六次集体学习时强调，要坚持系统思维构建大安全格局，为建设社会主义现代化国家提供坚强保障。

（二）政府及各部门积极推动应急管理工作

2014 年，国务院出台《关于加快应急产业发展的意见》，这是首份专门针对应急产业发展的指导意见，也是近年来我国支持应急产业发展的纲领性文件。

2015 年 3 月 5 日，李克强总理代表国务院作政府工作报告指出："加强应急管理，提高公共安全和防灾减灾能力。"

2016 年 12 月 9 日，中共中央、国务院印发《关于推进安全生产领域改革发展的意见》，这是新中国成立以来第一个以党中央、国务院名义出台的安全生产工作的纲领性文件。12 月 19 日，中共中央、国务院印发《关于推进防灾救灾体制机制改革的意见》。

2019 年 2 月 17 日，国务院公布《生产安全事故应急条例》（简称《条例》），作为《安全生产法》和《突发事件应对法》的配套行政法规，《条例》对生产安全事故应急工作体制、应急准备、应急救援等作了规定。

2020 年 4 月 24 日，全国人大正式启动《中华人民共和国突发事件应对法》实施 13 年以来的首次修改工作。10 月 2 日，应急管理部印发《中华人民共和国危险化学品安全法（征求意见稿）》，加快危化法的立法进程。

6 月，国务院办公厅印发《关于开展第一次全国自然灾害综合风险普查的通知》，定于 2020 年至 2022 年开展第一次全国自然灾害综合风险普查。

11 月 25 日，国务院常务会议通过《中华人民共和国安全生产法（修正草案）》，并提请全国人大常委会审议。2021 年 9 月 1 日，新版《安全生产法》生效。

2021 年 4 月 28 日，《中共中央国务院关于加强基层治理体系和治理能力现代化建设的意见》提出，要增强乡镇（街道）应急管理能力，增强乡镇（街道）平安建设能力。

四、高度重视城市安全工作

党中央、国务院高度重视城市安全工作。自 2013 年起，国务院安委会启动安全发展示范城市创建工作。2016 年 12 月 9 日，中共中央、国务院印发《关于推进安全生产领域改革发展的意见》，指出为强化城市运行安全保障，要定期排查区域内安全风险点、危险源，落实管控措施，构建系统性、现代化的城市安全保障体系，推进安全发展示范城市建设。2018 年 1 月，中共中央办公厅、国务院办公厅印发《关于推进城市安全发展的意见》，对城市安全发展作出全面部署。

2019 年，国务院安委会将推进城市安全发展列入年度重点工作。2019 年 11 月印发了《国家安全发展示范城市评价与管理办法》，12 月印发了《国家安全发展示范城市评价细则（2019 年版）》，2020 年 4 月印发了《国家安全发展示范城市评分标准（2019 年版）》。

2019 年 12 月，在杭州举行的首届中国国际城市安全发展研讨会上，应急管理部副部长孙华山在致辞中强调："必须高度重视城市安全，坚持以人民为中心的根本宗旨，有效防范化解城市发展和运行中的各类风险，确保人民安居乐业、社会安定有序。"

第三节　美国应急管理体系和能力

重大自然灾害与生产安全事故防范是世界各国共同面对的重大问题，各国与国际组织高度重视，并根据自身情况不断完善应急管理体制机制和法律规范，加强应急管理能力。美国是一个实行三权分立的联邦制国家，其应急管理体制和机制体现了其联邦和地方协调治理的重要特点。美国也是应急管理体系和能力发达的国家，在应急管理的制度规范以及系统和能力建设方面，很多国家都借鉴美国的经验。

美国的应急管理既存在治理优势，也存在明显弊端。在“哈维”和“劳尔”两次飓风的应对中，美国应对重大自然灾害事件的能力遭遇了巨大的考验。2021 年 6 月迈阿密公寓倒塌事故，更是发生了颠覆国人认知的所谓“考古式”救援。因此，对美国的应急管理体系和能力需要辨证看待。

一、美国的应急管理体制

美国的应急管理体制经历了多次重大调整，目前基本形成联邦应急管理局（FEMA）统一领导，联邦、州、县、市、社区五个层次的应急管理组织机构与响应机制，基本覆盖全国以及各个行业领域。在联邦应急响应体系中，参与救援的部门主要包括交通、通讯、技术工程、森林、联邦应急管理局、红十字会、卫生、环境、农业、国防等部门。

联邦应急管理局成立于 1979 年 4 月，是美国负责协调联邦政府防灾、减灾、备灾、救灾和灾后恢复的机构。2003 年 3 月，联邦应急管理局并入国土安全部，一度失去独立性。2007 年 3 月，联邦应急管理局再次被调整为相对独立的联邦紧急事务管理机构，直接向总统汇报、对总统负责，但仍挂靠在美国国土安全部。

二、美国的应急管理机制

美国应急管理机制的基本特点是“统一管理、属地为主、分级响应、标准运行”。“统一管理”是指由各级政府的应急管理部门负责平时的应急准备和突发事件发生后的调度指挥。“属地为主”指无论事件的规模有多大、涉及范围有多广，应急响应的指挥任务都由事发地政府来承担，联邦与上一级政府的任务是援助和协调，一般不负责指挥；当突发事件发生后，当地政府拥有应急行动的指挥权，只有地方政府向上级政府求助时，上级政府才予以援助；在应急管理上，美国各州有独立的立法权及一定程度上的行政权。“分级响应”强调应急响应的规模和强度；美国对响应规模及响应强度都有具体要求。“标准运行”是指在应急管理的过程中，无论是准备工作还是恢复工作，都要遵守准程序来执行。

美国联邦政府 2017 年 10 月 17 日发布了第三版的《国家突发事件管理系统》(NIMS)，规范应急管理系统的运行。《国家突发事件管理系统》包括突发事件指挥系统（ICS）、多机构协调系统（MCS）和联合信息系统（JIC），以“灵活性”“标准化”“统一行动”为指导原则，提供了体系性的、有序的、标准化的运行架构，促使各类组织以及参与突发事件应对的各类人员以可预测、可协调的方式共同工作。这是一个基于“软件”的管理系统，是一套可由地方、州、联邦应急管理人员以及私营部门和非政府组织使用的规则和方法。该系统涉及的应急通信、资源管理、信息管理等“硬件”，全部以管理规则与制度安排为基础，提供全国适用的统一模式。

三、美国应急管理的法律体系

美国的应急管理形成了完整的规划体系和文件体系，应急管理的规范性和标准化建设成效显著，包括《全国突发事件管理系统》《突发事件指挥系统》和《全国预防框架》《全国保护框架》《全国减灾框架》《全国响应框架》《全国恢复框架》《国家应急计划》以及一系列指南、规范等，为重大突发事件应急管理的全过程提供标准化框架，建立全灾种、全范围的综合性方案。

四、美国的应急管理能力

美国应急救援的主体力量是现代化的综合性消防救援队伍以及警察和医疗部门。其消防队拥有搜索、营救、毒危险品检测、扑火、应急医疗救援、灾害现场指挥与保障等比较完备的专业知识体系，任职制度完善，队伍结构与出队机制比较健全。

美国各级政府的应急管理部门中，大多建有应急运行中心及备用中心，以便发生灾难时相应部门的人员进行指挥和协调活动。国家应急管理学院是美国最权威、最有影响力的国家级应急管理教育培训机构，也是集应急教育培训、演练和咨询为一体的国家级综合平台。

美国拥有领先的应急准备能力，完成了《国家重大突发事件情景规划》《通用任务清单》《目标能力清单》，发布了《集成规划系统》《综合准备指南 101：开发和维护操作预案》。监测与预警方面，美国拥有“综合公共预警与警示系统”（IPAWS），这是美国从上到下统一的预警系统，能够在战争、恐怖袭击、自然灾害和其他危险发生的情况下，以多种渠道和方式对尽可能多的美国人发出预警和警示。指挥控制方面，美国的联邦、州、市级应急响应平台以及相应的移动平台，科技含量高、综合应用集成度高，平台功能强大，具备监测预警、风险分析、智能决策、综合协调、应急联动与灾后评估等功能，能够实现公共安全应急的统一化、动态化、准确化与及时化。依托《国家突发事件管理系统》，美国在重大自然灾害等突发事件与事故处置中实现了现场事态可视、协同高效指挥和智能辅助决策。美国下一代 911（NG911）系统是跨各州的全美互联的应急通信专网，并实现与加拿大、欧洲[①]的互联。美国的 P25 窄带专网与 FirstNet 宽带专网，能够提供全国性专用无线应急通信。

第四节　我国应急管理的实践探索

应急管理作为社会治理的一部分，在打造共建共治共享的社会治理格局中，正越来越受到社会各方的高度关注。我国的应急管理事业经过 70 多年的发展，取得了包括战胜新冠疫情在内的显著成绩。2020 年全国“两会”有关应急管理的建议、提案数量“猛增”，与 2019 年相比增加了 201%。2020 年全国应急管理工作取得了新中国成立以来“三个历史最低、两个历史首次”的成绩。随着我国经济社会的进一步发展，在党的正确领导下，我国的应急管理事业必将取得更大成绩。

① 欧盟建立的应急协调反应中心，可在第一时间与各成员国以及分布在全球 6 大区域的 44 个分支机构实现突发事件灾情信息实施互通和共享，可在接收到灾情 24 小时内做出科学决策。

一、我国应急管理体系发展

我国的应急管理体系经历了“单灾种管理”到“协同应急管理”再到“综合应急管理”的三个发展阶段，体系不断完善，能力不断提高，目前正在进入总体国家安全观统领下的中国特色应急管理体系建设时期。

（一）单灾种管理阶段（1949—2003 年）

从 1949 年至 2003 年“非典”，是单灾种管理时期，灾害应对以地方政府为主，具有鲜明的时代特色。应急管理模式是事件发生后，由各政府部门临时组成应急管理部门，以议事协调机制为主。这一阶段应急管理的特点可以总结为：体制与机构高度集中，部门分割、权责独立，应对机制与规则不稳定，能力和技术较低，环境与文化简朴稳定、纪律性强。进入 20 世纪 80 年代后，虽然社会整体出现了巨大的变化，仍旧实行的是以各政府专业部门主导、各级政府分级负责为主要特征的应急管理体制，沿袭了以各专门法来规范不同类型突发事件应对的做法。

单灾种管理模式的不足之处在于：风险意识不强，反应比较迟钝；自下而上的社会组织能力相对不足；不同部门、不同地方缺乏协调，综合协调能力不够；沟通交流困难，信息公开不够。

（二）协同应急管理阶段（2003—2018 年）

这一阶段从 2003 年起至 2018 年决定组建应急管理部为止，是以“一案三制”为核心的应急管理体系时期。这一时期又分为两个阶段，第一阶段是从 2003 年发现“非典”疫情到 2008 年，我国开始“一案三制”应急管理体系建设，以及应急管理的目标定位、组织架构、功能职责、技术手段和管理模式的全面改革，出台了《国家突发公共事件总体应急预案》《中华人民共和国突发事件应对法》等法律法规，标志着应急管理框架体系的基本形成。第二阶段是从 2008 年到应急管理部成立，是应急管理体系配套完善阶段，包括完善应急预案体系，优化整合应急救援队伍，建立全灾种、全流程、全方位的现代应急管理模式。

这一时期，我国的应急管理实现了历史性的跨越，各级领导和全社会都开始高度重视应急管理工作，国家应对各种突发事件的能力也显著提高。2008 年，中国大灾多发、多灾并发。战胜冰雪灾害和经受住

“5·12”汶川特大地震考验，以及对一系列生产安全重特大突发事件的成功处置，显示我国的应急管理成效显著、成绩斐然。“一案三制”经受了严峻考验，发挥了重要作用，成为中国应急管理的重要里程碑。然而，从新的突发事件中又看到新的问题，比如：应急响应速度不够，应急管理机构职责不清，应急预案的有效性和可操作性、应急保障和应急救援不足、功能和作用不够。

（三）综合应急管理阶段（2018 年至今）

2018 年应急管理部的组建，标志着我国应急管理工作进入法治化、制度化、规范化、现代化的新发展阶段。从组织结构看，这一时期的应急管理主要体现为重新定义和优化了党政军、政企社在应急管理中的关系、调整了中央和地方在应急管理中的职责、整合了政府部门，强化了综合应急。

应急管理部的成立，拉开了我国大应急时代的序幕。至今，全国各省、市、区县均已成立相应的应急管理厅局，应急管理工作的系统性、整体性、协同性不断增强。这一里程碑意义的改革，为解决多年来应急管理工作中条块分割、机制不顺、资源分散等弊端提供了体制支撑。以此次改革为契机，我国应急管理体系建设跨入了新的历史阶段。

“备豫不虞，为国常道。”当前，我国应急管理体系还存在很多短板和不足，对大灾、巨灾和危机的应急准备亟待加强，“四个精准”（预警发布、抢险救援、恢复重建、监管执法）亟待提高，应急管理体制机制有待健全，法律法规、标准和预案有待完善，基层基础仍显薄弱，城市脆弱性凸显。迎来新时代，踏上新征程。要以习近平总书记在学习贯彻党的十九大精神研讨班重要讲话为指引，增强忧患意识，防范风险挑战，在攻坚克难中不断把应急管理事业推向新境界。

二、我国应急管理能力现状

（一）应急救援力量

应急救援能力是应急管理的核心能力。我国应急救援力量的组成主要包括国家综合性消防救援队伍、各类专业应急救援队伍和社会应急力量。

2018 年 11 月 9 日，习近平总书记向国家综合性消防救援队伍授旗并致训词，标志着我国专业性应急救援力量正式成立。这是党中央适应国家治理体系和治理能力现代化作出的战略决策，是立足我国国情和灾害事故特点、构建新时代国家应急救援体系的重要举措。组建一年，国家综合性消防救援队就完成120多万起应急救援任务，营救疏散66万多名遇险群众。

国家综合性消防救援队伍是我国应急救援的主力军和国家队。各类专业应急救援队伍是国家综合性消防救援队伍的重要协同力量，主要由地方政府和企业专职消防、地方森林（草原）防灭火、地震和地质灾害救援、生产安全事故救援等专业救援队伍构成，担负着区域性灭火救援和安全生产事故、自然灾害等专业救援职责。另外，交通、铁路、能源、工信、卫生健康等行业部门都建立了水上、航空、电力、通信、医疗防疫等应急救援队伍，主要担负行业领域的事故灾害应急抢险救援任务。我国已建设了覆盖矿山、危险化学品、油气田开采、隧道施工等行业领域的85支国家级安全生产应急救援队伍，全国有各类安全生产应急救援专业队伍1000余支共计7.2万余人[①]。

社会救援队伍是专业救援力量的有力补充。据2019年摸底调查显示，我国社会救援队伍有1200余支，依据人员构成及专业特长开展水域、山岳、城市、空中等应急救援工作。另外，一些单位和社区建有志愿消防队，属群防群治力量。同时，人民解放军和武警部队是我国应急处置与救援的突击力量，担负着重特大灾害事故的抢险救援任务。

公共安全关系到千家万户，应急事业需要全体社会成员的参与。大量社会救援力量以及一些兼具应急功能的志愿力量，体现出全主体、全社会参与。在新冠肺炎疫情防控期间，在党的领导、政府负责下，各行各业的全面组织动员、人民战争的实践，生动诠释了我国参与应急事业的巨大力量。

（二）安全应急产业

安全应急产业是应急管理部2020年对安全产业和应急产业整合形成

---

① 国家应急管理部副部长孙华山2019年3月2日在国新办举行的国务院政策例行吹风会上透露的信息。

的，是“为各类安全保障及应急处置活动提供专用技术、产品和服务的产业”。与其他产业相比，安全应急产业是多主体、多对象、多维度、多层次、多组合、多目标的，领域广、行业大、企业小，军民结合、平战结合特点突出。比如，应急救援装备的需求量不稳定，需求的种类复杂多样，装备功能要求高，而且要求装备之间较高的配套性和协同性。需求变动往往导致装备需求量维持在较低水平，对企业技术、设备、人员等资源配置都提出了挑战。

在政府大力引导和支持下，我国应急产业不断壮大，应急产业体系和上下游产业链接关系逐步建立，基本形成长三角、珠三角、京津冀、西南和中部五大产业聚集区。部分地区开始了应急产业园建设；民营经济比较发达的浙江、江苏等省，一些民营资本开始按商业化模式，自主投资应急产业园建设，应急产业发展的规模效益正在显现。截至 2020 年 1 月底，我国共设立了 20 家国家应急产业示范基地、6 家国家安全产业示范园区（含创建）。据机构预测，到 2026 年应急产业市场规模可以达到 32891.5 亿元。然而，我国地域辽阔，不同区域面临不同的灾害类型，应急技术装备就地、就近生产和使用的产业区域布局还没有形成。

应急装备制造业是应急产业的核心。目前，我国应急装备的能力和技术水平还难以满足国内快速发展的应急管理事业的需要，存在可靠性不足、关键性能指标不高（如高层楼宇灭火中举高消防车举升高度）、特种救援设备缺乏（如森林、草原火灾防火隔离带快速开辟的专用设备）、专门应急救援装备不足等问题。截至 2019 年底，应急产业的相关发明专利申请共计 25376 件。作为一个拥有万亿市场规模的大型新兴产业，其发明专利申请数量却远低于新材料中的细分领域石墨烯。可以看出，企业对应急产业研发的关注度不够。这既有企业自身的原因，也有政府扶持力度不够的问题。

我国应急产业发展不均衡的矛盾较为突出。2019 年我国应急产业市场规模达到 14878.4 亿元，其中处置救援、监测预警、预防防护、应急服务的市场规模分别达到 8331.90 亿元、3570.82 亿元、2678.11 亿元、297.57 亿元，占比分别为 56%、24%、18% 和 2%，应急服务产品发展严重滞后。我国 20 家应急产业示范基地主要集中在华东地区，共有 7 家，占全国的35%，其次是中南和华北，分别占20%和15%。[①]

国内应急市场的用户主体目前主要是政府和专业救援队，志愿者救援市场及公众市场还没有得到充分开发。另外，公共安全理念尚处提升阶段，家庭自主购买应急产品意愿不强，机关企事业单位配备应急产品缺乏相应规范，应急产业潜在市场还没有完全转化为实际需求。和国外相比，国内市场规范化管理和准入门槛尚未完全形成，除消防和医疗救援等较成熟的领域外，其他领域的检测和认证体系缺失，迫切需要安全应急领域的行业组织加强这方面的工作。

（三）应急科技与学术

应急管理既是一个管理问题，也涉及复杂的科学技术问题。应急科技是推动我国应急管理专业化、规模化、标准化的动力，是应急管理创新的源泉。

应急管理科学技术兼具科学化、专业化以及综合性、多学科交叉的特点，内容广泛，发展迅速。应急管理的监测预警、指挥救援、决策支持等核心业务领域，很大程度上依赖于先进的应急管理理论方法和技术支持。欧美发达国家高度重视重大自然灾害与事故防治研究，引领相关领域国际科技发展方向与前沿。我国在应急管理领域也开展了若干重大计划和重大项目研究。比如，国家重点研发计划"重大自然灾害监测预警与防范""公共安全风险防控与应急技术装备"，国家重大科技工程"深井灾害防治技术研发应用""空间信息智能感知"，国家自然科学基金委"非常规突发事件应急管理研究"重大研究计划，等等。

随着科研投入大幅度增加，一批重大科研成果支撑了应急救援工作，高科技装备在应急救援中发挥了重要作用。中国安科院的"重大危险源安全监管与应急决策指挥平台"，已经在北京、新疆、河北、江苏、浙江等十多个省市得到推广应用。三一重工基于物联网、虚拟现实技术的应急抢险车辆远程遥控平台，可以应用到有毒环境、危险隧道、灭火救援、

① 2019年5月，全国应急产业联盟、工信部中小企业发展促进中心和中国船舶重工集团公司714所发布的《我国应急产业发展报告》，其中对全国近3000家企业、近万种产品信息进行分析。

悬崖开路、爆炸现场清理等各种高危救援现场作业。与此同时，尖端应急救援装备能力不断提高，在实际应用中发挥着重要作用。

大数据分析、网络通信技术、地理信息系统、卫星和航拍技术、废墟生命搜救技术等是我国在应急管理领域具有优势的技术领域。例如，井下无线宽带视频通信系统、多功能集成式救援装备车、多功能集成式充气发电照明车、潜水电泵整机核心技术、喷射消防车、涡喷消防车等已达到世界先进水平。液态二氧化碳灭火装置、排水快速管接头、井下探测机器人等技术装备取得了重大突破。

应急管理学科建设和人才培养是应急管理工作的重要源头之一。2020 年 2 月 21 日，武汉理工大学申报的应急管理本科专业成功获批，这是在国家应急管理体制改革转型之际，在疫情防控的关键时刻，教育部批准设立的我国首个应急管理本科专业。3 月 18 日，教育部规划中心联合应急管理部，遴选出 19 所高校开建应急管理学院，并计划用 3 年左右时间，在全国依托合作院校建设 100 所实体化应急管理学院。10 月 26 日，应急管理部办公厅印发《关于开展 2020 年度应急管理部重点实验室申报工作的通知》以及相关管理办法，确定围绕基础性研究、关键技术攻关、先进装备研发、高新技术应用四大方向，布局建设重点实验室。

三、我国应急管理成绩斐然

我国灾害种类多、分布地域广、发生频率高、灾害损失严重是基本国情。进入 21 世纪以来，我国进入了一个充满危机的高风险社会，伴随现代化进程和社会转型的是频繁的各类重大突发事件，2003 年“非典”、2008 年南方冰灾和汶川地震、2019 年持续至今的新冠疫情等，对人民群众生命财产安全和国家安全造成了重大挑战。在党中央集中统一领导下，我国不仅战胜了历次的重大灾害，而且国家应急管理体系不断完善，应急管理能力不断提高，应急事业进入高质量发展阶段。2018 年全国自然灾害因灾死亡失踪人口、倒塌房屋数量和直接经济损失同比近五年平均值分别下降 60%、78% 和 34%，安全生产事故总量、较大事故、重特大事故同比实现“三个下降”。2020 年，全国应急管理成绩更为显著，取得了新中国成立以来“三个历史最低、两个历史首次”的成绩，即自然灾害死亡失踪人数历史最低、生产安全事故起数和死亡人数历史最低、重特大事故起数和死亡人数历史最低，首次未发生特别重大事故，首次化工、烟花爆竹、非煤矿山、工商贸等重点行业领域同时未发生重特大事故。

我国应急管理事业的成绩，是坚持“以人民为中心”的根本宗旨、在党的集中统一领导下取得的，是我国制度优势的充分体现。这些成绩，不仅保护了国家和人民生命财产安全，更增强了全党和全国人民的道路自信、理论自信、制度自信和文化自信。

第五节　特大城市应急管理体系和能力建设

近年来，各省市加快推动应急事业高质量发展。下面重点分析天津市应急管理体系和能力建设。

一、天津市应急管理的现状

天津市是中国北方沿海特大城市、全国四个直辖市之一，坐落在华北平原东北部，北依燕山，东临渤海，位于大清河、子牙河、南运河、北运河、永定河汇合处，地处海河流域的九河下梢。根据2020年第七次全国人口普查结果，2020年全市常住人口1386.60万。

（一）应急管理的特点和要求

地理位置及经济社会特征，决定了天津市应急管理工作的显著特点和要求。

首先，天津市的自然灾害种类多，破坏力大，包括地震、风暴潮、地面沉降、洪涝灾害、旱灾等，特别是面临比较严重的洪涝灾害威胁。当海河流域发生暴雨时，天津地区就会面临洪水的压力。北方城市建设缺乏南方城市防水的概念，容易形成小雨小淹、大雨大淹的城市内涝问题。随着城市进程加快，城市内涝问题更加突出。同时，东部的渤海湾是风暴潮的高发地区，受风暴潮顶托，河道排水常常受到影响。因此，天津市的防汛要“上防洪水、中防内涝、下防海潮”。

其次，天津市人口密度大、工业化水平高，风险源密集，潜在风险高，安全压力大。天津滨海新区北接唐山重型工业制造集中区域，南邻沧州等化工产业密集区，是京津冀沿海地区制造业的核心，也是中央对京津冀整体布局中明确的先进产业制造基地，涉及石油化工、仓储物流、食品加工、生物制药、汽车及装备制造等五大门类重点行业。天津港是中国北方最大的综合性港口，经常性地存储、装卸、运输大量危险货物，现代港口系统的高度复杂性在危险货物属性的作用下具备了高风险特征，存在火灾、爆炸、有毒有害气体泄漏造成重大人员伤亡和财产损失等安全事故风险，以及由此产生的环境风险和更大范围的经济、政治、社会稳定风险。

最后，天津市应急管理要适应京津冀区域协同发展的要求和挑战。京津冀地区城市都呈现人口密度大、运转负担重的特点，在我国北方乃至全国的经济地位都非常重要。京津冀地区的联合发展规划是我国国家层面的一项重要战略，推动京津冀协同发展取得新的更大进展是必然的发展趋势。然而，扩大的城市群也带来了公共安全环境的复杂化，以及突发事件跨域化，大面积停电等公共危机应急成为区域协同发展的新挑战。

（二）应急管理体系和能力建设现状

2018 年 11 月 30 日，天津市应急管理局于正式挂牌成立。目前，天津市应急管理大部分工作在天津市应急管理委员会领导之下开展，应急管理体系建设重点放在了应急指挥体系、应急队伍体系、应急预案体系三个方面。在应急指挥体系方面，应急委下设 14 个专项指挥部，市政府建设了应急指挥系统平台；在应急队伍体系方面，以消防救援队伍为主干，气象、通讯等 8 个专业部门协同配合，道路抢险、医疗救援、燃气、防汛抢险、电力、环保、气象、危化品等不同灾种的 16 支专业队伍为支撑；在应急预案体系方面，在总体应急预案体系已经完成的基础上，注重组织协调和管理体制，以及专项预案的可操作性。

天津市各区陆续成立了区应急管理局，并从各自实际出发，进行了不同的探索实践。

蓟州区集山区、林区、洼区于一体，是天津市灾种最全的一个区。蓟州区探索应急管理“1+4+5”模式，注重发挥区安全委员会办公室综合协调作用，建立完善四项协同机制，抓实应急预案修订条例、应急救援演练、应急保障能力建设、社区应急能力建设、应急队伍建设五项基本工作。

滨海新区是天津市第一大区，体量庞大且危化品企业众多，危化品生产安全事故风险极大。滨海新区对制度体系、应急指挥体系、信息报警体系、应急救援体系预警报警体系、突发事件应急处置体系分“六步走”逐渐建立起了适应自身实际情况的应急管理体系。

河西区是天津市中心城区，产业结构比较复杂，居住、商务楼宇密集，重大风险源包括城市工业风险和城市建筑风险，前者如危险化学品经营单位、加油站、粉尘涉爆企业等，后者如饭店、学校、宗教场地等人员密集场所，以及一些高层建筑、老旧居民小区等。对此，河西区以应急预案为抓手，除了总体预案，街道、社区、中小学校、企业分别建立了相应的应急预案。

西青区重点打造西青区应急指挥中心，将公安、消防、安监、环保、水务、气象等相对独立的部门指挥平台进行整合，构建起了集信息报送、视频同步、融合通信、队伍直连、物资统配等功能为一体的应急指挥中心。

二、天津市应急管理高质量发展的思考

2020 年 11 月 27 日，《中共天津市委关于制定天津市国民经济和社会发展第十四个五年规划和二〇三五年远景目标的建议》通过，其中一个主要目标是治理效能得到新提升，内容包括：社会治理水平明显提高，防范化解重特大风险体制机制更加健全，突发公共事件应急能力显著增强，发展安全保障更加有力。因此，发展高质量的应急管理，已经成为天津市的共识。

（一）坚持党的集中统一领导，确保制度优势的效能转化

党的十九届四中全会通过的《决定》明确指出：“把我国制度优势更好地转化为国家治理效能，为实现‘两个一百年’奋斗目标、实现中华

民族伟大复兴的中国梦提供有力保证。”应急管理是国家治理体系和治理能力的重要组成部分，把我国制度优势转化为应急治理效能，是新时代应急管理体系和能力建设必须思考的时代命题。

我国的国家治理体系，其根本宗旨是以人民为中心，最大优势在于中国共产党的领导。人民是历史的创造者，为人民服务是国家治理的根本目的。人民必须组织起来才能创造历史，“以人民为中心”必然要求确立代表人民利益的政党的领导地位。只有以党为核心，才能做到集中力量办大事、办急事、办难事；只有依靠党的绝对领导，才能确保我国应急管理体系和能力的总体性、方向性、系统性和协同性，中国特色社会主义的制度优势才能转化为应急管理的高效能。

（二）坚持“两个至上”理念，实现应急事业的价值皈依

应急管理的所有工作，都是为了让人民群众获得充实和可持续的幸福感和安全感。党和政府始终把人民至上、生命至上作为应急管理各项工作的根本要求，视作应急管理质量的唯一标准。因此，必须从人民群众的立场，谋划应急管理事业的改革发展，必须用人民群众的利益，衡量应急管理工作的得失成败。

一是确立人民群众在应急管理工作中的主体地位，以共建共治共享构建社会治理共同体。建立健全联防联控、群防群控机制，壮大志愿者队伍、鼓励志愿服务，完善应急管理社会组织体系。加强信息公开，畅通参与渠道，搭建评议平台，强化制度保障，建立全民监督评价体系。举办科普宣教、培训演练、场馆体验等活动，激发群众参与热情，培养群众安全意识，完善群众安全教育体系。

二是确立生命安全在应急管理工作中的核心地位，用严抓严干严考增强社会治理核心力。在制定政策和规划时，把与人民群众的生命健康、人身安全、生存环境有关的事项作为优先事项。在执行政策和任务时，把挽救群众生命、保证群众安全的工作视作第一工作。在监督和考核成效时，把是否保障了群众安全和利益作为核心指标，对影响这些因素的工作重点监测，在计分时优先赋权。

（三）加强顶层设计，健全应急管理体系

应急管理是一项跨层级、跨地域、跨系统、跨部门、跨业务的复杂

的系统工程。世界各国成功经验告诉我们，特大城市管辖区域大，各种要素高度集聚，机构单位层级多，隶属关系不尽相同，导致危机的风险点多，救援处置条件复杂，反应时间有限。没有统一完备的应急管理体系，就难以有效应对各类突发事件。

首先，构建特大城市应急管理体系，必须坚持系统思维，运用系统工程方法论，深刻理解应急管理在国家治理中的地位，把应急管理功能嵌入式地融入已有的社会组织体系中。这既是“统筹发展和安全两件大事”方针所要求的，也是走出一条经济节约高效的中国特色应急管理道路的重要路径。

其次，应急管理顶层设计要适应“全灾种、大应急”任务需要，从全局高度科学设置应急管理预案和体制机制。要充分掌握应急管理的实践基础，找到关键环节、确定科学思路、规划完善架构、全面融合发展、解决重大问题，统筹抵御处置各类灾害事故，大力推动理念、职能、能力、装备等方面的转型升级。

最后，天津市应急管理体系建设必须置于京津冀区域协同发展以及全国一盘棋的应急管理这个大框架之下，以国家总体安全观为指导，构建体系完备、协调一致、创新发展的应急管理体系。

（四）发挥科技优势，提升应急管理能力

习近平总书记在中央政治局第十九次集体学习时指出：“要强化应急管理装备技术支撑，优化整合各类科技资源，推进应急管理科技自主创新，依靠科技提高应急管理的科学化、专业化、智能化、精细化水平。要加大先进适用装备的配备力度，加强关键技术研发，提高突发事件响应和处置能力。要适应科技信息化发展大势，以信息化推进应急管理现代化，提高监测预警能力、监管执法能力、辅助指挥决策能力、救援实战能力和社会动员能力。”

新时代应急管理对象和事务增多、幅度和难度加大，对应急管理能力提出了更高要求。天津科技创新实力强劲，在信息技术、人工智能、装备制造、生物医药、新能源新材料等重点领域实力雄厚。2019 年 1 月 17 日，习近平总书记莅临天津视察指导工作，提出天津要打造自主创新的重要源头和原始创新的主要策源地。天津市综合科技创新水平指数达到 81.17%，继上海、北京之后，连续 17 年稳居全国第三位[①]。信创产业是天津的优势产业，目前拥有从芯片、CPU 到操作系统、终端，以及超算、网络安全、数据库等相对完整的自主可控的产业生态。天津应该用好“信息技术”这个武器，让信息化成为推进应急管理体系和能力现代化的强大引擎，不断提高防灾减灾救灾的科学化、专业化、智能化和精细化水平。要积极运用大数据、人工智能、云计算等数字技术，实现智慧高效的应急管理，提高重大风险感知的灵敏度、风险研判的准确度和应急反应的及时度，提升多灾种和灾害链预报预警能力。要融合装备制造和信息技术两个特长，赋能和提高应急装备的技术性能和使用性能，大力发展高端应急装备。要发挥人才优势，在应急管理基础理论方法和关键技术以及人才培养上，为应急管理事业提供更有力的支撑。

（五）夯实基层基础，筑牢防灾减灾救灾的人民防线

2018 年全国“两会”期间，习近平总书记在参加重庆代表团审议时强调：“中国特色社会主义大厦需要四梁八柱来支撑，党是贯穿其中的总的骨架，党中央是顶梁柱。同时，基础非常重要，基础不牢、地动山摇。”2020 年 2 月 10 日，习近平总书记在北京市调研指导新冠肺炎疫情防控工作时强调：“要广泛发动和依靠群众，同心同德、众志成城，坚决打赢疫情防控的人民战争。”实践证明，面对重大危机事件，基层广大人民群众在党组织和广大党员团结带领下，坚决贯彻党中央决策部署，展现出强大力量。

基层是国家应急管理体系的“神经末梢”，也是做好应急管理工作的重要基石、前沿阵地。基层应急管理工作薄弱，干部和人才队伍建设滞后，是目前我国应急管理体系的一个短板。要从完善组织体系、细化应急预案、做好应急准备、开展应急演练、加强物资保障等方面，增强基层应急管理能力。要健全常态化管理和应急管理动态衔接的基层治理结构，构建网格化管理、精细化服务、信息化支撑、开放共享的基层管理服务平台，构建多方参与的社会动员响应体系。

要积极实施“以社区为基础的灾害风险管理”，吸纳社会力量参加基

① 根据中国科学技术发展战略研究院编著的《中国区域科技创新评价报告（2019）》。

层应急救援，人人成为自我安全的责任人，成为社区安全应急的参与者。为有效应对频发多发的自然灾害，国际社会积极探索减灾社区的模式。世界卫生组织推出了“安全社区”，美国政府推动建立了“防灾型社区”。其他国家虽然没有在国家层面设立防灾减灾类的示范社区，但也都开展了“以社区为基础的灾害风险管理”。其经验对提高天津市社区灾害管理水平具有积极的借鉴价值。

（六）运用综合集成，加快应急管理体系和能力现代化

应急管理体系和能力的现代化，包含了各系统、各要素，以及系统和要素之间关系的不断演化，是在共同目标的驱动下，通过信息的收集、交互和共享，相互调整、互相适应、协同行动，达成“总体协调、系统优化”的过程。

天津应急管理具有特大型城市和重大突发事件的双重高度复杂性，多元主体参与和双重高度复杂性交杂，处置不当极易导致治理碎片化困境。整体性治理是应对碎片化困境的良策。违背系统整体性，将应急管理体系视作简单系统的机械还原论思想，很可能导致看起来很完美、实际上有很多漏洞的结果。比如，完美的制度设计可能导致救援的迟缓，明确的权力划分可能导致应急物资储备不足，美国已经通过多个失败的应急响应案例为人们提供了反面教材。

因此，实现天津应急管理体系和能力的现代化，需要科学的方法论指导。从定性到定量的综合集成方法，是开放的复杂巨系统演化的方法论，也是适合于天津应急管理体系的科学的方法论。综合集成方法的实质，是将应急管理专家体系，数据、信息与知识体系，以及计算机体系有机结合起来，构成一个高度智能化的人机结合与融合体系。这个体系具有综合优势、整体优势、智能和智慧优势。运用综合集成方法，采取“一个总体部、两条指挥线”管理模式，积极探索实践，建立健全反馈机制，促进应急预案科学化、应急管理制度化，不断提升天津应急管理体系和能力的现代化水平。

参考文献

[1]《习近平关于防范风险挑战、应对突发事件论述摘编》，中央文献出版

社 2020 年版。

[2] 薛澜:《新时代我国应急管理工作面临的挑战》,《人民周刊》2020 年第 7 期,第 88—89 页。

[3] 闪淳昌:《进一步完善我国应急管理体制机制》,《秘书工作》2020 年第 7 期,第 24—26 页。

[4] 李明:《"两个至上"是应急管理高质量发展终极价值依归》,《中国应急管理报》2021 年 4 月 7 日。

[5] 马彦涛、于永达:《中国应急管理现代化的基本内涵、主要挑战与实现路径》,《学术探索》2020 年第 4 期,第 55—63 页。

[6] 刘文祥、胡建宇:《改革开放以来我国安全与发展关系的演变及动因》,《党政干部论坛》2021 年第 4 期,第 16—20 页。

[7]《快速发展带来城市安全问题与挑战》,《中国应急管理》2020 年第 1 期,第 9—10 页。

[8] 罗勇、郭占峰、缪旭明:《气候变化对应急管理工作带来的挑战》,《中国应急管理》2009 年第 2 期,第 25—28 页。

[9]温志强:《制度优势转化为应急治理效能的方法与路径》,《中国应急管理》2021 年第 3 期,第 25—35 页。

[10]宋元涛、王大伟、杨春立等:《以信息化加速推进应急管理现代化》,《中国应急管理》2021 年第 6 期,第 15—25 页。

[11] 张广泉、董传仪、孙守军等:《对我国应急管理科技自主创新发展趋势的预期和判断》,《中国应急管理》2020 年第 12 期,第 16—19 页。

[12] 付瑞平、温志强、崔钰琳:《中国特色应急管理体系的天津实践》,《中国应急管理》2019 年第 11 期,第 15—18 页。

撰稿人:金光,国防科技大学研究员、博士生导师

第十一章　超大城市治理与高质量发展

超大城市是开放的复杂巨系统，超大城市治理则是一项复杂的系统工程，需要认真贯彻落实党中央和习近平总书记关于城市治理系列讲话精神，从系统工程的视角来分析“城市病”的病因并提出应对策略，推动城市高质量发展。

第一节　党中央关于城市治理能力现代化的思想

以习近平同志为核心的党中央高度重视城市治理工作，2020 年 3 月，在杭州考察时，习近平总书记指出：“推进国家治理体系和治理能力现代化，必须抓好城市治理体系和治理能力现代化。”党的十八大以来，在我国社会主要矛盾转换、经济转入高质量发展、城镇化加速推进、大城市快速扩张的时代背景下，针对城市治理的新问题、新趋势与新挑战，习近平总书记紧紧围绕新时代“实现什么样的城市治理、怎样实现城市治理”等问题，提出一系列新要求新论断，为新时代做好城市管理工作提供了根本遵循。

一、建设中国特色现代化城市

城市化是现代化的必由之路。2015 年召开的中央城市工作会议就提出“城市是我国经济、政治、文化、社会等方面活动的中心，在党和国家工作全局中具有举足轻重的地位。”“城市是引领全面建成小康社会和加快实现现代化的‘火车头’。”“城市在我国经济社会发展、民生改善中发挥了重要作用。”中央要求要“贯彻创新、协调、绿色、开放、共享的发展理念，坚持以人为本、科学发展、改革创新、依法治市，不断提升城市环境质量、人民生活质量、城市竞争力，建设和谐宜居、富有活力、各具特色的现代化城市”，将中国特色现代化城市确立为我国城市治理的目标。在此次会议上，习近平总书记首次提出“提高新型城镇化水平，走出一条中国特色城市发展道路”。早在浙江工作时，他就从全面建设惠及全体人民小康社会的战略高度提出了新型城镇化的战略思想，提出要积极鼓励和引导人口城市化。并强调指出城市的核心是人，深刻揭示了新型城镇化以人为本的本质要求。要求城市建设“要以城市群为主体形态，科学规划城市空间布局，走大中小城市和小城镇协调发展的城市化道路。”必须认识、尊重、顺应城市发展规律，“要以自然为美，把好山好水好风光融入城市”“要树立系统思维，把安全工作落实到城市工作和城市发展各个环节各个领域”“城市治理是国家治理体系和治理能力现代化的重要内容，一流城市要有一流治理”。在这些思想引领下，形成了《中共中央关于制定国民经济和社会发展第十四个五年规划和二〇三五年远景目标的建议》中“推进以人为核心的新型城镇化。实施城市更新行动，推进城市生态修复、功能完善工程，统筹城市规划、建设、管理，合理确定城市规模、人口密度、空间结构，促进大中小城市和小城镇协调发展”的指导方针，并最终落实到《中华人民共和国国民经济和社会发展第十四个五年规划和 2035 年远景目标纲要》中，提出了“推进新型城市建设”“提高城市治理水平”“推进市域社会治理现代化”的目标任务。

二、强化党建引领

党的十八大以来，习近平总书记围绕加强和创新基层社会治理作出一系列重要论述和指示批示，为进一步完善城市治理体系提供了根本遵循。党的十九届五中全会强调：“健全党组织领导的自治、法治、德治相结合的城乡基层治理体系”。这是以习近平同志为核心的党中央就加强和创新城市治理作出的重要部署、提出的明确要求。习近平总书记指出："推进国家治理体系和治理能力现代化，必须抓好城市治理体系和治理能力现代化。"抓好城市治理，根本上要靠党的领导。城市是人口和资源高度集聚的地方，解决好城市尤其是超大型城市的民生服务等问题，是关系到党的执政基础的重大政治问题。习近平总书记强调，"党的工作最坚实的力量支撑在基层，经济社会发展和民生最突出的矛盾和问题也在基层，必须把抓基层打基础作为长远之计和固本之策，丝毫不能放松。""要推动社会治理重心向基层下移，把更多资源、服务、管理放到社区"，这是党建引领城市基层治理的基础和前提。在城市治理的过程中，基层党组织是引领城市治理的主阵地、总攻手，要加强党的全面领导和党的建设，树牢城市党建"一盘棋"思维，发挥党组织的资源优势，充分组织、凝聚基层党员干部带头参与社会事务，把群众需求作为工作的出发点和落脚点，党建引领为城市治理把脉定向、赋能增效、保驾护航。

三、坚持以人民为中心

城市的核心是人，人民对美好生活的向往，就是城市管理的方向。习近平总书记强调："城市是人民的，城市建设要贯彻以人民为中心的发展思想，让人民群众生活更幸福。""做好城市工作，要顺应城市工作新形势、改革发展新要求、人民群众新期待，坚持以人民为中心的发展思想，坚持人民城市为人民。这是我们做好城市工作的出发点和落脚点。""提高城市治理现代化水平，开创人民城市建设新局面。"2019 年 11 月在上海杨浦滨江考察时，习近平总书记首次提出了"人民城市人民建，人民城市为人民"的重要论断和城市治理理念，深刻阐明中国特色社会主义城市治理的价值取向、治理主体、目标导向、战略格局和方法路径，为推动新时代中国城市的建设发展治理、提高社会主义现代化城市的治理能力提供了根本遵循。城市建设得如何，归根到底要由人民来衡量。城市治理的根本目的是让人民过上更加美好的生活，其治理过程必须要有广大人民群众的参与，治理成果必须由人民所共享，治理绩效必须由人民来评判。因此，提高城市治理现代化水平，就必须坚持以人民为中心，不断增强人民群众的获得感幸福感安全感，让人民群众生活更幸福；就要坚持人民群众在城市治理中的主体地位，把让人民宜居安居放在首位，坚持群众路线，尊重群众首创精神，深入调查研究，问政于民、问需于民、问计于民，积极回应人民群众要求，把为人民服务切实体现到群众关心的小事上、贯穿于城市治理的细节中，让人民群众在城市生活得更方便、更舒心、更美好。

四、推进系统治理

党的十九届五中全会通过的《中共中央关于制定国民经济和社会发展第十四个五年规划和二〇三五年远景目标的建议》(以下简称《建议》)，提出要构建国土空间开发保护新格局，推动区域协调发展，推进以人为核心的新型城镇化。习近平总书记指出："系统观念是具有基础性的思想和工作方法"。城市治理是一项系统工程，需要坚持系统观念、运用系统思维、推进系统治理。习近平总书记对此有一系列论述："要坚持以人民为中心的发展思想，坚持从社会全面进步和人的全面发展出发，在生态文明思想和总体国家安全观指导下制定城市发展规划，打造宜居城市、韧性城市、智能城市，建立高质量的城市生态系统和安全系统"；"建设人与自然和谐共生的现代化，必须把保护城市生态环境摆在更加突出的位置，科学合理规划城市的生产空间、生活空间、生态空间，处理好城市生产生活和生态环境保护的关系，既提高经济发展质量，又提高人民生活品质"；"城市是生命体、有机体，要敬畏城市、善待城市，树立'全周期管理'意识，努力探索超大城市现代化治理新路子"；"建设好管理好一座城市，要把菜篮子、人居环境、城市空间等工作放到重要位置切实抓好"；"城市管理应该像绣花一样精细""提高城市管理水平，要在科学化、精细化、智能化上下功夫"等。这些论述的提出为"十四五"时期城市管理指明了努力方向。在经济高速发展和城镇化推进过程中，城市规划、建设、管理碎片化问题突出，随着城市规模扩大、经济发展多元、人口持续增加，各种城市病层出不穷，城市安全运行保障面临着前所未有的压力。这就需要秉持共建共治共享理念，以全周期管理思维，通过推动城市治理共同体建设，合理协调城市治理中多元主体的关系，对治理内容的系统集成和体系进行整合，以系统观念凝聚治理合力，实现治理内容的精化；同时，还要注意推动治理重心下移，打通城市治理的“神经末梢”，特别关注社区治理，提升基层治理能力形成高效畅通的治理系统。

五、推动科技赋能

2017 年，习近平总书记在十九届中共中央政治局第二次集体学习时提出了“审时度势、精心谋划、超前布局、力争主动”的国家大数据战略十六字方针，并强调“要建立健全大数据辅助科学决策和社会治理的机制，推进政府管理和社会治理模式创新，实现政府决策科学化、社会治理精准化、公共服务高效化”。2020 年 3 月，习近平总书记在浙江考察时指出：“运用大数据、云计算、区块链、人工智能等前沿技术推动城市管理手段、管理模式、管理理念创新，从数字化到智能化再到智慧化，让城市更聪明一些、更智慧一些，是推动城市治理体系和治理能力现代化的必由之路，前景广阔。”党的十九届五中全会通过的《建议》指出，加强和创新市域社会治理，推进市域社会治理现代化。以新型信息技术为代表的各种新技术的快速发展，为创新城市治理提供了更为有利的技术条件，带来了新机遇、新动能。新时代，推进城市治理体系和治理能力现代化，应坚持以人为本，深度融合新型智慧城市建设，加快建成技术支撑、数据驱动、智能融合、政策保障的智慧城市治理共同体。利用大数据、云计算、人工智能、区块链等现代科技和信息化手段，实现数据协同、业务协同和政企协同，破解“信息孤岛”，以智助管、以智便民、以智惠企，让社会治理过程更为智慧科学，提高城市治理的运转效率，为城市治理提供技术保障和支撑，增强城市治理决策的科学性，提升预测预警、风险防控的精准度，通过打造现代化、网络化、信息化、专业化的社会治理，在实现“十四五”规划和 2035 年远景目标的过程中，让科技更好地服务城市居民的美好生活，助推城市治理体系和治理能力现代化。

六、实施城市更新行动

城市是现代化的重要载体。党的十九届五中全会审议通过的《建议》

首次提出“实施城市更新行动”。2018 年 1 月，中办、国办印发《关于推进城市安全发展的意见》，提出“切实把安全发展作为城市现代文明的重要标志”,“打造共建共治共享的城市安全社会治理格局”。“十四五”时期，摊大饼式的城市发展模式已难以为继，亟须探索出一条具有中国特色的城市更新之路，实现经济、社会、生态、人文等效益融合共赢，打造更具韧性的幸福城市、活力城市、平安城市。实施城市更新行动，是适应城市发展新形势、推动城市高质量发展的必然要求，是推动解决城市发展中的突出问题和短板、提升人民群众获得感幸福感安全感的重大举措。实施城市更新行动，总体目标是建设宜居城市、绿色城市、韧性城市、智慧城市、人文城市，不断提升城市人居环境质量、人民生活质量、城市竞争力，走出一条中国特色城市发展道路。行动中应更加重视健康和安全，推动将健康融入城市发展，把全生命周期健康管理理念贯穿城市规划、建设、管理全过程各环节。重点是更新城市发展理念、开发方式、治理模式，推动城市发展从单一外延式扩张向规模式扩张与内涵式发展并重转变，推动城市功能要件从“有没有”向“好不好”、从传统式向现代化转变，推动城市治理从“要我做”向“一起做”转变，以城市更新回应民生关切、重塑城市空间品质、修复城市生态功能、提升城市发展能级，彰显城市功能美、和谐美、特色美，让人民生活更方便、更舒心、更美好，建设绿色化、智能化、人文化现代城市。

第二节　国外大城市治理能力现代化的创新做法

分析研究国外发达程度较高的城市治理现代化的做法，能为我国其他城市治理体系和治理能力现代化提供一定的参考。

一、东京推进治理现代化

二战后，东京城市化进程加快，人口急剧增长，在带来经济飞跃式增长的同时，也带来了巨大的负面影响。为此，城市管理者采取了一系列现代化治理措施，疏解城市压力，逐步形成了“中心区—副中心—周边新城—邻县中心”的多中心、多圈层、均衡化、宜居低碳的城市群格局。

（一）重视治理体系现代化

在机构设置上，设置核心区议会，负责制定针对性较强、可行性较高且成效显著的城市治理法规，摒弃繁杂的机构体系、严格的治理层级，选用扁平化的治理体系和精简的治理模式，职能部门按照精炼专业、分工清晰的原则配置整合。在参与和监督机制上，政府在城市治理的各领域、各环节都尽可能地调动政府以外的社会力量，尤其是高度重视民间志愿团的参与度，通过多元民主的力量，共同推进城市治理体系的现代化。同时，重视市民反馈意见，通过构建、完善相关机制，实现信息公开透明、意见表达通畅、监督反馈及时，适时举行听证会，充分发挥非政府力量的作用，使城市治理趋近于更为现代化的良性循环。

（二）重视治理能力现代化

在人口疏导方面，通过合理的产业结构引导人口分流，实现经济的合理布局及高度繁荣。颁布《工业控制法》，转移城市中心区域的劳动密集型产业和重工产业，大力发展知识密集型、资源集约型、技术密集型服务业，引导人口向郊区、城镇以及国外分流，减轻东京中心城区的压力。在环境治理方面，建立环境影响评估制度，对城市的所有大型建设项目实施事前、事中、事后全过程环境影响评估，根据评估及时采取减少环境负面影响的措施，项目开发者从立项到竣工建成使用全过程承担环保责任，评估结果在向社会公示的同时反馈给负责项目审批的权力部门，由专门的环境评估委员会全程监测跟进对环境影响评估执行情况。在缓解交通拥堵方面，大力发展轨道交通、城市高速路，运用智能化、数字化、信息化的交通系统，提高交通运行效率。在公共服务均等化方面，调整公共服务资源，将教育、医疗、文体设施尽量向环状居住带倾斜，尽量做到公共服务资源布局的均等化和均衡化。

二、新加坡推进治理现代化

新加坡城市治理现代化经历了从“花园式城市”到“花园中城市”的发展历程，其城市治理的模式和方法，为城市治理现代化提供了样板参考。

（一）重视治理体系现代化

完善的城市治理组织体系。城市治理遵循“建管分离”原则，其城市治理主要由环保部下属的环境卫生局、市镇理事会和公园及康乐局负责。作为政府的法定机构，它们之间权责明确，既不相互干涉，又能及时沟通协调，通过定期交流提升城市治理能力。其中市镇理事会负责大部分城市治理日常工作，是城市治理的主体。市镇理事会与政府、基层领袖、企业（公共产品 / 服务的承包商）和城市居民是和谐的伙伴关系，定期与建屋局、环境发展部等进行磋商、会谈，既向城市居民传递顶层设计的理念与内容，又与基层领袖沟通，搜集城市居民利益诉求，还定期与企业（公共产品 / 服务的承包商）交流，形成了高效的沟通机制，将城市治理拆解为居民、社会组织、企业、政府部门共同承担的责任，大家目标一致，共同发力，促进城市治理向现代化推进。引导公众参与。注重发挥公众参与城市治理的作用，制定多种措施引导公众参与。市镇理事会每两个月召开一次理事会会议，市民以城市建设者、规划者、监督者等身份参与，理事与居民共同商讨城市治理中的具体问题；城市规划开发、供给、需求等信息公开透明，广泛吸纳公众参与城市规划进程、提供反馈意见。完全的法制化。城市治理法律具有全面、严格、周密、具体、贴合实际及操作性强等特点，对城市当中的建筑物、园林绿化和广告牌等城市治理硬件都作了具体规定，对城市治理执法人员的行为标准也作了法律规范，既增强了可操作性又避免了随意性。其城市治理处罚名目广、力度大、监督监控体系健全、执法严格、违法成本高、震慑作用强，“高压”之下培养了市民良好的行为习惯。

（二）重视治理能力现代化

新加坡的城市治理能力现代化突出表现在公共基建设施方面。

规划理论前瞻。在城市规划上，坚持高起点、高质量原则，制定了以本岛中心区域为主体的“星座结构”、组团发展的城市空间布局和注重城市生态及古迹保护的城市发展规划，实现了非常高效能的区域功能分工，南海岸中部集中发展第三产业，打造国际化、前沿化的经贸区；西部为污染较高、能耗较大的重工化工等第二产业；东部建设国际机场、快速交通走廊等大型配套公共服务设施，配套建设以轻型工业为特色的新镇，适度综合发展。

完整的绩效考评制度。城市治理考评体系具有较强的系统性，指标构成覆盖面广、针对性强，每项指标都有很具体的评价标准，用客观、细化的具体评分标准取代人为主观的考评感受，最大程度减少考核中的主观因素，增强了城市治理评价的客观性和公正性。使城市治理有标准可依，具有很强的可操作性和指导性。

完善的城市基础配套设施。在布局公共服务设施的规划中，按照便民原则和资源配置优化原则，兼顾集合化和中心化来布局城市公共服务基础设施，实现公共服务设置标准化。建立“区域—次区域—新镇”三级中心的公共服务设施体系，不同级别的“中心”按照人口规模及布局设置相应规模、等级和功能的学校、医疗、商业和交通设施，实现最优匹配，减少居民出行、就近解决民生需要。

便捷高效的城市综合交通体系。交通体系结构科学、体系完善。路网规划集成了方格路网和放射状路网的优点，其路网主体架构为环形放射（蜂窝状）结构，路网密度居于世界第三位，道路用地占其国土面积12%—15%。道路由轻轨系统、地铁系统、市政道路和城市快速路四级构成，以地铁为主，以其他方式为补充。地铁覆盖本国的大部分地区，保证了整体交通的稳定和高效。道路布局合理、对接顺畅、科学管理。车站设在中心区及人流密集区域，将不同类型交通工具换乘控制在合理范围内，实现“无缝衔接”和便捷换乘。在重要交通枢纽周边进行高密度和高强度的“商业—住宅”混合开发，提高人流集散效率。通过ERP调控收费系统和“拥车证制度”控制私家车数量，调节交通高峰时段的车流量，有效缓和交通问题。

坚持生态优先、注重生态修复，打造“花园城市”。多维度推进城市绿化建设，对城市绿地的建设作出明确的量化规定，通过划定“绿线”、设立标准实施严格管控。实行绿道串联，建立多维立体的绿化景观。通过各类绿道将分散的公园绿地串联起来，注重各类主题公园的建设。通过“生态天桥”将被道路割裂的绿色区域串联起来，实行“打造翠绿都市和空中绿意”计划。通过绿化屋顶津贴、容积率补偿等奖励措施激励开发商建立屋顶花园、垂直绿墙、天空廊道等多维立体垂直绿化的力度。

加强社会治理。坚持人本价值观，重视民生建设和社会治理的保障作用。实施“居者有其屋”计划，通过政府建设组屋，减少市场经济发展的外部性。注重基本公共服务和便民设施建设，通过各种严格的社会规范来保证城市治理的良好秩序。采取多种措施加强种族融合和团结，不同种族之间和谐共处，为城市治理现代化创造良好的氛围和条件。

三、纽约推进治理现代化

纽约是美国人口密度最高的城市，也是个多族裔聚居的城市，是非常典型的超大型城市，在城市治理体系和治理能力现代化上走出了一条具有自己特色的道路。

（一）公众“全员参与”式的高度民主化治理

政府重视城市利益相关者尤其是市民介入城市治理，对于公众参与有充分法律支撑和制度保障及规范的参与环节和程序，公共议题资料完全透明、公开，信息获取及时、准确、时间充足，利益相关者均可通过听证会平等、公开地自由发言，公众参与意识普遍，政府反馈及时。

（二）对非政府部门“合理放权”的市场化治理

探索市场经济条件下政府与市场、企业、社会组织等利益主体间的互动途径。政府发挥宏观调控作用，除政府必须承担的核心职能，在市场、企业和社会能有效发挥作用的地方，政府合理放权，调动城市内的市场力量，共同履行治理职责，减轻政府成本，降低政府失灵风险。

（三）数据共享的信息化治理

纽约是较早利用大数据进行城市治理创新的城市之一。2012 年颁布的《纽约市开放数据法案》，对公众无条件、无审批地开放了政府门户网站的数据。提出数据驱动的城市服务目标，突破部门壁垒，将不同机构、来源的数据整合到统一的数据交换平台中，政府预算、部门职能、议会议题都能在电子系统中精准传递和显示，提高了工作效率，有效降低了治理成本。

第三节　运用系统思想治理中国超大城市的思考

一、运用系统思想治理中国超大城市的必要性

（一）超大城市系统是开放的复杂巨系统

系统在自然界和人类社会中是普遍存在的。如太阳系是一个系统，人体是一个系统，一个家庭是一个系统，一个企业是一个系统，一个国家也是一个系统等等。客观世界存在着各种各样的具体系统。为了研究上的方便，按照不同的原则可将系统划分为各种不同的类型。例如，按照系统的形成和功能是否有人参与，可将系统划分为自然系统和人造系统。按照系统与其环境是否有物质能量和信息的交换，可将系统划分为开放系统和封闭系统。当然，真正的封闭系统在客观世界中是不存在的，只是为了研究上的方便，有时把一个实际具体系统近似地看成封闭系统。按照系统状态是否随着时间的变化而变化，可将系统划分为动态系统和静态系统。同样，真正的静态系统在客观世界中也是不存在的，只是一种近似描述。按照系统物理属性的不同，又可将系统划分为物理系统、生物系统、生态环境系统等。按照系统中是否包含生命因素，又有生命系统和非生命系统之分。

以上系统的分类虽然比较直观，但着眼点过多地放在系统的具体内涵，反而失去系统的本质，而这一点在系统科学研究中又是非常重要的。因此，钱学森等人提出了以下分类方法。根据组成系统的子系统以及子系统种类的多少和它们之间关联关系的复杂程度，可把系统分为简单系统和巨系统两大类。简单系统是指组成系统的子系统数量比较少，它们之间关系自然比较单纯。某些非生命系统，如一台测量仪器，这就是小系统。如果子系统数量相对较多（如几十、上百）如一个工厂，则可称作大系统。不管是小系统还是大系统，研究这类简单系统都可从子系统相互之间的作用出发，直接综合成全系统的运动功能。若子系统数量非常大（如成千上万、上百亿、万亿），则称作巨系统。若巨系统中子系统种类不太多（几种、几十种），且它们之间关联关系又比较简单，就称作简单巨系统。如果子系统种类很多并有层次结构，它们之间关联关系又很复杂，这就是复杂巨系统。如果这个系统又是开放的，就称作开放的

复杂巨系统，例如生物体系统、人脑系统、人体系统、地理系统（包括生态系统）、社会系统、星系系统等。系统的这种分类，清晰地刻画了系统复杂性的层次，它对系统科学理论和应用研究具有重大意义。

超大城市系统既是社会系统的一部分，也是地理系统的一部分，其核心组成部分是人。因为社会系统、地理系统、人体系统和人脑系统都属于开放的复杂巨系统，所以超大城市系统也属于开放的复杂巨系统。按照行政区划，超大城市系统的上一级系统是国家系统，再上一级系统是世界系统，下级系统为区县系统，再下一级系统为街道乡镇系统。超大城市系统与其环境之间存在大量的物质、能量和信息的交换。按照功能差异，超大城市系统的下一级系统可以划分为生产系统、生活系统、交通系统、保障系统和生态系统等。如果进一步细化，生产系统还可以划分为物质生产系统和非物质生产系统等，生活系统还可以划分为学习系统、娱乐系统、居住系统、餐饮系统等，交通系统还可以划分为地面交通系统、地下交通系统、空中交通系统、水上交通系统，保障系统还可以划分为行政系统、立法系统、司法系统、医疗系统、供电系统、供水系统等，生态系统还可以划分为自然生态系统和人工生态系统。从城市治理角度来看，按照功能划分超大城市系统的下一级系统更有价值。本文把按行政区划划分的超大城市系统的下一级系统称为子系统，把按功能差异划分的超大城市系统的下一级系统称为分系统。

（二）治理超大城市是一项社会系统工程

任何一种社会活动都形成一种系统，复杂的系统几乎无所不在。每一类系统的组织建立、经营运转，就成为一项系统工程。钱学森把组织管理社会主义建设的技术称为社会系统工程，简称社会工程。社会系统工程的范围和复杂程度是一般系统工程所没有的。社会系统工程的对象是整个社会和整个国家，需要综合运用自然科学、社会科学和工程技术。社会系统工程的任务是要用科学方法改造客观世界，组织、计划、规划、管理整个社会主义建设。中国社会工程工作者面临的长远规划任务是，根据党和国家规定的方针政策，利用科学技术的最新成就设计出一个包括工业、农业、交通运输、通信、能源、教育、科学技术、文化、人口、国防以及人民生活的宏伟方案，发挥社会主义制度的优越性。换句话说，也就是在中央决定一个历史时期的大政方针之后，社会系统工程要设计出建设总图，并制订计划规划。社会系统工程的主体部分是把综合计算模型和改进措施结合起来，在电子计算机上逐年算出整个社会的经济和其他方面发展情况。

20 世纪 80 年代，钱学森以系统科学的观点研究中国特色社会主义建设的系统结构并逐步提出和完善了四个方面的划分。1989 年 10 月，钱学森等人合作发表了论文《社会主义文明的协调发展需要社会主义政治文明建设》。他们在文中指出："在今天，一个国家应该看作是开放的特殊复杂的巨系统，因为其子系统是有意识活动的人，人与人又千差万别，在数量上成万上亿。从宏观角度看，这样复杂的社会系统，其形态，即社会形态最基本的侧面则有三个，这就是经济的社会形态、政治的社会形态和意识的社会形态。因此，社会的发展，社会文明的建设也有三个方面，这就是经济建设，即物质文明建设；政治建设，即政治文明建设；思想文化建设，即精神文明建设。"同年 12 月 14 日，他在写给于景元的《钱学森系统工程思想及其当代价值研究》的信中指出："社会主义建设包括三个方面，即社会主义物质文明建设、社会主义政治文明建设和社会主义精神文明建设。但还有一个基础或环境，是以上三个社会主义建设所依赖的：这就是社会主义地理建设，也即地理系统的建设。"

钱学森对社会主义物质文明建设、社会主义精神文明建设、社会主义政治文明建设和社会主义地理建设的内涵进行了探索。他认为，物质文明建设包括经济建设、人民体质建设；精神文明建设包括思想建设、文化建设；政治文明建设包括民主建设、体制建设、法制建设；地理建设包括环境保护和生态建设、基础设施建设。并指出："社会形态的三个侧面是互相联系、互相制约、互相适应的，社会三个文明建设也是互相联系、互相制约的。其中物质文明建设是基础，它决定、制约着政治文明、精神文明的建设，同时政治文明、精神文明建设又对物质文明建设产生巨大的反作用，它既可以起推动作用，也可以起阻碍、破坏作用，它们是物质文明建设的精神动力和决定物质文明建设方向的政治保证。如果三个文明建设协调发展，那么社会的建设和发展就会顺利、就快。如果不协调发展，那么社会的建设和发展就会受到阻碍，造成巨大损失。”1992 年 10 月，钱学森等人在《中国社会主义建设的系统结构》一文中指出：“社会主义建设必须有中心，中心就是经济建设。而社会主义建设的各个方面又必须协调发展才能获得高的效率。因为社会和社会存在的环境是一个非常复杂的巨系统，一定要用系统工程的方法，才能把各方面工作协调好。”

随着中国经济发展步入多元复合转型的重要战略机遇期，经济社会面临诸多矛盾叠加风险隐患加剧。党的十八大报告提出全面落实经济建设、政治建设、文化建设、社会建设、生态文明建设五位一体总体布局，促进现代化建设各方面相协调。“五位一体”总体布局是一个有机整体，体现了系统思想，其中经济建设是根本，政治建设是保证，文化建设是灵魂，社会建设是条件，生态文明建设是基础。坚持“五位一体”建设全面推进协调发展，才能形成经济富裕、政治民主、文化繁荣、社会公平、生态良好的发展格局，把中国建设成为富强民主文明和谐美丽的社会主义现代化强国。“五位一体”总体布局比钱学森在 20 世纪 80 年代末提出的“四位一体”更加全面，是新时期党中央对共产党执政规律、社会主义建设规律和人类社会发展规律的认识不断深化的产物。不论是“四位一体”还是“五位一体”，都强调中国特色社会主义建设的系统性。

城市既需要建设，也需要治理。建设是目标导向型的，而治理是问题导向型的。两者是相辅相成、缺一不可的。没有城市建设，城市治理就失去了对象；没有城市治理，城市建设就会百病缠身。建设和治理都是一种手段，都是为了让城市更好地发展和运营。城市一方面可以通过建设来达到治理的目的，另一方面可以通过治理来更好地建设。因此，在城市建设中需要用到城市治理，在城市治理中也需要用到城市建设。组织管理社会主义城市建设和治理的技术是城市系统工程。城市建设和治理是国家建设和治理的一个重要组成部分，因此城市系统工程从属于社会系统工程。

因为社会主义建设是五位一体的，所以城市建设和治理也有五个方面，即城市经济建设和治理、城市政治建设和治理、城市文化建设和治理、城市社会建设和治理、城市生态建设和治理。超大城市治理的主要对象就是愈演愈烈的各种城市病，例如交通拥堵、住房紧张、就业困难、环境污染、资源短缺等。治理超大城市的交通拥堵涉及城市经济建设和治理、城市政治建设和治理、城市文化建设与治理、城市社会建设与治理，治理超大城市的住房紧张涉及城市经济建设和治理、城市政治建设和治理、城市社会建设和治理，治理超大城市的就业困难涉及城市经济建设和治理、城市社会建设和治理，治理超大城市的环境污染涉及城市政治建设和治理、城市文化建设和治理、城市生态建设和治理，治理超大城市的资源短缺涉及城市经济建设和治理、城市文化建设和治理、城市社会建设和治理、城市生态建设和治理。

（三）超大城市治理面临不可避免的复杂矛盾

城市病的产生源于城市的开放性、人口的流动性、资源的有限性、规律的客观性。因为超大城市是开放的、人口是可以自由流动的，人都希望追求更加美好的生活，资本都追求投资收益最大化，所以人口和资本向超大城市聚集是客观规律。然而，不仅超大城市的土地、水等自然资源是有限的，超大城市的住房、医疗、养老、教育等社会资源也是有限的。在生产力没有发展到足以完全消除城乡差别的历史阶段，城市病在某种程度上来说是不可避免的。

各种城市病背后的矛盾非常复杂，很多问题解决不能局限于城市本身。例如我国城市人口的增加主要来自农村人口进入城市。超大城市治理只是国家治理中的一部分，必须协调处理好超大城市治理和其他城市治理、农村治理之间的关系。超大城市治理本身也包括市区治理和郊区治理两大内容。此外，超大城市治理还需要处理好发展资本密集型产业与发展劳动密集型产业的关系，处理好发展高端服务业与发展低端服务业的关系，处理好发展实体经济与互联网经济的关系，处理好行政手段和市场手段的关系等复杂矛盾。在处理超大城市治理中出现的上述问题时，超大城市管理者要时刻提醒自己城市治理的根本目的究竟是什么？只有把握好超大城市治理的根本目的，运用系统工程方法进行超大城市治理才能事半功倍。

二、系统工程视角下的中国超大城市治理分析

（一）系统失衡引发各种城市病

从系统论的角度来看，“城市病”是城市系统运行中各子系统之间不协调的一种表现。各种城市病的产生是因为城市系统及其分系统长期处于失衡状。治理城市病需要用系统工程的方法让城市系统及其分系统恢复动态平衡。城市病的病因要从系统与环境之间、分系统之间、分系统内部这三个层次进行分析。

（二）治理中国超大城市需要新思维

超大城市的人口规模不能无限制地扩大，必须与超大城市的人口容纳能力相适应。然而，我们必须看到随着科学技术的不断进步，超大城市的人口容纳能力呈现出不断增长的趋势。因此，北京、上海、广州和天津对未来城市人口规模作出预测和控制是必要的，目前已经确定的城市人口上限数字是否合理，也是可以商榷的。中国超大城市治理需要符合社会经济发展客观规律和治国理政新理念新思想的新思维。这种超大城市治理的新思维可以借鉴钱学森系统科学思想，强调以人为本、顶层设计、科学规划。

城市治理的首要目的是让市民满意，这就需要以人为本，需要服务型治理而不是管制型治理，不能把“禁”字作为首选的和主要的治理方式。胡锦涛在党的十七大报告中明确提出了“加快行政管理体制改革，建设服务型政府”的要求。习近平在党的十九大报告中把“为人民服务”摆在执政理念的首要位置，强调“中国共产党人的初心和使命，就是为中国人民谋幸福”“把人民对美好生活的向往作为奋斗目标”。因此，超大城市治理要服务于人民的需求。人们在选择向何处迁移时，会进行趋利避害的理性选择，他们所考虑的主要因素包括就业机会、收入水平、生活条件、公共服务等。

超大城市治理是国家治理的一个有机组成部分，超大城市治理要服从国家治理的大局。在超大城市的公共服务规模保持不变的情况下，控制乃至减少大城市的人口的确可以缓解各种城市病。然而，在全国总人口保持不变的情况下，超大城市人口的减少，意味着其他城市人口的增加。事实

上与国外的超大城市相比，中国超大城市人口规模并不大，人口积聚程度并不高，人口密度偏低。由于超大城市拥有人口聚集和产业聚集所带来的规模效应，所以能够提供更多的就业机会和更高的收入水平。党的十九大报告指出，就业是最大的民生，要坚持就业优先战略和积极就业政策，实现更高质量和更充分就业。既然超大城市在吸纳流动人口就业方面比其他城市和农村更具优势，那么超大城市就应该承担起更大的责任。由中央政府进行超大城市治理的顶层设计可以克服各种形式的地方保护主义，从而消耗更少的社会资源，创造更多的就业机会。与此同时，由于超大城市是开放的复杂巨系统，所以很多城市病不是超大城市自身能够医治的，必须依靠中央政府从国家治理的战略高度进行顶层设计。

各种城市病的产生和加剧在很大程度上是因为城市规划不尽合理。导致交通拥堵环境污染、住房紧张和资源短缺的根本原因并不是城市人口数量过多，而是公共服务和公共资源的供给严重不足，而地方政府是根据城市规划来提供公共服务和公共资源的。产生就业困难的根本原因也是城市规划问题，即地方政府对发展劳动密集型产业和中低端服务业不够重视。要治理超大城市的各种城市病，地方政府应从“供给端”发动改革，以超大城市治理的科学规划为抓手，既要解决老问题，也要预防新问题。超大城市治理要摒弃通过行政手段限制超大城市人口的传统治理思维。事实上，人口流动不完全受行政调控的干预，超大城市人口的快速增长是必然趋势，北京、上海、广州等超大城市总是提前很多年打破政府设定的人口控制目标。这是值得政界和学界反思的现实问题。在超大城市人口控制政策的约束下，如果地方政府根据低估的人口增速来规划供给公共服务和公共资源的总量，而人口却在集聚效应的影响下持续迁入，那么就会导致公共服务和基础设施严重短缺的问题。

第四节　超大城市治理的系统工程方法

近年来，天津市以习近平新时代中国特色社会主义思想为指导，深入贯彻落实习近平总书记对天津工作“三个着力”重要要求和一系列重要指示批示精神，着眼于全面提高社会主义现代化大都市的治理能力和水平，在城市治理方面进行了积极探索，“十四五”时期，提出了“推进社会高效能治理”“加强系统治理、依法治理、综合治理、源头治理，推进社会治理体系和治理能力现代化”的目标，围绕这一目标，运用系统工程思想，天津市城市治理应采用以下方法。

一、由中央政府制定天津超大城市治理的战略规划

由于天津超大城市治理的结果和影响超出了天津城市本身，它直接关系到其他城市治理和农村治理，所以天津城市治理需要由中央政府居高临下、统揽全局地作出战略决策，确定天津市治理的总体目标。中央政府需要遵循人类社会和城市发展的客观规律，确定天津超大城市和其他城市以及农村的发展关系，确定天津城市化进程的分阶段目标和实现方式，确定天津地区平衡发展的方式，并在此基础上实现各种资源在全市范围内的最优配置，充分发挥天津市的集聚效应和规模效应，实现天津农村剩余劳动力最高效率的再就业，实现农村和城市居民幸福感的平衡。

天津城市治理需要中央政府借鉴发达国家超大城市治理的经验，结合中国目前的具体国情，把沿海地区的超大城市作为推动中国城市化进程的主力军，参考发达国家超大城市常住人口占全国常住人口的比例，合理确定中国的超大城市常住人口上限，并相应地调整行政区划和土地政策。中央政府根据天津城市的历史和现实明确功能定位，提炼天津城市特色，制定考核指标，设定治理期限。天津市政府在此基础上制定天津市的分阶段治理目标。

二、建立天津城市治理的“总体设计部”体系

天津市的治理需要建立一个与之配套的“总体设计部”体系。这个总体设计部体系包括：第一层次的国家治理总体设计部、第二层次的天津市治理总体设计部、第三层次的天津市一级分系统总体设计部。这三个层次的总体设计部是上下级关系，下一级总体设计部接受上一级总体设计部和同级政府的双重领导。每一个层次的总体设计部都负责对应系统的总体设计，而不是细节设计。具体的细节设计由第四层次的天津市

二级分系统设计部负责。因为产生天津城市病的原因既有城市分系统内部的因素，也有城市分系统之间的因素，所以天津城市病的具体治理往往需要天津市内部不同层次多个总体设计部的密切合作。例如交通拥堵问题看似是天津市的交通系统出了问题，其实还牵涉城市的生活系统和生产系统。治理天津市的交通拥堵问题，不仅需要天津市治理总体设计部与市交通系统治理总体设计部的密切合作，还需要市生活系统治理总体设计部和生产系统治理总体设计部的密切合作。总体设计部的基本任务是从用户任务的需求和上层系统要求出发，在预算、进度和其他限制条件下设计出一个整体性能优化的系统。总体要先确定系统在更大的系统环境下的位置和环境关系，再从整体优化的角度确定系统的功能及性能，然后将它们分解到各个分系统，又从整体优化的角度协调分系统与总体、分系统与分系统之间的接口关系，组织系统试验，最终完成系统的整体集成。

为了确保天津市治理总体设计部体系的高效运作，有必要参照中国航天系统工程的实践经验，建立对应的行政与技术两条指挥线。技术指挥线的最高负责人即总设计师接受行政指挥线的最高负责人即总指挥的领导，而总指挥向直接负责超大城市治理的上级领导负责。技术指挥系统在作技术决策时，必须把技术的先进性同经济的合理性统一起来，认真考虑人力、物力、财力、周期的可能性，不能把技术决策建立在不现实的基础上，以免给行政指挥系统造成不必要的困难。同样，行政指挥系统要千方百计克服困难，组织队伍创造科研条件，组织协作配套，搞好思想政治和后勤保障等各个方面的工作，努力实现总设计师系统确定的技术途径和方案，保证天津市治理工作按照既定的程序进行。“两条指挥线”的管理体制充分尊重个体差异，通过对天津市治理任务的合理分工，实现天津市治理团队的有机整合和扬长避短，充分激发每一个团队成员的凝聚力和创造力。

三、天津市治理需要全国及全市一盘棋

天津市是开放的复杂巨系统，对其进行治理不可能独善其身。天津市治理需要全国一盘棋，打破各种形式的地方保护主义。中国长期采取

自上而下的垂直式行政管理模式，各城市政府只对具有行政隶属关系的上级政府负责，而地域相邻没有隶属关系的同级城市之间缺乏必要的横向联系和协调机制，从而普遍存在着条块分割各自为政、职责交叉、管理粗放等问题。不同城市之间在基础设施、交通网络、资源开发、生态保护、污染治理等跨界项目建设中存在因行政区划分割而带来的区际矛盾和冲突，增大了区域内耗。当前这种注重竞争、缺乏合作的城际关系，严重威胁着中国都市圈的空间整合与协调发展。中国下一步最大的经济增长点就是大都市圈。与此同时，天津市治理不但需要各个分系统的良好治理，而且需要各个分系统与城市系统整体的协同治理。治理天津市除了需要各个分系统的管理部门具有很好的规划与执行能力外，还需要各个分系统的管理部门之间相互协调、密切配合。在天津市内部，交通、工商、市政、规划、园林、环保等各管理部门在城市治理的过程中经常会发生利益冲突，容易出现“九龙治水”或“三不管”的现象。如果不对这种以本部门利益为导向、信息相互封锁的横向体制进行改革创新，天津市治理的诸多难题无法从根本上得到有效解决。

有鉴于此，天津市治理总体设计部不仅需要在国家治理总体设计部的统一领导下开展工作，还需要加强彼此之间的沟通与合作。天津市治理“总体设计部”在根据地方政府制定的超大城市分阶段治理目标设计出治理规划后，应该互相告知，实现信息共享。如果遇到不协调乃至互相冲突的治理规划，那么相关的超大城市治理“总体设计部”应该主动协调，把问题消除在规划阶段。如果相关的超大城市治理总体设计部无法达成共识，那么它们就应该向国家治理“总体设计部”反映情况，请上级机构作出最终裁决，从而确保各种资源在国家层面实现最优配置。建立天津市治理总体设计部可以最大限度地克服天津市治理中的部门利益壁垒问题，同时最大限度地避免相互推诿现象。在天津市治理的总体协调中必须树立全局观念，上下同心，正确处理部分和整体的关系。

四、依靠系统科学规划恢复天津城市系统的动态平衡

天津市治理需要系统性科学论证、科学规划和科学决策，其中最重要的是系统科学规划。城市功能过多，产业过于集聚，基础设施建设滞

后，“睡城”现象频现，均与城市规划不科学、不完善有关。天津市治理的科学规划关键在于对城市功能分布与基础设施建设的规划。目前天津市居住区域过于集中和单一，道路交通体系建设过于封闭和一元化。天津市治理有必要倡导“精明增长”的城市发展模式，促使城市由外延式扩张转变为内涵式增长，摒弃“摊大饼”式的城市蔓延方式，积极发展紧凑、有序的多中心空间结构，实现居住人口在都市区空间中的多中心分布，并且与产业空间的布局相匹配。精明增长的核心是提高市区人口密度，倡导土地混合利用，基于轨道交通的换乘点建设开放的立体交通体系，便于步行或自行车等绿色出行。在天津市治理中，城市人口的老龄化是比城市人口的快速增长更为严峻的问题。因此，通过简单地限制外来人口涌入来控制天津市人口，从而缓解各种城市病的做法无异于“饮鸩止渴”。天津城市只有积极吸引外来青年劳动力并帮助他们实现稳定就业才能缓解日趋严峻的人口老龄化问题。天津市治理应该根据常住人口的自然增长趋势，科学规划城市建设的目标和进度，大幅度增加廉租房、经济适用房、市区道路、医院、学校和养老院的建设。只有通过系统科学规划，减少可变需求，同时增加供给，天津城市系统才能恢复动态平衡，各种城市病才能真正得到有效治理。

五、运用从定性到定量的综合集成方法

天津城市治理“总体设计部”具体负责制定天津市治理的科学规划。天津市治理“总体设计部”由熟悉系统各方面专业知识的技术人员组成，并由知识面比较宽广的专家负责领导。天津市治理“总体设计部”设计的是天津城市系统治理的“总体方案”，是实现总体治理效果的“政策与技术途径”。天津市治理“总体设计部”根据地方政府制定的超大城市分阶段治理目标，用系统分析的方法进行总体方案的论证与总体方案的设计，进行分系统功能指标及结构的分解；在分系统论证与必要的实验验证的基础上再次进行综合集成，实现天津市系统整体性能的优化；然后根据天津市治理的政策与技术途径，进行经费、进度、保障条件的分解与集成，在一定约束条件下，实现治理流程与实施方案的优化；并在天津市治理过程中在总体与分系统、分系统之间实施政策与技术协调以及

治理计划的动态管理。天津市治理总体设计部要把比较笼统的城市治理目标逐步变为成千上万的城市治理者都能参与的具体工作，并把这些工作最终综合成一个技术上先进、经济上合算、治理周期短、能协调运转的实际系统。

天津城市治理的科学规划要运用从定性到定量的综合集成方法，这是现在唯一能有效处理开放的复杂巨系统的方法。从定性到定量的综合集成方法，就其实质而言，是将专家群体、数据和各种信息与计算机技术有机结合起来。这三者本身也构成了一个系统。这个方法的成功应用，就在于发挥这个系统的整体优势和综合优势。运用综合集成方法处理天津市复杂问题首先是将科学理论、经验知识和专家判断力相结合，形成经验性假设（猜想或判断），再运用现代计算机技术，建立起包括大量参数的天津市各方面建设模型，接着经计算机仿真和计算，得出定量结果，再由专家进行分析、综合和判断，通过“人机交互，反复对比，逐次逼近”，最后形成结论与建议。在大数据时代到来后，从定性到定量的综合集成方法在天津市这样的超大城市的应用变得更加可行和必要。

参考文献

[1] 谢征：《习近平关于城市治理重要论述的科学内涵与实践路径》，《观察与思考》2021 年第 2 期。

[2] 邢娜：《努力提高城市治理现代化水平》，《人民日报》2021 年 4 月 13 日。

[3] 吴卫东：《推动城市高质量发展》，《人民日报》2021 年 6 月 7 日。

[4] 罗琦佳：《城市治理体系和治理能力现代化研究——以成都市为例》，西南交通大学 2019 年硕士论文。

[5] 兰建平：《数字化治理 推动城市更智慧》，《政策瞭望》2020 年第 5 期。

[6] 陶希东：《“十四五”时期上海超大城市社会治理：经验、问题与思路》，《科学发展》2020 年第 5 期。

[7] 王天义、朱鹏华：《深圳经济特区 40 年对国家治理现代化的启示》，《特区理论与实践》2020 年第 4 期。

[8]《走出一条超大型城市治理新路子》，《深圳特区报》2020 年 12 月 29 日。

[9] 李朝晖:《法治 智治 共治：城市治理现代化的深圳探索与实践》,《深圳特区报》2020 年 9 月 22 日。

撰稿人：卜凡彪，钱学森军事系统工程研究院总体论证中心主任、博士

第十二章　国防实力和经济实力同步提升与高质量发展

党的十九届五中全会通过的《中共中央关于制定国民经济和社会发展第十四个五年规划和二〇三五年远景目标的建议》提出，“促进国防实力和经济实力同步提升”，“构建一体化国家战略体系和能力”。这一重要论断阐明了新时代经济建设和国防建设协调发展的战略目标和重大任务，立起了强国兴军大方略，为锻造有效捍卫国家主权、安全、发展利益的战略能力提供了战略遵循，也为实现经济高质量发展提供了根本保证。

第一节　国防实力和经济实力同步提升的深刻内涵

国防实力和经济实力的关系，实际上就是国家安全与国家发展的关系。从理论上看，经济实力除包括一般意义上的一国经济总量外，还包括了对世界经济的影响力、发展持续能力以及抗风险能力等；国防实力，除可以用军事人员数量、军事人员素质、武器装备数量、武器装备性能等指标衡量外，还包括威慑力、配套设施完备程度、武器装备的生产能力与研发潜力、国防动员能力等。国防实力和经济实力“同步提升”，绝非简单的“同时提升”。在信息化智能化战争和军民通用技术时代，两大实力同步提升集中体现了当代国防建设与经济建设协调发展规律的内在要求，是国防和经济两个系统在国家总体发展战略目标的引导下，通过相互协作、相互促进所形成的共生互动的过程和状态。因此，同步提升国防实力和经济实力，是实现这两大实力发展的目标协同、时序同步、资源均衡和系统兼容的有机统一。

一、目标协同

目标协同是指国防实力和经济实力发展目标任务的协调一致。国防实力和经济实力，分别代表国家安全利益和发展利益，要“同步提升”，必须“统筹谋划”。构建一体化的国家战略体系和能力，内在要求优化国家安全和发展战略目标，实现国家发展和安全统筹谋划、经济建设和国防建设整体推进、经济力量和国防力量一体运用，达成国家大体系集成效益和国家战略收益最大化。在一体化国家战略体系和能力的战略框架下，统筹处理好国防建设目标与经济建设目标的对立统一关系，是实现国防和经济两大实力同步提升的基本前提。

二、时序同步

时序同步是指国防和经济两大实力发展时序上共生共进。安全与发展是国家两大基本战略目标，是体现国家根本利益的“一块整钢”。历史证明，在国家战略全局中，安全与发展不是主次从属的关系，也不是轻重先后的关系，而是共生共亡、枯荣与共的关系，是相互保障、相互促进的关系。对于一个大国而言，如果国防和经济两大实力发展时序长期失衡，国家发展利益和安全利益都将受到严重伤害。由此，国防实力和经济实力在发展时序上必须保持同步。

三、资源均衡

资源均衡是指国家战略资源在国防和经济两大领域配置上达成均衡。配置“均衡”不是分配“平均”，而是指两大实力建设资源与其发展目标、发展时序的匹配均衡，能够形成促进国防实力与经济实力同步发展的资源合理配置比例。一旦出现非均衡配置，创新资源、人才资源和资本要素就会向国防领域过度配置，整个经济系统的资源配置效率和创新效率就会下降，经济增长潜力就会受到侵蚀，进而会陷入“国防系统膨胀—实体经济衰落—经济增速减缓—国防实力下降”的恶性循环。当年苏联的国防建设体系正是如此。因此，达成国家战略资源长期的均衡配置，是实现国富军强、国运兴旺的一个先决条件。

四、系统兼容

系统兼容是指在国防和经济两大实力建设之间构建一个开放系统，促进两大系统间的人才、资金、物资、技术、信息、管理等全要素的交流和互动。国防实力和经济实力形成主要通过三个资源配置环节：国家资源在经济和国防两大领域的初次分配，形成国防投入规模；资源在国防系统内不同部门和不同用途之间的二次配置，形成国防实力和军队战斗力；国防和军队系统与国家经济社会系统之间因要素流动而引起的资源再配置。在这个体系中，如果没有初次分配环节的合理分配，国防建设就成了无本之木、无源之水；没有再分配环节的优化配置，国防资源就难以有效转化为国防能力；而资源的跨领域配置，对于促进两大系统要素的优化组合和融合创新、在全社会范围内优化资源配置具有重大意义。可见，“兼容互动”是“同步提升”的充要条件。在国防资源配置总量不变的前提下，通过促进系统间要素的有序流动和持续互动，能够更加有效地提升战斗力和生产力。充分实现这种兼容互动，国防和经济两大实力提升之间因争夺资源而显现出来的竞争性关系就会大大弱化，就能有效解决跨军地配置资源上“此多彼少”的零和博弈困境，促使两大实力之间产生一种“共生共长”正和博弈关系。显然，这既有助于实现国防实力发展对经济实力发展拉动效应的最大化，也有益于实现经济实力发展对国防实力发展支撑效应的最大化。

第二节　促进国防实力和经济实力同步提升的战略意义

“十四五”时期，是我国全面建设社会主义现代化国家的开局起步期，是世界百年未有之大变局的深度变革期，也是新一轮科技革命、产业革命、军事革命的加速拓展期。在这个重要时刻，我们党着眼实现中华民族伟大复兴的宏伟目标，深刻洞察我国走向强盛的时与势，透彻分析我国富国强军伟业的源与流，提出了促进国防实力和经济实力同步提升的战略任务，具有重大的时代意义。

一、应对世界百年未有之大变局的必然选择

近代以来，世界大国兴衰的历史，看似混沌无序，实则蕴藏着亘古不变的铁律：大国崛起，成于经济和军事的步调协调；大国衰败，败于经济和军事的长期失调。一个大国要在激烈的国际竞争和剧烈的权力格局变动中赢得主动，关键是实现经济系统和军事系统相生相长和良性互动，进而实现新质生产力和新质战斗力的同步跃升。这是一条极其重要的历史经验。

当今世界正经历百年未有之大变局，科技革命、产业革命、军事革命深入发展，国际战略格局、全球治理体系、世界地缘棋局正经历近代以来最深刻的变化。随着科学技术快速发展，国家战略竞争力、社会生产力、军队战斗力的耦合关联越来越紧，国防经济和社会经济、军用技术和民用技术的融合度越来越深。各国综合国力竞争也更为尖锐复杂，更为鲜明地表现为综合国力结构转型的竞争。在激烈的竞争和角逐中，每个国家都力求占据最有利的地位，拥有相对于别国更大的优势。这种竞争不再是死拼硬实力，而是看谁能够通过构建一体化国家战略来实现军事能力跃升和国家实力增强的双赢，看谁更能通过融合把各系统的社会资源凝聚成支撑综合国力发展的强大力量。美国兰德公司在其领受的美国陆军副参谋长办公室《评估那些有可能成为美国势均力敌对手的国家能力》课题中指出，“国家实力最终是两个因素互动的产物：一个国家在某一特定时期主导经济创新周期的能力；它利用主导成果创造有效的军事能力，反过来加强了现有经济优势，造就了稳定的政治秩序，既维持着自身的战略优势，同时也有利于总体的国际体系”。这实际上是协调国防与经济关系的“美式表述”。美国是以安全撬动发展、以军事创新带动民用创新的典型国家，其一体化的国家创新体系和能力是驱动经济、科技、军事车轮滚滚向前的“动力之源”和“活力之源”。以色列人口虽然只有 800 万，但近些年来迅速崛起为全球创新“大国”，奥妙就在于其强大的军民一体的国家创新能力。可见，大力促进经济与国防之间的良

性循环，实现军事能力整体跃升和国家经济实力增强的双赢，是国际竞争的战略制高点。

在激烈的国际竞争中，我们面临着空前的压力和挑战。在我国的综合国力中，经济力、政治力、政府调控力相对而言比较强。而且，我国幅员辽阔，人口众多，资本资源充裕，国内环境稳定，发展潜能巨大。主要问题是国力结构存在三个严重不均衡：在经济体系中，经济产出总量与经济质量、经济结构、技术水平之间存在不平衡；在力量建设体系中，经济增长与社会、文化、生态、国防建设之间存在不平衡；在综合国力体系中，已有资源力量与战略资源整合和运筹能力之间存在不平衡。其中，国防实力与经济实力不平衡的矛盾十分突出，制约着我国综合国力和国际竞争力的提升。消除综合国力发展的短板，迫切需要在国家治理现代化的框架下统筹安全与发展，增强国家战略资源整合和运筹能力，在国家战略层面上促进国防实力和经济实力同步发展。

二、全面建设社会主义现代化国家的战略支撑

如果说 18 世纪之前是中华文明的鼎盛期，19 世纪是中华文明衰落的世纪，20 世纪是中华文明觉醒和奋进的世纪，而 21 世纪则是实现中华文明全面复兴中国梦的世纪。从现在起，全面建设社会主义现代化国家、实现第二个百年宏伟目标将经历整整 30 年，统筹安全和发展的历史任务格外繁重。从发展上看，我国仍处于并将长期处于社会主义初级阶段。根据世界银行数据，2019 年我国人均国内生产总值在世界 211 个国家和地区中排名第 86 位，人均产出水平仅相当于美国的 1/6，英国、法国、日本的 1/4。我国仍然是世界上最大的发展中国家，发展仍然是我们党执政兴国的第一要务。我国社会主要矛盾已经转化为人民日益增长的美好生活需要和不平衡不充分的发展之间的矛盾，发展中的矛盾和问题集中体现在发展质量上，迫切要求我们必须把高质量发展问题摆在更为突出的位置。从安全上看，当今国际安全形势复杂严峻，各种安全威胁相互交织，我国安全压力日趋增大。特别是随着我国经济实力、科技实力、综合国力和国际影响力不断增强，来自美国等西方国家对我的遏制、封堵、脱钩、打压和军事威胁的压强越来越大，有效捍卫国家主权、安

全、发展利益的使命任务也越来越重，历史在呼唤一个强大的国防实力。

未来资源有限，既要促发展又要保安全，如果“各自为战”，发展和安全势必“两败俱伤”，我国综合国力发展将受到严重损害。为此，必须按照党中央的统一部署要求，加快构建一体化的国家战略体系和能力，以兼容互动方式促进国防实力和经济实力同步提升。这是我们化解安全和发展资源竞争性矛盾以及撬动强国跃升的战略杠杆。事实上，在战争形态信息化、技术形态军民通用化、经济形态高度市场化的今天，人类创造财富的活动与捍卫自身安全的活动已经水乳交融、共生共亡、枯荣与共，国家安全利益和发展利益已经高度融合，统筹国家安全和发展的手段已经发生根本变化。就经济实力提升而言，目前我国经济发展已进入高质量发展新阶段，面临增速换挡、结构调整、动力转换以及风险防控等多重挑战，迫切需要更好发挥国防建设对经济建设的溢出效应和拉动作用，打造发展新引擎，拓展发展新空间，培育发展新动能。同理，实现国防和经济两大实力同步提升，我们必须通过国家战略层面的体系整合，“捏指成拳”，强化国家经济、政治、科技、军事、外交、文化等多种战略资源和实力的综合运用，在锻造强大国防实力的同时，加快国家高质量发展和国民经济“双循环”新发展格局的形成。

三、全面建成世界一流军队的根本保障

党的十九大和十九届五中全会规划了 2027 年、2035 年、2050 年国防和军队现代化的目标任务，明确提出全面建成世界一流军队的战略目标。实现这一宏伟目标，我们既充满信心，又倍感任务艰巨。改革开放以来，我国国民经济快速发展，国防和军队现代化建设加快推进，但国防实力同我国国际地位、国家安全战略需求还很不相适应。从建设投入条件看，目前我国国防费占本国国内生产总值比重长期稳定在 1.3%，占当前世界国防费总额的 10% 左右，不到美国军费总额的 1/3，军人人均军费不到美国的 1/4。而且，目前我们还没有完全形成国家经济社会大体系支撑军队战斗力生成的格局，在军队建设发展方式上我们仍落后于主要战略对手。显然，双方投入差距如此悬殊，国防和军队发展模式也有明显差距，靠传统方式是难以如期建成世界一流军队的。我们必须坚持

经济和国防两大建设同步发展，既要在经济增长的基础上增加国防投入，更要走通走好运用国家经济社会力量强军兴军之路。

当今世界，国防和军队现代化建设对国家经济、科技、人才基础的依赖越来越大。谁能够最大限度实现国家整体实力的系统整合，谁就能够赢得军事竞争优势。世界各军事强国的建设，都不是在军队自己的“小圈圈”里搞建设，而是聚合国家整体资源打造军事力量体系，甚至整合全球资源为己所用。美国依托其高度成熟的市场经济平台，采用政府“隐形之手”助力、军方需求牵引、市场机制运作的方式，实现了对国家资源乃至全球资源的整合利用。美国军方频频通过举办全球超级挑战赛、众包众智的方式，不断把资源汲取的“灵敏触角”伸向全球最优质资源的富集地带，不断挖掘利用全球创新资源为其所用，营造和维持强大的军事优势。

深入一步看，国防和军队建设及体系能力的生成和提升有其规律，内在要求国防实力和经济实力保持同步发展。每一个大型武器装备的研发、生产、装备直至形成能力，都需要 10 年以上时间，现代人力资本的形成和积累也非短日之功。整个体系军事能力建设是由大量作战元素生成的不同周期叠加而成，总体上表现为一个资源投入呈正向增长的长期过程。这期间一旦因国家安全形势相对稳定而放缓国防建设，就会导致国防建设周期性紊乱，进而产生体系能力生成周期律与国家国防投入政策周期律相背离的问题。在和平时期，只有保持两大建设同步，尽量熨平两大周期律之间的偏离性波动，才能保持体系能力的稳定生成。

面对世界新军事革命加速推进的浪潮，面对维护国家发展和安全战略利益的需求，我们必须保持国防和经济两大实力同步发展，在经济发展的基础上不断推进国防和军队建设，必须创新军队建设发展理念，以最开放的胸襟、最便捷有效的方式，把国防和军队建设融入国家经济社会发展大体系，把经济社会中最先进的知识、最前沿的科技、最优质的人才资源吸纳和运用到国防和军队建设中来。唯有如此，我们这支军队才能最有创新力、竞争力和战斗力，才能如期完成我军机械化信息化智能化融合发展的历史任务，才能真正锻造成世界一流军队。

第三节　促进国防实力和经济实力同步提升的目标任务

《中共中央关于制定国民经济和社会发展第十四个五年规划和二〇三五年远景目标的建议》提出，要"构建一体化国家战略体系和能力"，并围绕这一总目标对未来一段时期的主要任务进行了部署，为我们促进国防实力和经济实力同步提升指明了道路方向。

一、战略目标

促进国防实力和经济实力同步提升，要求以构建一体化国家战略体系和能力作为根本目标指向。当今时代，国家竞争已经不再是财富规模和财富创造能力的比拼，如何优化国家战略体系、有效提升和运用国家战略能力，从而达成国家战略目标，已经成为国家战略运筹的重中之重。

一体化国家战略体系和能力是一个内涵丰富的有机整体。国家战略体系是为实现国家利益而形成的有机战略系统。从构成上看，国家总体战略居于最顶端，其下为国家发展战略和国家安全战略。其中，国家发展战略分为政治、经济、文化、社会、生态等各领域的战略，国家安全战略分为各安全领域战略及军事战略等。这些战略之间相互衔接、有机组合，共同构成了国家安全和发展利益的战略体系，综合反映了一个国家的战略目标和意愿。国家战略能力则是运用国家战略资源达成国家战略目标的能力，其核心是实现战略目标和战略资源之间动态匹配，具体体现为国家的经济能力、军事能力、科技能力、动员组织能力、制度变革能力、战略谋划能力以及民族凝聚力等。

从国家战略体系和国家战略能力之间的关系上看，国家战略体系和能力是一个有机整体，是国家战略意愿与战略能力的统一。构建完整有效的国家战略体系，目的在于形成强大的国家战略能力，进而实现国家战略意愿。强大的国家战略能力包含三个不可或缺的要素，即战略资源、转化机制和战略谋划。其中，转化机制是国家战略能力形成的"枢纽"。转化得好，可以实现国富军强、国运兴旺；转化不足，只会止步不前、国力衰微；过度转化，又会不堪重负、透支国力。要有效实现转化，需要一系列有效的战略布局、制度安排和机制设计，构建一体化国家战略体系就是其中重要的机制之一。

经济建设和国防建设的一体化发展，不能简单理解为经济与国防完全合为一体，而是指经济与国防在实现深度融合时所体现出的高度协同性、兼容性、互动性的良性状态。在国防实力和经济实力同步提升的状态下，国防和经济两大体系通过建设规划统筹、发展进程同步、资源配置均衡、要素有效互动、政策制度兼容、组织实施统一，形成国家各领域各层级战略布局军民兼容、耦合协调，一体筹划运用政治、经济、军事、科技、外交、文化等力量，进而实现一体化国家战略体系和能力的战略目标，维护国家主权、安全和发展利益的战略态势。构建一体化国家战略体系和能力，是一个在经济建设和国防建设协调发展大框架下，重塑国家安全和发展战略体系的过程。通过战略体系重塑，大幅提升国家的经济发展、科技创新、新兴领域竞争、军事战略威慑、动员应急、国际规则主导等战略能力，进而实现国家发展和安全统筹谋划、经济建设和国防建设整体推进、经济力量和国防力量一体运用，最终达成国家大体系集成效益和国家战略收益最大化。

二、主要任务

全面领会和把握《中共中央关于制定国民经济和社会发展第十四个五年规划和二〇三五年远景目标的建议》部署的主要任务，需要采取有力举措，重点抓好以下三个方面，确保各项任务真正落到实处。

（一）推动重点区域协调发展

区域是经济建设和国防建设融合发展的承载主体。在重点区域，应结合国家区域发展总体战略布局，强化区域战略塑造，统筹各方向战略需求与区域经济社会发展需求，着眼军事斗争准备重点方向，把战区军事建设布局与区域经济发展布局有机结合起来，推动要素资源开放共享，为战斗力建设和生产力发展提供新支撑。

要推动重点区域协调发展，首先，一个关键前提就是准确定位发展目标。把区域资源禀赋、比较优势置入国家安全和发展大局之中，从国家总体战略需求中精准定位本地区发展的目标任务，实现满足国家总体战略需求与促进区域经济社会发展的良性互动。在区域协调发展过程中，各省市情况不一，可用的资源不一，面临的工作重点不一。因此，必须突破那种谋求区域经济社会发展单向思维的禁锢，准确定位区域发展目标，从更为广阔的国家战略格局中把控区域协调发展的重心，在发展规划、体制机制、政策法规、规范标准等方面完成区域经济发展与国防建设的系统对接，从而实现国防和军队建设与区域经济社会发展的共生共长。

其次，要明确需求牵引这一根本动力。需求是区域协调发展的基本牵引力，如果缺乏全面、准确、清晰、动态的需求，协调发展就只能停留在文件和口号上。应着眼满足国家安全需求，围绕各战略方向和地区军事斗争准备，打造与各战区使命任务相适应的区域协调发展格局。对于特定需求明确且强劲的重点区域，可依据武器装备生产、维修和军队保障等需求，牵引区域协调发展的领域、范围和重点项目，整合优化军地资源，引进高端科研院所和高层次人才，有效保障军事需求。通过破解需求难题，积极推动军地共同分析发展需求、共同论证需求任务、共同推进需求落实，进而从源头上保障军事能力的有效生成，同时有力促进高质量经济发展。

最后，要把夯实基础作为重点区域协调发展的关键抓手。其实质是解决国防实力和经济实力同步提升过程中普遍存在的结构性矛盾，即中低端技术和产品供给能力相对过剩、高端供给能力相对不足，与日益扩大的国家安全和发展双重需求之间的矛盾。在破解这一矛盾上，需要根据工业转型升级要求，将供给侧结构性改革作为区域协调发展的重要途径之一，持续推进重点军工企业与地方高新技术企业特别是优势企业协同合作，破解军工基地可持续发展难题，打造军工基地和富有活力的经济增长极、促进区域产业结构转型升级。

（二）推动重点领域协调发展

要实现国防实力和经济实力的同步提升，必须突出搞好重点领域和关键环节的论证规划和建设落实，以聚焦重点带动整体水平的提升。在重点领域，基础设施建设和国防科技工业、武器装备科研生产、人才培养、军队保障社会化、国防动员等领域军地双向拉动有很大潜力。这就需要推进基础设施建设的协调发展，统筹军地科技基础、工业基础、人才基础和基础设施建设，实现国家一份投入、多份产出，在有力支撑国防建设的同时，产生巨大经济和社会效益，有力服务国家经济建设。

在重点领域协调发展中，重中之重是国防科技工业与国家工业信息体系的融合发展。目前，我国军工开放格局初步形成，越来越多的优势民营企业加入国防科研生产领域，一大批军工重大试验设施和大型仪器共享信息向社会开放，促进了军民技术的双向转移转化。但是，值得注意的是，在国防科技工业体系中，体制机制不顺、政策制度滞后、布局不够合理等问题依然存在，仍需采取强有力的举措，通过深化改革加以解决。

要把国防科技工业体系融入国家大工业体系，形成一体化的国家国防科技工业体系和能力，是一个长期的历史性任务。主要任务包括：统筹好存量与增量，以增量融合倒逼存量融合，以增量融合激活存量融合，通过深化改革、破除垄断、扩大开放、促进共享，打破军工经济自成体系、自我封闭的发展格局，把武器装备科研、生产和维修深深融入国家科技工业基础之中，充分利用全社会的优质资源为武器装备建设服务，使武器装备建设从整个国家制造业基础和能力中获得更加深厚的物质技术支撑和发展后劲，同时，运用武器装备科研生产高端需求来提升国家经济社会发展水平和技术创新能力。而要完成这一任务，建立完善“小核心、大协作、专业化、开放型”竞争有序、充满活力的国防科研生产环境，逐步构建形成具有中国特色的先进国科技工业体系，还应重点做好以下几个方面。

一是推动军工专业化重组，打破行业封闭垄断。我国国防科技工业创建之初，国家工业基础非常薄弱，各军工行业分别建立了各自“小而全”的专业协作系统，立足于搞自我配套，并逐渐演变成一种贯通军工产业链上下游的行业分割体制。军工企业专业化重组是破除这种体制性障碍的根本措施。必须彻底转变思路，通过体制改革打破传统的行业封闭性，革除弊端、去旧图新。要构筑面向国民经济基础，突出核心能力、适度竞争的国防科研生产格局，实现系统集成商、专业承包商、市场供应商的合理分工、顺畅协作。为此需要进一步实施军工能力的专业化重组，将军工核心能力的布局从现在主要面向军工集团，拓展到军工以外的国家科研机构、高等院校、民口有优势能力的科研生产机构中。

二是推动军工技术转移转化，促进经济转型升级。将国防科技工业领域拥有的大量先进技术和专利释放出来，推动军用技术向民用领域转移转化，大力发展军工高技术产业，能够更好发挥国防科技工业对国民经济的带动作用、对创新驱动的示范作用。持续开展国防高技术的研究应用，产生首创成果，在满足武器装备建设的同时，通过技术溢出，带动国家技术创新和高端产业发展。同时，军工企业利用国防高技术直接发展民用产业，既能满足国民经济建设需要，又能有效降低武器装备研制的国家负担，增强国防科技工业自身的发展活力。

三是推动军品市场改革，营造公平竞争环境。引导优势民营企业加入武器装备科研生产和维修领域，进一步激发军品市场活力，坚决破除制度藩篱，完善军品市场准入和退出制度，精简优化许可管理范围，深入推进竞争性采购，改进调整军品价格和税收政策，建立风险评估和信用评价机制，营造公平竞争环境。搭建高效便捷的服务体系，面向各类主体做好军地之间需求信息发布、政策标准解读、技术转移转化和知识产权保护等方面的服务工作。加快标准化通用化进程，推动军民两用先进技术实现双向转移转化。

（三）推动新兴领域协调发展

十三届全国人大四次会议通过的《中华人民共和国国民经济和社会发展第十四个五年规划和2035年远景目标纲要》明确，加强海洋、空天、网络空间、生物、新能源、人工智能、量子科技等领域军民统筹发展。因此，在新兴领域，应密切关注新兴技术的军事应用前景，聚合优势资源，强化协同创新，加快形成多维一体、协同推进、跨越发展的新格局。

一是着力推进海洋领域协调发展。海洋是生命的摇篮、资源的宝库、强盛的依靠，也是彰显国家实力、维护国家安全的战略高地。21世纪是海洋世纪，向海洋要资源、要空间、要生存，已经成为世界各国的共同选择。当前，我国国家安全与发展对海洋的依赖越来越大，来自海洋方向的威胁与挑战也越来越大，海洋成为国家生存与发展必争必保的战略空间。推动海洋领域协调发展，就是要统筹海洋开发和海洋维权，统筹海洋经济发展、海洋综合管理与海洋权益维护和海上军事安全，统筹配置军用和民用力量和资源，通过整体筹划、科学运作，推进海上行动能力和保障设施建设融合发展，形成一体化的海上力量组合和保障体系。

二是着力推进太空领域协调发展。太空是国家安全的战略制高点，也是新兴领域融合发展的重点领域。没有太空安全，就没有国家安全。近几场高技术局部战争使各国意识到太空是陆、海、空、天一体化联合作战的重要组成部分，具有其他手段不可替代的独特作用。新形势下，推动太空领域的协调发展，必须着力在技术、产业、设施、人才等方面协同发力，加强顶层设计，推动航天战略规划、系统建设、运行管理、资源共享、法规政策、标准规范、国际合作等方面的深度融合，鼓励支持和有序引导社会优势资源、优势力量参与航天发展，既做大做强做优航天战略性新兴产业，又为军事航天的可持续发展厚植根基。

三是着力推进网络空间领域协调发展。网信事业代表新的生产力、新的发展方向，信息技术具有广泛的辐射性、渗透性和极强的军地通用性，这也决定了网络空间领域是经济建设与国防建设协调发展的主战场和战略制高点。推动网络空间领域协调发展，在更广范围、更高层次将国防和军队网络安全和信息化建设融入国家网络安全和信息化建设之中，努力形成一体化的网络安全和信息化发展体系和能力，为建设网络强国和信息化军队提供强大支撑。

四是着力推进生物领域协调发展。生物安全通常是指国家在生物领域能够保持稳定健康发展、国家利益处于相对低风险或基本不受威胁的状态，具备保障生物领域持续发展和持续安全的能力。生物领域军地通用性强，随着国际战略格局的深刻变化和生物科技的迅猛发展，生物安全战略地位日益凸显，已经成为大国博弈新高地、国家安全新疆域、国防安全新维度。2019 年底暴发的新冠疫情是新中国成立以来我国传播速度最快、感染范围最广、防控难度最大的一次重大突发公共卫生事件。通过打赢这场史无前例的疫情防控人民战、总体战、阻击战，彰显了中国特色社会主义的制度优势，也深刻反映出推进生物领域协调发展对于国家安全和发展全局的战略意义。要推进生物领域协调发展，需要从强化军地生物安全统筹协调、加强生物科技协同创新、打通国家生物安全防御类产品的创新链和产业链、培育国家生物安全防御“高精尖”人才等方面重点谋划、综合施策。

五是着力推进新能源领域协调发展。能源是国家安全的优先领域，一般分为以煤、石油、天然气为代表的传统化石能源和以太阳能、风能、核能、氢能为代表的新能源。随着全球新一轮能源生产与消费革命深入发展，能源科技革命不断催生更高效的能源形式，未来极可能推动军队能源结构出现重大变化，迫切需要加快构建安全可控的一体化新能源体系，加快推进新能源领域的融合发展。

六是着力推进人工智能领域协调发展。面对国家安全和国际竞争的复杂形势，必须放眼全球，把人工智能发展放在国家战略层面系统布局、统筹谋划，坚持发展与安全并重，强化军民需求统筹、资源共享和成果互用，加强人工智能技术创新、产业化发展、军事应用体系的统筹建设，推动人工智能领域协调发展。应加快建立完善人工智能领域军地跨部门联合工作机制，强化顶层统筹和战略引领，构建开放协同的人工智能科技创新体系，推动人工智能军事应用的步伐，使民用领域人工智能更好地引领带动军事智能化发展。

第四节　世界主要国家促进国防实力和经济实力同步提升的主要做法

统筹国防实力和经济实力是一个世界性问题。美国等发达国家高度重视统筹经济建设和国防建设，积极整合国家资源，不断完善体制机制和政策法规，采取了一系列有效做法举措。

一、成立不同层面上的统筹协调机构

加强对经济建设和国防建设统筹，需要建立相应的组织领导机构，有效强化军地之间的协调机制和有效合作。美国在国家层面统筹经济建设和国防建设的机构包括国家安全委员会、科学与科技政策办公室等。其中，国家安全委员会作为最高协调机构，负责向总统提供与国家安全相关的内政、外交和军事方面的建议，统筹规划国防经济以及国家安全

所需的预算及资源，推动军事部门与其他政府部门有效合作，形成了跨部门的协调对接机制；科学与技术政策办公室则主要负责制定和实施科学与技术政策，并与私营部门、州和地方政府、科研院所进行合作，其下设的国防科技委员会负责根据国家利益和发展目标，统筹考虑军地两个方面的科技发展需求。在部门层面，美国国防部也设立了专职负责机构，2019 年国防部对国防科研管理体制进行改革，通过调整负责研究与工程的国防部副部长的下设职能机构，进一步强化了国防科技军地协同创新的统筹协调。俄罗斯在国家层面统筹经济建设和国防建设的机构主要包括联邦安全委员会、总统科学技术政策委员会。以色列则主要依托国防委员会。日本相关机构主要是国家安全保障委员会和综合科学技术委员会。实践表明，尽管发达国家自称实施“自由市场经济”，但从其发展历程看，统筹经济建设和国防建设绝不是单纯的市场自发行为，也不是国防部门或民用部门的单方行为，而是国家宏观调控作用发挥的直接体现。美国、英国、俄罗斯等国家都非常注重在顶层设计上加强对经济和国防两大建设协调发展的支持，主导形成完善的体制机制，打破军地之间的重重壁垒，为一体化协同发展奠定了基石。

二、制定一体化的发展战略规划

战略规划是牵动国家发展全局的“牛鼻子”，国家顶层战略规划为军民一体化发展提供了强有力的驱动。以美国为代表的世界主要国家通过统筹规划计划，确保经济和国防两大建设进程一致、目标匹配、体系融合。1994 年，美国国会技术评价局完成《军民一体化的潜力评估》长篇研究报告，这是继 1991 年和 1992 年发表《重新设计国防》和《建设未来的国家安全》研究报告之后，指导美国国防科技工业调整改革的重要研究报告，正式拉开了美国国防科技工业军民一体化改革的序幕。报告将军民一体化定义为：把国防科技工业基础（DTIB）同民用科技工业基础（CTIB）融合起来，组成一个统一的国家科技工业基础的过程。此后，美国通过不断制定和完善相应发展战略规划，明确加速推动军民一体化发展的实施措施。国家层面相关战略文件包括《国家安全战略》《国防战略》《国家军事战略》《小企业战略》等，具体的规划计划则包括“军民两用应用计划”（DUAP）、“先进技术计划”（ATP）、“技术再投资计划”（TRP）、“制造业创新网络计划”（NNMI）等。英国政府也制定了一系列的国家战略，包括《精明采办战略》《国防工业战略》《科学与技术战略》《国防部2020年科技战略》等，通过发布重大战略的形式，推动军民一体化发展。苏联解体后，俄罗斯继承了其70%以上的国防军工企业，为确保能够在重点科技领域拥有全球竞争力，也开启了加快军民一体化发展的进程，陆续出台《俄联邦科技发展战略实施计划》《2030年前国家人工智能发展战略》等国家战略，并推出《1991—1995年国防工业转产纲要》《2018—2027年国家武器装备发展规划》《俄联邦基础科研长期规划（2013—2020）》等规划，推动国防科技工业领域改革。

三、大力推动军民两用技术发展及转化

科学技术是促进生产力和战斗力发展的根本性力量。历史一再证明，世界上的强国之所以能够称强，其关键就是依靠领先于当代的技术构建了强大的军事和经济力量。目前，在计算机、通信、网络、航空航天等高技术领域，军用与民用之间已经没有明显界限，大部分高新技术都具有军民两用的特性。美、英、俄、日、法等国都十分重视军民两用技术的发展及双向转移转化。1991年，美国设立国防技术转移办公室，专门负责技术转移和军民两用技术政策，全面指导和监督两用技术计划的实施。1995年9月，美国政府公布《国家安全科学技术战略》，明确提出美国的目标是建立一个既满足军事需求又满足商业需求的先进国家技术与工业基础，继续保持军事和民用技术优势。美国防部专门成立高级研究计划局（DARPA），进一步加强对军民两用技术发展的规划与指导。为鼓励民间创新力量参与国防建设，美国防部采取“识别注册即可进入”的武器装备市场准入制度，有效破除了武器装备市场的“弹簧门”“玻璃门”和“旋转门”，确保创新型企业能够公平进入武器装备市场。俄罗斯于2012年底成立类似美国DARPA的先期研究基金会，聚焦具有高风险、高回报的国家安全领域基础科学和前沿技术，建立与国防工业组织、大学、联邦科学机构的密切合作关系，搭建了国防科技创新的“技术直梯”。截至2020年8月，基金会共完成审查各类创新想法和项目超3500

项，先后资助了包括高超声速武器、深海潜航器、量子加密器等在内的多项军民两用颠覆性技术创新。英国在国防部下设立技术转移局，专门负责对各军种技术转移办公室的业务指导和行政管理。此外，还建立了连接受让双方的信息平台和数据库，研发了技术评估系统，为技术受让方选择合适技术提供信息支持。

四、深入推进军民标准兼容

标准则作为技术融合的载体，是支撑军民技术双向转移的基础。为推动国防和经济建设协调发展，促进两大实力同步提升，许多国家都对军用标准进行了改革，通过采用通用标准消除军民之间的壁垒，提高资源的整体利用效率。1994 年，美国防部为扩大武器装备采办对民品的采购，以标准为手段进行了一场改革，成为世界上军标改革的一个典型案例。改革主要采取两大措施：一是武器装备采办优先采用民标，即只有证明没有适用民标的情况，才能适用和制定军标；二是淘汰非军事专用与不利于民品采购的军标，如零部件标准，转为采用或制定相应民标。这次改革废止了 4000 余项军用规范和 300 余项军用标准，采纳了 1784 项民用标准，大大促进了先进民用技术与通用产品应用于武器装备，不仅直接降低了武器装备采办费用、加速了武器装备向联合作战能力跨越，同时也促进了美国 20 世纪 90 年代的经济繁荣，取得了显著军事和经济效益。2011 年 7 月，美国防部在《国防部标准化工作》指令中进一步明确，“优先采用民用标准，只有在确无可用的民用标准时，政府才制定相应的规范和标准”。英国在装备采办管理中，在不影响军事需求的情况下，也优先使用民用标准，在采购“欧洲战斗机”等项目中，承包商可以结合自身特点和情况，自选适用的标准规范。德国装备部门认为，装备采购不应一味地追求技术上的“最佳”方案，发展“最好”“最先进”的武器，而是应该发展经济上可承受、技术上可行的武器。因此，德国国防部尽量采用民用标准和产品，以最大限度地节约军费开支。

五、强化基础资源领域军民共用共享

当今世界，发达国家从最初的发展军民两用技术，逐渐拓展到了信息、人才、服务等资源领域。

一是推动信息资源共用共享。发达国家在信息网络、通用光缆、无线通信和卫星通信等大型基础项目中也实现了军民共建、共享和共用。美、英、德等国家军队信息化建设中 80% 以上的资源均来自民用信息资源。美国超过 95% 的全球信息栅格传输服务由民营部门提供，许多网络管理服务也由非国防部机构来承担。俄罗斯则将数据库、数据库管理和应用技术，以及信息远程通信系统和网络统一在一起，构建统一信息空间，以供军民两大领域使用。

二是利用社会资源培养军事人才。美国充分利用地方院校的资源培养军队人才，在全美私立大学中，有 500 多所设立后备军官培训团，每年可以为美军培养 80% 左右的初级生长军官。此外，美国防部采取的举措还包括：实施军人职业生涯中断试点计划，让现役军人休假几年以获取学位或学习新技能；启动“企业家进驻试点项目”，在国防部不同部门“嵌入”一些知名企业家，引入新的思维协助解决重大任务；创立国防数字部队计划，从硅谷招募天才计算机科学家和软件工程师；启动“国防部管理人员见习项目”，遴选官兵到微软、亚马逊、太空探索技术公司（SpaceX）等顶尖企业以及州和地方政府进行见习以扩大视野。俄罗斯国防部也在全军范围内陆续组建科学连，吸纳国防工业综合体的年轻专家参加创新。

三是加强社会服务军地统筹。以美国为代表的世界主要国家把越来越多的军队保障任务甚至核心保障任务交给社会力量，不仅平时这样，战时也是如此。近几起局部战争中，西方发达国家从日常生活用品到复杂仪器设备，从生活服务到医疗保障，从技术维修到军事运输等保障工作，都充分利用民间力量来完成。美国防部五角大楼两万余人的饮食、交通、维修等服务保障均承包给了地方公司。俄罗斯军队把军民通用的保障实体交给了社会，保障规模压缩了近 40%。德军国防部与财政部联合开办了“发展—采购—运营公司”，全军所有公务用车和被装均由公司负责，实行市场化运作，用车数量由 7900 辆减少到 5000 辆，驾驶员由 5000 名减少到 1000 名。无论是发达国家还是发展中国家，都通过依托国家公共服务体系做好军队保障，最大限度地降低军队保障成本，最终提高国家整体保障质量效益。

第五节　促进国防实力和经济实力同步提升的战略路径

构建一体化国家战略体系和能力，推进国家安全和发展治理现代化，是促进国防和经济两大实力同步提升的根本目标。只有充分运用一体筹划、一体建设、一体布局、一体评估的统合力量，促进国家安全战略和国家发展战略在各层级、各领域的统筹协调和有机衔接，才能达成国防实力和经济实力同步提升效益最大化。

一、战略筹划一体推进

在战略筹划和顶层设计上同步推进国防和经济实力发展，需要在强国强军总体进程中，在国家战略筹划上加快推进国防建设和经济建设由条块分散设计向一体筹划转变，由重点融合领域向多领域延伸拓展转变，由要素松散结合向全要素集成融合转变。要促成这一系列转变，最重要的是强化党的集中统一领导和决策，统筹军地需求，统筹发展规划，统筹重大项目，统筹政策标准。通过建立健全跨军地、跨部门、跨领域、跨区域治理的制度机制和工作模式，使国防和经济实力建设的政策制度能够最大限度地相互支持和兼容，能够对当下经济社会发展的“棋局”与未来战场的“战局”作出科学的通盘谋划。

（一）统筹军地需求

统筹军地需求，就是要解决好需求对资源配置的牵引和导向问题，通过需求牵引规划、规划引导资源配置的机制，达成“兴国之举”和“强军之策”。形成全面、准确、清晰、动态的一体化发展需求，是构建战略体系和能力的关键。要真正把国防建设依托经济建设的需求，以及经济建设对国防建设的资源需求统筹起来，促使新质战斗力和新质生产力双向提升。亟须设计一种能够有效统合融合的体系，统合军地需求生成、统合资源投向投量，使国家在国防和经济建设中的资源配置更加贴近国家安全和发展总体需求，更加贴近新型作战力量建设和体系作战能力生成，更加贴近经济社会发展对国防和军队建设的实际需求。

（二）统筹战略规划

战略规划是战略管理的重要环节，是战略决策的具体体现，是筹划指导战略行动的基本方法。统筹战略规划，就是根据国家发展战略和安全战略，对国防建设和经济建设发展的一系列活动进行顶层设计、资源分配以及宏观调控的过程，包括制定经济建设和国防建设融合发展长期规划、五年规划和年度计划等。只有做好顶层设计，规划好两大实力同步提升进程中的战略路径，统筹协调好各方面重大关系，才能使国家安全、经济发展、社会和谐、科技进步之间产生强大合力，才能切实解决国家安全与发展战略性全局性问题。统筹战略规划，首要需要立足国家战略总体需求搞好规划的整体布局，注重国家顶层设计，优化国防和军队建设合理布局，由重点领域向新兴领域延伸拓展；其次，坚持国家主导与市场运作相统一，积极引导经济社会领域的多元投资、多方技术、多种力量更好服务国防建设，同时促进国防建设成果更好服务经济社会发展；最后，提升规划的刚性约束和执行力，在国家主导下、在政策法规的约束下、在国家治理现代化进程中推动战略规划落实。

（三）统筹重大项目

重大项目是推动经济建设和国防建设协调发展的重要着力点，是实现资源统筹使用的有效抓手。从构成上看，重大项目是由国家主导、军民两用、关系安全与发展全局的项目工程，主要包括基础设施重大项目贯彻国防需求和重大军民两用科技创新项目等。当前，我国在基础设施贯彻国防需求发展上还存在诸多问题，国防基础设施与民用基础设施重复建设和浪费资源的现象较为严重，同时一些重大科技创新项目建设推进缓慢。因此，必须搞好重大项目方案设计，兼顾国防需求和社会经济发展需求，健全重大工程项目的军地联动合作机制，明确相关机构的主要职责、职能配置和基本关系，加强对重大项目的全面领导和统筹推进。

（四）统筹政策标准

政策标准是经济建设和国防建设协调发展的制度依据。应牢固树立军地“一盘棋”理念，军地不同政策制定部门之间加强协同，做好军队与政府之间政策制定的有效衔接和相互配套，防止出现政出多门、互相牵制、推诿扯皮等现象。同时，加快军民标准兼容进程。在国防实力和经济实力同步提升过程中，标准问题不单是一个技术问题，而是一个战略问题。只有军用标准和民用标准相匹配、相协调，才能有效推进武器装备科研生产体系的一体化发展。目前，我国很多民用高新技术企业在电子信息、新材料、新能源等领域的技术水平已超过军工单位，修订军用标准的任务十分繁重。统筹军民标准，构建开放共享的标准化资源服务保障体系，不仅可以发挥民用标准在满足军事需求方面的作用，大幅节约资源，还可以使新技术、新工艺及时反映到军用标准之中，提高军工产品的质量，同时有效促进竞争。为此，必须建立和完善技术标准和信息发布等制度，凡是民用标准能够满足军事要求的应尽量直接采购，对于那些低于民用或能用民品标准代替军用标准的，应明确采用民用标准，加快建立国家标准、军用标准和行业标准统筹协调的标准体系。

二、战略资源一体配置

实现富国强军相统一的资源配置，最重要的是坚持“安全优先”与“适度够用”相统一的基本原则。一方面，根据国家总体战略目标，确定在一定时期内国防安全资源的配置量，以此为基础形成安全与发展在社会经济资源总配置中的合理比例。确定了国家所需的国防经济资源，也就确定了国家在安全与发展上的资源分配比例关系。另一方面，由于国防投入总体上属于非生产性资源消耗，在资源量既定的情况下，投入国防建设的资源越多，投入经济建设的资源就越少。这又决定了国防资源投入必须适度、有效，既能有效保证国家安全需要，又能使国防投入对国民经济正常发展的负面影响较小。确保国防安全，国防投入水平“过之”不可，“不足”不行，只有“适宜”最好。就我国而言尚需考虑两个重要因素，一是我国仍将长期处于社会主义初级阶段，发展仍然是我们党执政兴国第一要务；二是我国国防开支占国内生产总值的比例、人均军费数额均长期低于世界平均水平，国防建设供求缺口一直很大。兼顾发展和安全，我们应当积极探索建立国防建设投入增长率与国民经济增长率、国家财政增长率稳定挂钩的机制。这也是我们在经济发展的基础上持续稳定地推进国防和军队现代化建设，实现国防和经济两大实力同步提升的最为现实和合理的选择。

与此同时，还要着力推动战略资源的“全要素”一体整合。实现资源要素的融合共享，是统筹协调经济建设和国防建设的核心要义。其实质是促进经济和国防两大建设的“互动”，在军地之间消除体系壁垒和封闭隔离，建立一个开放系统。要注重从顶层设计上破除阻碍资源要素在两大建设体系之间流动和转化的制度壁垒，着力推动土地、人才、资本、技术、数据、基础设施等“全要素”的一体整合。强化军地资源共用共享，形成军地兼容共用的基础设施基础、人力基础、科技基础、工业基础、信息基础、制度标准基础。持续深入推进重大领域改革突破，针对在轨卫星资源共享、军品定价等各方面反映强烈、共识度高的重难点问题，下大力气推动重大改革突破。站在国家利益全局的高度，统筹利用土地、空域、电磁频谱等宝贵资源，精准算好明细账，该用的用好，该释放的要释放出去，有效提高国家宝贵资源的利用效率。全面做好军队全面停止有偿服务下篇文章，高效盘活用好军队资产资源，为实现军队资产保值增值、服务军队战斗力建设、促进国家经济社会发展提供有力保障。

三、战略布局一体融合

战略布局是对与国防和经济两大实力建设密切相关的各类市场和非市场主体、政策、机制、产业、科技创新等要素，在一定时空范围内实施的全局性配置和部署，主要包括区域布局、产业布局、创新布局和政策制度布局。统筹和优化布局，就要着眼“资源、转化、能力”这个完整链条，不断提高军地协同发展对国防和军队建设和战斗力发展的贡献率、对创新驱动和生产力发展的贡献率，坚持以新兴领域融合倒逼重点领域转型，最终达到“要素互动、体系重塑、效益提升、激发创新、催生战略能力”的总体功效。

（一）优化区域布局

区域布局体现国防和经济两大建设要素空间分布的协调、均衡和兼容。优化区域布局，需要在全国经济建设和国防建设全局中准确把握区域的战略优势和主要短板，坚持有所为、有所不为。尤其要遵循经济布局调整与国防布局调整相统一的原则，按照沿海内陆联动、沿边沿江沿线衔接的要求，重点面向重大国防建设和发展需求优化区域布局。同时，围绕西部开发、东北振兴、中部崛起、东部率先“四大板块”，助力京津冀协同发展、长江经济带发展、粤港澳大湾区建设、长三角一体化发展和“一带一路”建设，强化贯彻国防要求，促进经济发展，建立更加有效的区域经济建设与国防建设协调发展新格局。

（二）优化产业布局

产业布局构成国防和经济两大实力同步发展的坚实物质基础，不仅能够为国防和军队现代化建设提供坚强的技术支撑，对于培育经济发展新动能、构建现代化经济体系也具有重要促进作用。在我国产业布局规划上，重点产业结构的布局应当将国防建设需求、经济发展结构调整需求、企业发展战略需求统筹考量，与国家产业结构转型升级相适应，通过政策扶持、人才支撑、技术牵引等具体手段实现国家产业布局结构的持续优化。

（三）优化创新布局

创新布局为两大实力同步发展提供不竭动力。创新是推动生产力发展和战斗力生成的根本力量，也是触发产业变革和军事变革的持久动力。近年来，科技创新在国家发展中的地位作用愈发突出，已经成为一个国家走向繁荣富强的立身之本和赢得国际战略竞争博弈的制胜之道。党的十九届五中全会对科技创新专章部署，进一步强调坚持创新在我国现代化建设全局中的核心地位，把科技自立自强作为国家发展的战略支撑，并把完善科技创新体制机制作为坚持创新驱动发展、全面塑造发展新优势的重要内容。在军用技术和民用技术重合度越来越高的时代背景下，要实现国防和民用两大创新体系的深度融合，就必须不断优化创新布局，从创新管理、创新主体和创新阶段三个维度进行一体化谋划设计，以军民协同之力建立强大的创新驱动机制，使经济和国防两大建设协调发展建立在时代之巅。具体来讲，从创新管理维度看，要加强宏观统筹，重点加强军工、军队、民口三条线路科技规划计划的统筹，健全横跨军地的国家创新统筹管理机制，打破国防科技和民用科技自成体系、自我封闭的发展格局；从创新主体的维度看，要推动军地创新力量的高效协同，统筹用好军工集团、军队科研院所、中科院、高等院校、民口和民营企业等五支力量，凝聚军民优势资源，建立联合开发、优势互补、成果共享、风险共担的产学研用合作机制；从创新阶段的维度看，推动国防和经济两大领域需求生成、装备建设、能力发展的有效对接，最终实现从基础研究到批量生产或市场开拓整个创新链条上不同环节的均衡链接、多元主体的协同合作以及战场和市场的紧密结合。

（四）优化政策制度布局

政策制度布局旨在形成长效激励引导机制。在国防实力和经济实力同步提升进程中，政策制度是指一个国家或地区在特定的发展阶段，为了统筹安全与发展，促进经济建设和国防建设融合发展，通过对两大建设众多领域各项资源配置活动的干预，促进两大体系资源优化配置，引导两大建设共用一个经济技术基础而制定的一系列政策措施的总和。政策制度体系具有统领性、扶持性、动态性、综合性特征，主要包括产业发展融合政策、科技创新融合政策、人才培育融合政策、社会服务融合政策、资源共享融合政策等。优化政策制度布局，就是要把政策制度建设纳入经济建设和国防建设全局中去考虑，着眼构建“系统完备、衔接配套、有效激励的政策制度体系”的目标要求，完善军地在制定政策制度中的协调对接机制，重点健全投入保障、税收优惠、金融支持、产业扶持、军事采购、标准兼容等政策手段。在国家层面通过制定政策制度建设规划计划，明确未来一段时期内军地相关政策法规出台的时间表和路线图。加快综合性法律立法进程，推动军地相关法律法规“立改废释”工作，提高经济建设和国防建设协调发展法治化水平。

四、战略评估一体实施

促进国防实力和经济实力同步提升是一项长期的国家战略工程，需要实施全程战略评估。目前在全国范围内还未形成一套完整可行的国防实力和经济实力同步提升的战略评估工作机制、指标体系和数据基础，只能依靠“经验”“拍脑袋想指标”，或者基于一些点面上的情况进行粗略估计和主观评判。改变这种状况，需要依据制约两大实力同步提升的矛盾问题，建立健全规划、项目、投资、绩效评估体系，强化规划刚性约束和执行力。通过开展全面科学的战略评估，适时根据国家安全形势新发展、经济社会发展出现的新情况进行动态调整优化，使之成为推动国防实力和经济实力同步发展全过程的“风向标”和“导航仪”，有益于显著提升国防实力和经济实力同步增长的综合效益。

（一）构建评估指标体系

构建一套科学、完整、有效的评估指标体系，是国防实力和经济实力同步提升战略评估的方法工具。在评估指标体系构建过程中，首先，应确立战略评估的基本目标，即对我国国防实力和经济实力同步提升情况进行战略评估，并将基本目标层层分解，形成多维度的战略评估目标体系。然后，围绕这一目标体系，在遵循全面系统性、具体可行性、动态发展性、定性与定量相结合等原则的基础上，选取相应的评估指标。评估指标应当根据我国经济建设和国防建设协调发展的实际需要确定，能够准确衡量富国强军战略实施与阶段目标之间的差距，及时动态地监控国防和经济实力发展态势，全面系统地评价相关发展规划、计划和项目完成情况，揭示推进过程中遇到的突出矛盾问题，及时发现实践偏差和误判，实现对两大实力发展进程的全面系统检查、监督和预警。在确定评估指标后，评估指标的权重确定也直接决定评估结果的真实性和有效性。目前常用的评估指标权重确定方法包括层次分析法、德尔菲法、主成分分析法、网络层次分析法等。根据战略评估的实际情况，选取适合的方法确定各级指标权重。最后，检验评估指标体系构建的合理性、可操作性以及全面性，为运用指标体系组织评估实施做好准备。

（二）健全组织实施机制

完善的战略评估机制，是有效实施国防实力和经济实力同步提升战略评估的基本依托。一是要健全组织管理机制。建立在国家主导下，由军地各部门、各领域、各行业的业务管理部门参加，以跨部门、跨领域、跨行业的国家战略智库和独立评估机构为支撑的评估组织管理架构。可以分年度组织实施，也可以与五年规划的阶段性检查评估结合起来并行组织。为确保评估有效性，还应建立有效的信息反馈机制和渠道，客观反映战略的实际执行结果。二是健全法规制度体系。应当从法规制度层面对国防实力和经济实力同步提升战略评估全过程进行规范，制定具有我国特色、层次高、权威性强的战略评估实施办法和工作规则，明确各级、各部门相应的权利和责任，全面规范战略评估全过程，真正做到战略评估全程“有法可依”。三是加强数据基础和条件建设。抓紧建立健全相关数据统计监测系统，机制化地汇总掌握各类要素资源的数量规模、类型结构、分布状况等信息，构建完善国防实力和经济实力同步提升情况的数据资源信息库，为战略决策和战略评估提供基础性支撑。

（三）加强评估力量建设

评估力量能够为战略评估顺利实施提供人才支撑。一方面，要加强专业人才队伍建设。高素质的专业人才队伍是有效实施战略评估的基本条件。要培养塑造一批具有广阔战略视野、跨学科知识背景、掌握现代评估技术手段的专业化人才队伍，打造复合型的国防实力和经济实力同步提升的战略评估团队。评估团队领军人物应当具有宽广的战略视野和扎实的专业理论基础，对把握战略具有很强的敏锐性，能够深刻领会战略评估的总体需求，善于营造自由思考、激励创新的团队氛围。团队专业人才的素质结构应当复合多元，包括战略分析人才、经济分析人才、军事分析人才、数据处理人才、各领域专业人才等。另一方面，要用好第三方评估力量。充分发挥独立战略智库的重要作用，调动社会第三方机构参与国防实力和经济实力同步提升战略评估的积极性，构建多层次、多维度的评估力量网络。独立智库的利益相对超然，能够最大限度发挥客观公正的评价作用。

（四）强化评估结果运用

评估结果运用作为评估链条的末端环节，是确保战略评估取得实效的重要保证。加强国防实力和经济实力同步提升战略评估的结果运用，首先要做好战略评估结果的反馈。根据战略评估的反馈结果提出战略调整的建议和措施，形成“评估—反馈—改进”的循环过程，实现对整个战略实施体系及时纠偏、校正和优化。其次要建立完善战略评估的激励机制。进一步明确评估结果的运用原则和奖惩细则，把考评结果纳入军地相关部门和人员的绩效考评体系。最后要实施严格的监督问责。对于在评估过程中发现的问题，明确问责依据、标准和程序，强化对完成工作不力、不作为、乱作为的责任追究，有效规范相关机构和人员的行为。

参考文献

[1]《中国共产党第十九届中央委员会第五次全体会议文件汇编》，人民出版社 2020 年版。

[2]《习近平在出席解放军代表团全体会议时强调加快建立军民融合创新体系为我军建设提供强大科技支撑》，《人民日报》2017 年 3 月 13 日。

[3]《中共中央国务院中央军委印发〈关于经济建设和国防建设融合发展的意见〉》，《人民日报》2016 年 7 月 22 日。

[4]《党的十九届五中全会建议学习辅导百问》，学习出版社 2020 年版。

[5]《〈中共中央关于制定国民经济和社会发展第十四个五年规划和二〇三五年远景目标的建议〉辅导读本》，人民出版社 2020 年版。

撰稿人：姜鲁鸣，十三届全国政协委员、国防大学军事管理学院教授；李国玉，武警后勤学院后勤保障系讲师

第十三章　以高质量党建引领推动高质量发展

新时代新阶段以高质量发展为主题，也必须以高质量党建为先导为保障。习近平总书记在主持起草《中央关于国民经济和社会发展第十四个五年计划和二〇三五年远景目标的建议》过程中进一步强调，高质量发展不仅是指经济领域，还包括党和国家事业发展的其他各个领域。2018 年 7 月 3 日，他在全国组织工作会议上强调："提高党的建设质量，是党的十九大总结实践经验、顺应新时代党的建设总要求提出的重大课题。"

第一节　提高党的政治建设质量，为高质量发展提供坚实的政治保证

党的十九大报告指出，要"把党的政治建设摆在首位"。旗帜鲜明讲政治是我们党作为马克思主义政党的根本要求。

一、最重要的是坚持党中央的绝对权威和集中统一领导

（一）中国共产党的核心领导地位是人民的选择历史的选择

自鸦片战争后，中国沦为半殖民地半封建社会，外敌入侵，战乱不止，山河破碎，生灵涂炭，中国人民陷入了苦难深渊，处于水深火热之中。中国共产党的成立、中国共产党的纲领路线和主张，犹如黑暗中的

一道霞光，照亮了中国大地，中国人民为此看到了希望，受到了鼓舞，决心跟党走、闹革命。中国共产党成立后，道路并不平坦，经历过无数次生死考验，但意志坚定的中国共产党人及革命群众不怕牺牲，迎着刺刀上，流着鲜血走，视死如归，永不言败。大革命失败后，共产党掀起土地革命的风暴，建立革命根据地，开展武装斗争，走出了一条农村包围城市的正确道路。在抗日战争中发挥了中流砥柱的作用。在解放战争中更是以少胜多、以弱胜强，仅用三年多的时间，就打败了国民党反动派，建立了新中国。英雄先烈们铮铮铁骨的英雄气概激励着一代一代共产党人为革命英勇献身。正是这些前仆后继的先烈英雄，成就了百年大党的辉煌历史，为立党、兴党、强党树立了榜样，感召了中国人民，使中国人民更加热爱党跟党走。新中国成立后，中国共产党一心一意为人民办实事谋幸福。人民生活发生了天翻地覆的变化，尤其党的十八大后，全部实现了脱贫，全面建成了小康社会。广大人民群众从自身生活翻天覆地的变化中，感受到了党的关怀和温暖，更加坚定了听党话、跟党走的信心。最近，美国一家知名公司发布信任度调查显示，中国民众对本国政府的信任度高达95%，在受访国家中高居第一。什么是民心？这就是民心。什么是人民的选择，这就是人民的选择。中国共产党的核心领导地位是人民的选择，是历史发展的必然，任何势力任何人是否定不了的，改变不了的。

（二）坚决维护以习近平同志为核心的党中央权威和集中统一领导

习近平总书记早在2017年2月13日的讲话就指出："坚决维护党中央权威、保证全党令行禁止，是党和国家前途命运所系，是全国各族人民根本利益所在。""坚持党的领导，首先是坚持党中央的集中统一领导。一个国家、一个政党，领导核心至关重要。"为此，在新的百年奋战征程上，我们必须牢固树立政治意识、大局意识、核心意识、看齐意识，自觉在思想上行动上同党中央保持高度一致。东、西、南、北、中，党是领导一切的，各级党委，各级组织，各行各业都要自觉向党中央看齐，向党的理论和路线方针看齐，向党中央决策部署看齐，真正做到党中央提倡的坚决响应、党中央决定的坚决执行、党中央禁止的坚决不做。

（三）坚决维护好习近平总书记在党中央在全党的核心地位

一个国家、一个政党，领导核心至关重要。确立和维护无产阶级政党的领导核心，始终是马克思主义建党学说的基本观点。我国正处于中国特色社会主义的新时代，这个时代正迫切需要能够及时回答时代之问、人民之问，能指引全党带领全国人民奋勇前进的领路人；迫切需要能够洞悉时代风云、明辨是非，能迎战惊涛骇浪的掌舵者；迫切需要能够统筹协调党和国家事业全局，实现“两个一百年”奋斗目标的总指挥。顺应时代呼唤、人民期盼，党的十八届六中全会正式确立习近平总书记在党中央、在全党的核心地位，党的十九大把习近平总书记在党中央在全党的核心地位写入党章，这也是人民的选择、历史的选择。

习近平总书记的核心地位是在推进伟大斗争伟大工程伟大事业的实践中确立起来的。党的十八大以来，习近平总书记亲自指挥部署事关党和国家全局的重大工作和重大斗争，率先垂范，知行合一，亲自部署打赢了脱贫攻坚战，书写了人类历史上的伟大传奇。领导全党全国人民，艰苦奋战，全面建成了小康社会，胜利完成了第一个百年的奋斗目标。全面推进改革开放，构筑完善国家制度和国家治理体系的现代化，“打虎”、“拍蝇”、“猎狐”、反腐败，敢于亮剑，挽救了国家，挽救了党。推进部队改革，大大增强了军事力量。提出“一带一路”倡议，推动构建人类命运共同体，为世界和平发展贡献了智慧。运筹引领大国外交，有力维护了我国主权、尊严和核心利益。尤其亲自指挥新冠肺炎疫情防控的总体战、阻击战，统揽全局、果断决策，取得了防疫抗疫的重大成果。这一系列的非凡之举，展现了一个大党大国领袖运筹帷幄、指挥若定的领导水平和斗争艺术。习近平是习近平新时代中国特色社会主义思想的主要创立者。为全党全国人民提供了胜利前进的有力思想武器。习近平同志是扎根人民群众中成长起来的党的领袖，具有高瞻远瞩、运筹帷幄的领导风范，具有心系国家、情系人民的人格魅力，具有马克思主义政治家的政治智慧和雄才大略。明确习近平总书记的核心地位是全党的共同意志，是全国各族人民的共同心愿，是党之大幸、国之大幸、人民之大幸。

二、全面认真贯彻落实好党的理论和路线方针政策

（一）贯彻落实党的理论和路线方针政策必须坚定不移全面认真

习近平总书记讲：“党政军民学，东西南北中，党是领导一切的。党中央制定的理论和路线方针政策，是全党全国各族人民统一思想、统一意志、统一行动的依据和基础。”只有坚定不移全面认真地贯彻落实好党的理论和路线方针政策，才能把广大人民群众动员起来、组织起来，形成万众一心、无坚不摧的磅礴力量。否则，就会出现如习近平总书记所讲的：“我们这么大一个党、这么大一个国家，如果没有党中央定于一尊的权威，公说公有理，婆说婆有理，争论不休，不仅会误事，而且要乱套！”

（二）认真贯彻落实好党的十九届五中全会精神

党的十九届五中全会，是在“两个一百年”历史交汇重大节点上召开的，全会审议通过了《中共中央关于制定国民经济和社会发展第十四个五年规划和二〇三五年远景目标的建议》，习近平总书记就《建议》起草的有关情况作了重要讲话，会议深入分析了我国发展面临的国际国内形势，对2025年远景目标、对“十四五”时期经济社会发展作出了系统谋划和战略部署，明确了未来五年经济社会发展的指导思想、基本原则、目标要求、主要任务和重大举措，描绘了到2035年基本实现社会主义现代化的远景目标，集中回答了新形势下实现什么样的发展，怎样实现发展的重大问题。

（三）必须完整、准确、全面贯彻新发展理念

2016年1月29日，习近平总书记在主持十八届中央政治局集体学习时特别指出：“新发展理念就是指挥棒、红绿灯。全党要把思想和行动统一到新展理念上来，努力提高统筹贯彻新发展理念的能力和水平。2021年1月18日，习近平总书记在中央政治局集体学习时特别强调：“全党必须完整、准确、全面贯彻新发展理念。”新发展理念是一个系统的理论体系，是习近平新时代中国特色社会主义思想的重要组成部分。新发展理念回答了关于发展的目的、动力、方式、路径等一系列理论和实践问题，阐明了我们党关于发展的政治立场、价值导向、发展模式、发展道路等一系列重大政治问题，当然也是新时代新阶段高质量发展的根本遵循。

三、切实提高各级党组织和党员干部的政治能力

（一）善于从政治上分析问题、解决问题

提高政治能力，很重要的一条就是要善于从政治上分析问题、解决问题。只有从政治上分析问题才能看清本质，只有从政治上解决问题才能抓住根本。要不断提高党员领导干部把握方向、把握大势、把握全局的能力。要具备辨别政治是非、保持政治定力、驾驭政治局面的能力。要不断提高政治判断力、政治领悟力、政治执行力。要特别注意提高防范政治风险的能力。

（二）努力营造风清气正的政治生态

提高党的政治建设质量，必须把营造风清气正的政治生态作为基础性、经常性的工作来抓。要严肃党内政治生活，严格执行《关于新形势下党内政治生活的若干准则》，着力提高党内政治生活质量，不断提高党内政治生活的政治性、时代性、原则性、战斗性，努力在全党形成又有集中又有民主、又有纪律又有自由、又有统一意志又有个人心情舒畅生动活泼的政治局面。大力倡导清清爽爽的同志关系、规规矩矩的上下级关系，干干净净的政商关系。

（三）严明党的政治纪律和政治规矩

提高党的政治建设质量，要有严明的纪律和规矩做保证。没有规矩不成方圆，没有纪律必然松弛。必须切实加强纪律建设。广大党员干部在严守党的政治纪律和政治规矩上要做表率，要发挥模范带头作用，要强化自我约束，特别要自觉规范工作时间之外的政治言行，不准散布违背党的理论和路线方针政策的言论，不准妄议中央、不准制造、传播政治谣言及丑化党和国家形象的言论，不准拉帮结派、搞团团伙伙。各级党组织要加强警示教育，引导党员、干部始终做政治上的明白人、老实人。对违反党的政治纪律和政治规矩的言行要坚决批评制止，问题严重的要严肃处理。对推进党的政治建设特别是遵守党的政治纪律和政治规矩情况要进行严肃的监督检查。从严治党是我们党最鲜明的品格，是永葆党的先进性纯洁性的重要保证。各级党组织都要负起责任。

第二节 提高党的思想建设质量，为高质量发展筑牢坚实的思想基础

党的思想建设在党的建设中起着至关重要、不可或缺的作用。我们要实现新时代新阶段高质量的发展，必须在提高党的思想建设质量上下功夫。

一、首要的是坚持用习近平新时代中国特色社会主义思想武装党员干部头脑

（一）认真学习全面把握习近平新时代中国特色社会主义思想的科学内涵

习近平新时代中国特色社会主义思想是对马克思列宁主义、毛泽东思想、邓小平理论、“三个代表”重要思想、科学发展观的继承和发展，是马克思主义中国化最新成果，是党和人民实践经验和集体智慧的结晶，是全党全国人民为实现中华民族伟大复兴而奋斗的行动指南。习近平新时代中国特色社会主义思想博大精深，我们必须首先在全面把握其深刻内涵上下功夫。

习近平新时代中国特色社会主义思想运用马克思主义立场观点和方法，聚焦新的时代命题，凝结新的思想精华，总结开创性独创性的实践经验，提出一系列新思想新观点新论断，构建起新的理论体系。这一思想内涵十分丰富，包括新时代坚持和发展中国特色社会主义的总目标、总任务、总体布局、战略布局、发展方向、发展方式、发展动力、战略步骤、外部条件、政治保证等方面的基本问题，并根据新的实践对经济、政治、法治、科技、文化、教育、卫生、民族、宗教、社会、生态文明、国家安全、国防和军队、“一国两制”和祖国统一、统一战线、外交、党的建设等各个方面作出理论分析和政策指导。习近平新时代中国特色社会主义思想的核心内容是“8个明确”和“14个坚持”。这是习近平新时代中国特色社会主义思想的四梁八柱。“8个明确”偏重于理论层面的高度概括和凝练，每一个“明确”都具有原创性的新思想新观点，集中反映着我们党对科学社会主义在当今时代的理论思考和理论贡献。“14个坚

持”是新时代坚持和发展中国特色社会主义的基本方略。它涵盖坚持党的领导和“五位一体”总体布局、“四个全面”战略布局、涵盖国防和军队建设、维护国家安全、对外战略，是对党的治国理政重大方针、原则的最新概括，是实现“两个一百年”奋斗目标、实现中华民族伟大复兴的中国梦的“路线图”和“方法论”。

（二）充分认识习近平新时代中国特色社会主义思想的历史贡献

习近平新时代中国特色社会主义思想，彰显着坚定的理想信念，展现着真挚的人民情怀，贯穿着高度的自觉自信，体现着鲜明的问题导向，充满着无畏的担当精神。习近平新时代中国特色社会主义思想，为新时代坚持和发展中国特色社会主义、推进党和国家事业提供了基本遵循，为发展21世纪马克思主义，发展当代中国马克思主义作出了历史性贡献。开辟了中国特色社会主义新境界，开辟了治国理政新境界，开辟了管党治党新境界，开辟了马克思主义新境界。

党的十八大以来，以习近平同志为核心的党中央以巨大的政治勇气和强烈的责任担当，统揽伟大斗争、伟大工程、伟大事业、伟大梦想，提出一系列新理念新思想新战略，出台一系列重大方针政策，推出一系列重大举措，推进一系列重大工作，解决了许多长期想解决而没有解决的难题，办成了许多过去想办而没有办成的大事，推动党和国家事业取得历史性成就、发生历史性变革。习近平新时代中国特色社会主义思想是走好新时代长征路的主心骨、定盘星。习近平新时代中国特色社会主义思想的实践价值是作用于现实的、更是影响长远的，必将随着实践的发展而更加充分彰显。这一思想着眼的是新时代坚持和发展中国特色社会主义，聚焦的是实现中华民族伟大复兴的中国梦，规划的是全面建成小康社会、全面建设社会主义现代化国家。习近平新时代中国特色社会主义思想为发展马克思主义作出了中国的原创性贡献，谱写了马克思主义新篇章，实现了马克思主义基本原理与中国具体实际相结合的又一次飞跃，充分彰显了马克思主义的强大生命力和中国共产党人的理论创造力，在马克思主义中国化进程中具有里程碑意义。习近平新时代中国特色社会主义思想是中国精神的时代精华，为实现中华民族伟大复兴提供了精神力量。习近平新时代中国特色社会主义思想，鲜明提出并系统论述了中国梦这个重大命题，深刻阐述了民族复兴的基本内涵，深刻揭示了我们在民族复兴历史进程中所处的方位，科学规划了民族复兴的实现路径、战略步骤，为新时代坚持和发展中国特色社会主义注入了新的内涵。习近平新时代中国特色社会主义思想饱含着对人类发展重大问题的睿智思考和独特创见，为建设美好世界贡献了中国智慧、中国方案。

（三）坚决贯彻落实好习近平新时代中国特色社会主义思想

坚持用习近平新时代中国特色社会主义思想武装全党、教育人民，对于统一思想认识、明确前进方向、凝聚奋进力量，实现社会主义现代化和中华民族伟大复兴，具有重大现实意义和深远历史意义。我们必须认真学习、深刻领会、坚决贯彻落实好习近平新时代中国特色社会主义思想。在学懂上下功夫。“懂”是前提。坚持读原著、学原文、悟原理，全面系统学，及时跟进学、深入思考学、联系实际学。深刻认识习近平新时代中国特色社会主义思想的时代意义、理论意义、实践意义、世界意义，深刻理解这一思想的核心要义、精神实质、丰富内涵、实践要求，深刻体悟这一思想彰显和贯穿的坚定理想信念、真挚人民情怀、高度自觉自信、无畏担当精神、科学思想方法。努力把每一点都领会深、领会透，做到知其言更知其义，知其然更知其所以然。在弄通上下功夫。“通”就是贯通。把学习领会习近平新时代中国特色社会主义思想同学习马克思列宁主义、毛泽东思想、邓小平理论、“三个代表”重要思想、科学发展观贯通起来，同学习党史、国史、社会主义发展史贯通起来，同进行伟大斗争、建设伟大工程、推进伟大事业、实现伟大梦想的实践贯通起来，同落实十八大以来党中央作出的各项战略部署贯通起来，准确把握这一思想的理论逻辑、历史逻辑、实践逻辑。在做实上下功夫。“实”是落脚点，大力弘扬马克思主义学风，紧密结合新时代新实践新要求，紧密结合思想和工作实际，强化问题导向、实践导向、需求导向，把自己摆进去、把职责摆进去、把工作摆进去，更加自觉地用习近平新时代中国特色社会主义思想指导解决改革发展稳定的重大问题、人民群众反映强烈的突出问题、党的建设面临的紧迫问题，切实把学习成效转化为推动党和国家事业发展的强大力量。

二、更加坚定理想信念

（一）树立共产主义远大理想

中国共产党的理想信念，就是马克思主义真理信仰、共产主义远大理想和中国特色社会主义共同理想。革命理想高于天。中国共产党从诞生之日起就把马克思主义写在自己的旗帜上，把实现共产主义确立为最高理想。我们党的百年历史中，无数共产党人不怕流血牺牲，靠的就是这种信仰，为的就是这个理想。

坚定共产主义的理想信念，很重要的是提高理论武装工作的质量，真正高举马克思主义的伟大旗帜，把理想信念建立在对马克思主义的理性认同上，建立在对历史规律的正确认识上，建立在对基本国情的准确把握上。习近平总书记强调，马克思主义为中国革命、建设、改革开放提供了强大思想武器，使中国这个古老的东方大国创造了人类历史上前所未有的发展奇迹。

（二）树立中国特色社会主义共同理想

习近平总书记指出：中国特色社会主义共同理想是共产主义最高理想在现阶段的具体体现，实现当前的共同理想和实现最高理想本质上是一致的。

树立中国特色社会主义共同理想，要更加坚定“四个自信”。习近平总书记指出：“中国特色社会主义道路是实现社会主义现代化，创造人民美好生活的必由之路，中国特色社会主义理论体系是指导党和人民实现中华民族伟大复兴的正确理论，中国特色社会主义制度是当代发展进步的根本制度保障，中国特色社会主义文化是激励全党全国各族人民奋勇前进的强大精神力量。”道路、理论、制度、文化这四者统一于中国特色社会主义的伟大实践，这是中国特色社会主义最鲜明的特色。习近平总书记在党的十九大报告中强调：“全党要更加自觉地增强道路自信、理论自信、制度自信、文化自信，既不走封闭僵化的老路，也不走改旗易帜的邪路，保持政治定力，坚持实干兴邦，始终坚持和发展中国特色社会主义。”

三、树立正确的世界观权力观

（一）树立马克思主义的世界观权力观

共产党人要树立坚持辩证唯物主义和历史唯物主义的马克思主义世

界观。权力观是关于国家和社会权力的根本观点，马克思主义权力观，概括起来是两句话：权为民所赋，权为民所用。党的各级干部必须牢记这两句话。广大党员干部要牢记毛主席强调的“两个务必”，认真贯彻习近平总书记“不忘初心、牢记使命”的指示，无论社会环境怎么变，客观形势怎么变，无论个人职务怎么变，地位怎么变，为党增光，为国出力，为民造福的使命不能变。

（二）大力弘扬伟大建党精神

习近平总书记在庆祝中国共产党成立 100 周年大会上的重要讲话中，总结、概括、提炼了我们党在百年奋斗历程中形成的伟大建党精神，这就是：“坚持真理、坚守理想，践行初心、担当使命，不怕牺牲、英勇斗争，对党忠诚、不负人民”。伟大的建党精神，思想精辟、内涵丰富，意义重大、意境深远，深刻揭示了中国共产党的特质，是我们党历经千锤百炼而朝气蓬勃的秘诀，是我们全面认识准确把握中国共产党为什么能的一把金钥匙，用伟大的建党精神武装党员干部头脑，这是新形势下党的思想建设的一项重要任务。

第三节　提高党的组织建设质量，为高质量发展提供坚实的组织保障

组织工作是党的建设中非常关键的一环，组织工作搞得好不好，关系到党的政治路线能否贯彻好，关系到党的事业的兴衰成败。

一、认真贯彻党的组织路线，努力建设好党的组织体系

习近平总书记指出：“组织路线对坚持党的领导、加强党的建设、做好党的组织工作具有十分重要的意义。”

（一）要认真贯彻党的组织路线

党的十八大以来，习近平同志总结党的组织建设的历史经验，根据新时代的新形势新要求，明确提出新时代党的组织路线是：“全面贯彻新时代中国特色社会主义思想，以组织体系建设为重点，着力培养忠诚干

净担当的高素质干部，着力集聚爱国奉献的各方面优秀人才，坚持德才兼备、以德为先、任人唯贤，为坚持和加强党的全面指导、坚持和发展中国特色社会主义提供坚强组织保证。”

（二）要努力建设好党的组织体系

习近平总书记指出：“党的力量来自组织。党的全面领导、党的全部工作要靠党的坚强组织体系去实现。”习近平总书记强调，进入新时代，开启新征程，我们必须更加注重党的组织体系建设，不断增强党的政治领导力、思想引领力、群众组织力、社会号召力，把党员组织起来，把人才凝聚起来，把群众动员起来，为实现党的宏伟目标而努力奋斗。我们党是按照马克思主义建党原则建立起来的，形成了包括党的中央组织、地方组织、基层组织在内的严密组织体系，这是世界上任何其他政党都不具备的强大优势，对这一优势，我们要坚定不移地坚持下去，不管刮什么风下什么雨都不能动摇，不能改变。

（三）切实加强机关党的建设

中央对加强机关党的建设非常重视，2019 年 2 月专门下发了《关于加强和改进中央和国家机关党的建设的意见》。习近平总书记指出：“中央和国家机关党的建设必须走在前、作表率，这是由中央机关的地位和作用决定的。”中央和国家机关离党中央最近，服务党中央最直接，中央和国家设立的部门又是领导管理某一方面工作的司令部、指挥部，直接关系到党和国家某一方面工作的好坏。部门机关党的建设，直接关系到部门领导作用、组织作用、服务基层工作的好坏，必须高度重视，抓实抓严。

二、切实加强党的基层组织建设

习近平总书记指出：“党的基层组织是党的肌体的‘神经末梢’，要发挥好战斗堡垒作用。落地才能生根，根深才能叶茂”。

（一）建立健全党的基层组织

要科学设置党的基层组织，要适应改革开放、实行中国特色社会主义市场经济的新形势，切实做到中国共产党的组织在各行各业、上上下下、方方面面的全覆盖。特别要加强在外资企业、社区、民营经济、新社会组织、民间团体、流动党员中党组织的设立。对基层党组织的人数组成、工作分工要有合理的规定，对基层党组织的职能任务要有明确的要求，要有健全科学的规章制度，对基层党组织工作的情况要有监督、有考核、有奖罚。要特别配好基层党组织的领导班子，选好党支部成员，尤其要配好党支部书记。

（二）充分发挥好基层党支部的战斗堡垒作用

要加强基层党组织的政治功能，切实做好宣传党的主张、贯彻党的决定，引导党员群众旗帜鲜明讲政治，不断提高党员的政治判断力，政治领悟力，以正确的行动做到“两个维护”。组织好党员群众学习领会贯彻落实好习近平新时代中国特色社会主义思想，提高理论水平。切实提高组织力，组织党员群众认真完成上级部署的各项工作任务，推进改革开放，发展地方经济及各项社会事业。组织好基层的精神文明建设，开展好文明单位创建活动。要加强服务意识，提高服务水平，把服务群众、造福群众作为基层党组织的出发点和落脚点，通过不断增强人民群众的获得感、幸福感、安全感，赢得群众对党的信任和拥护。

（三）切实做好发展新党员的工作

发展新党员，壮大党的队伍，这是基层党组织的职责和使命，必须牢牢抓在手上。我们党现在虽然有 9000 多万党员，但党员分布不平衡，有的部门、单位党员平均年龄偏大等问题是存在的。广大基层党组织应该积极主动地把具有马克思主义信仰、共产主义觉悟和中国特色社会主义信念，自觉践行社会主义核心价值观的先进分子，及时吸收到党的队伍中来，这要作为一项经常性的工作抓紧抓好，尤其要注意抓好农村、科研单位、学校、外资企业、社会组织等地方发展新党员的工作，注意在各行各业各个地方壮大党的队伍。发展新党员要注重质量，要对发展对象做好审查考察，要对入党积极分子加强培养和教育，要严格发展吸收新党员的程序，遵守发展新党员工作的纪律，严禁在发展党员问题上弄虚作假、照顾关系的错误做法。如有违犯必须严肃处理，确保党员队伍的先进性、纯洁性。

三、充分发挥共产党员的模范带头作用

中国共产党百年的辉煌历史，是与广大共产党员，在各个历史时期，

不怕牺牲、英勇奋战、充分发挥模范带头作用分不开的。

（一）加强对党员的教育和管理

对党员的教育管理工作是党的建设基础性经常性的工作，对 9000 多万党员的庞大队伍，教育管理搞不好，就难以保证党的先进性和战斗力。党员教育工作要以习近平新时代中国特色社会主义思想为指导，推进“两学一做”学习教育常态化制度化，不断增强党员教育管理的针对性和有效性，努力建设政治合格、执行纪律合格、品德合格、发挥作用合格的党员队伍。党员教育首先要突出政治教育，组织党员认真学习习近平新时代中国特色社会主义思想，提高政治觉悟，坚定为实现共产主义、为建设中国特色社会主义奋斗终生的理想信念。尤其要抓好对党章的学习。习近平总书记指出：“在各级党组织的全部活动中，都要引导广大党员自觉学习党章、遵守党章、贯彻党章、维护党章，自觉加强党性修养、增强党的意识、宗旨意识、执行意识、大局意识、责任意识，切实做到为党分忧、为国尽责、为民奉献。”要组织广大党员向英雄模范学习。还要组织广大党员结合自己的工作，学知识、学业务，在各自的岗位上做行家里手。

（二）充分发挥共产党员的模范带头作用

共产党员发挥模范带头作用，是做党员必须承担的义务、是入党时立下的誓言，必须自觉履行自己的诺言。在新时代，勇于更好地做树立“四个意识”、坚定“四个自信”、做到“两个维护”的模范，做积极树立社会主义核心价值观的模范，做传承红色基因、继承共产党人精神谱系的模范，做关心群众为人民服务的模范，做积极工作争当先进的模范。

第四节　提高党的干部队伍建设质量，为高质量发展培养造就一支宏大的高素质干部队伍

进入新时代，奋战新征程，推动经济社会高质量发展，实现中华民族伟大复兴，关键在党，关键在人，关键要有一支宏大的高素质干部队伍。

一、认真贯彻习近平总书记提出的新时代好干部标准要求

（一）明确新时代好干部的标准要求

习近平总书记讲："好干部的标准，大的方面来说，就是德才兼备。"好干部的标准不同历史时期有不同的要求。习近平总书记讲："现在，我们提出政治上靠得住、工作上有本事、作风上过得硬、人民群众信得过等具体要求，突出了好干部标准的时代内涵。"习近平总书记还讲："概括起来说，好干部要做到信念坚定、为民服务、勤政务实、敢于担当、清正廉洁。"2021 年 9 月 1 日，习近平总书记在中央党校（国家行政学院）中青年干部培训班上讲："年轻干部生逢伟大时代，是党和国家事业发展的生力军，必须练好内功、提升修养，做到信念坚定、对党忠诚，注重实际、实事求是，勇于担当、善于作为，坚持原则、敢于斗争，严守规矩、不逾底线，勤学苦练、增强本领，努力成为可堪大用、能担重任的栋梁之材，不辜负党和人民期望和重托。"

（二）好干部第一位的标准是坚定理想信念

习近平总书记讲："理想信念坚定，是好干部第一位的标准，是不是好干部首先看这一条。"坚定理想信念，最重要的是坚定马克思主义理论信仰，坚定共产主义远大理想和中国特色社会主义共同理想。事实证明，理想信念动摇是最危险的动摇，理想信念滑坡是最危险的滑坡。我们广大党员干部，只有坚定了理想信念，在错综复杂的形势面前，才能经得住权力、金钱、美色的诱惑，才能更好地树立起牢固的宗旨观念，更好地为人民服务，做到吃苦在前，享乐在后，勇挑重担，为实现中华民族伟大复兴奋勇向前。

（三）敢于担当是党的好干部必须具备的基本素质

坚持原则、敢于担当，体现着干部的胸怀、勇气、格调，有多大担当干多大事业。习近平总书记指出："干事担当，是干部的职责所在，也是价值所在。党把干部放在各个岗位是要大家担当干事，而不是做官享福。改革发展稳定工作那么多，要做好工作都要担当作为。担当和作为是一体的，不作为就是不担当，有作为就要有担当。凡是有利于党的和人民的事，我们就要事不避难、义不逃责，大胆地干、坚决地干。"好干

部必须有责任重于泰山的意识，坚持党的原则第一、党的事业第一，敢于旗帜鲜明，敢于较真碰硬，敢于亮剑上阵。做到任劳任怨、尽心竭力、善始善终、善作善成。为了党和人民的事业，要敢想、敢做、敢当、敢为，勇做新时代的劲草、真金。

二、加强对干部的教育培养和锻炼

（一）干部要自觉地坚持不懈地抓好学习

要组织干部认真学习习近平总书记在十九大报告中强调的领导干部应具备的八大本领，努力提高领导本领，增强执政本领。我们还要向革命先烈、向英雄人物学习，以他们为榜样，一心向党，一心为党的事业，不怕牺牲，英勇奋斗。要结合自己的实际情况和思想及工作需要，做到干什么学什么，缺什么学什么。要学习党史、新中国史、改革开放史、社会主义发展史，学习经济、政治、法律、文化、社会、管理、生态、国际等各方面基础性知识，学习同做好本职工作相关的新知识新技能，不断完善新时代履职尽责必备的知识体系。

（二）切实抓好对干部的培养教育工作

干部的素质培养是一个长期的过程，也是一项永不间断的工作。习近平总书记强调，要“建立源头培养、跟踪培养、全程培养的素质培养体系”，组织部门、干部教育部门对总书记做好源头培养、跟踪培养、全程培养的指示，认真研究，从体制、机构、教育内容等方面拿出具体的方案，认真抓好贯彻落实。党组织对干部不能“放养”“散养”，要及时掌握动态，有针对性地补短板、强弱项，帮助干部一步一步健康成长。要增强干部素质培养的系统性、持续性、针对性，优化干部成长路径、积极创造条件、搭建平台，把理想信念教育、知识结构教育、能力素质教育提升贯穿干部成长全过程。各级党的干部培训机构，要不断总结经验，努力提升办学质量和教育培训效果。

（三）在实践中培养锻炼干部

习近平总书记讲：“实践出真知，实践长真才。”要有计划有组织地把年轻干部，把有培养前途的领导干部，放到最艰苦的地方去、放到困难大的地方去、放到矛盾多的地方去、放到后进复杂的地方去、放到任重情急的地方去工作或任职，去经受锻炼和考验。要在改革发展的主战场、维护稳定的第一线、服务群众的最前沿砥砺品质、提高本领。

三、建立健全干部选拔任用机制

（一）建立日常考核、分类考核、近距离考核的知事识人体系

干部考核必须经常化、制度化、全覆盖。既要注意平时考核，又要注重了解干部在完成急难险重任务、处理复杂问题、应对重大考验中的表现，既要重德的表现，又要看才能本事。要强化分类考核，对于不同的职级、不同的岗位应有不同的要求，不能“上下一般粗”“左右一个样”。干部名声在民间，要多听听群众反映，要近距离、多角度考察。要把研究人和研究事结合起来，避免从抽象到抽象，凭感觉下结论。对涉及干部政治经济的重大问题，要多方求证、实事求是，不要轻易下结论。

（二）建立以德为先、任人唯贤、人事相宜的选拔任用体系

我们选用的干部必须是政治上过得硬、靠得住的干部。看政治表现，主要看政治忠诚，看政治定力，看政治担当，看政治能力，看政治自律。看干部要看主流、不能一味求全责备。习近平总书记强调要搞五湖四海、广开进贤之路。要打开视野、不拘一格，坚持干部工作一盘棋，除党政机关外，还要注重从国有企业、高等院校、科研院所等各个领域各条战线的优秀人才中选拔干部。怎么用人？习近平总书记强调，就是要坚持事业为上，以事择人、人岗相适。坚持事业需要什么样的人就选什么样的人，岗位缺什么样的人就选配什么样的人。要注意学以致用，注意岗位的专业需要，不搞论资排辈、平衡照顾。

切实做好人才工作。习近平总书记讲：“人才是衡量一个国家综合国力的重要指标。国家发展靠人才，民族振兴靠人才。我们必须增强忧患意识，更加重视人才自主培养，加快建立人才资源竞争优势。”

（三）建立管思想、管工作、管作风、管纪律的从严管理体系

习近平总书记强调，好干部是选出来的，更是管出来的。从严治党，重要的是从严治吏，要对党员干部严加管理。严管其实是厚爱，是对干部的真正负责。对干部要加强全方位管理，把行为管理和思想管理统一起来，把工作圈管理和社交圈管理衔接起来。要管好关键人、管到关键

处、管住关键事、管到关键时，特别要把一把手管住管好。同时要发挥好群众监督、舆论监督的作用，形成强有力的监督合力。

（四）建立崇尚实干、带动担当、加油鼓劲的正向激励体系

习近平总书记强调，对敢于负责、勇于担当、善于作为、实绩突出的干部，要及时大胆提拔重用，让干部看到只要真干事、能干事、干成事，党组织是不会埋没他的。要在选人用人上体现敢担当、重担当的鲜明导向，把敢不敢扛事、愿不愿做事、能不能干事作为选拔干部的根本依据，激励各级干部撸起袖子加油干。要注重发挥榜样的激励作用，让干部对照找差距、努力有方向。要真心爱护干部，帮助干部解决实际困难，关注其身心健康，让广大干部安心、安身、安全。

第五节　提高党的作风建设的质量，为高质量发展创造一个风清气正的好环境

党的作风就是党的形象，关系人心向背，关系党的生死存亡。

一、充分认识加强党的作风建设的极端重要性

（一）党的作风好坏关系到党能否制定正确的路线方针政策问题

理论联系实际是我们党的三大优良作风之一。在中国共产党100年的历史中，多次验证了这一作风的准确性。如1927年，蒋介石突然发动“四一二”反革命政变，大肆逮捕、屠杀中国共产党人。随后，全国掀起反共高潮。在此紧急关头，中共五大召开。全党期待这次大会能清醒地判断当前局势。然而，大会提出了脱离中国当时实际的主张，最终导致全党徒然丧失时机，坐视整个局势继续恶化。同年7月中旬，中共中央政治局临时常委会，决定将所掌握的部队向南昌集中，准备发动武装起义；在条件较好的地方发动秋收起义；召集中央紧急会议，讨论和决定大革命失败后的新方针。这些符合当时中国实际的举措，在极端危急的情况下，挽救了党，挽救了中国革命。因此，在革命、建设、改革开放、新时代每个历史阶段的实践中，我们所获得的经验，汲取的教训，都表

明党的作风建设的极端重要性。

（二）党的作风好坏，关系到是否取得民心守住江山的问题

习近平总书记指出："江山就是人民，人民就是江山，打江山、守江山，守的是人民的心。"中国共产党一成立、就把为人民服务作为自己的宗旨，写在自己的旗帜上，共产党没有自己的利益，始终代表最广大人民的利益，与人民休戚与共、生死相依。共产党正是以光荣传统和优良作风，矗立起了凝聚民心、勇立潮头的磅礴力量。老百姓认识评判一个政党好坏，最直接、最有力的就是看作风。我们进入新时代，党内风气好不好，将直接影响到我们党能否顺利完成中华民族伟大复兴的历史使命。在新的形势下，我们党更需要通过扎实有效的作风建设凝聚人心，上下同心，汇聚起奋战新征程的宏大力量。

二、深刻把握新时代作风建设的新内涵、新要求

（一）始终坚持对党忠诚

始终坚持对党忠诚，是党的优良作风的根和魂，是新形势下对党的作风建设的新要求。加强党的作风建设，必须首先在政治建设上下功夫，必须强调对党忠诚。党员干部必须坚定理想信念，忠诚党的宗旨、忠诚党的组织、忠诚党的事业。"对党忠诚，必须一心一意，一以贯之，必须表里如一、知行合一，任何时候任何情况下都不改其心、不移其志、不毁其节。"要不断筑牢信仰之基、补足精神之钙、把稳思想之舵，以坚定的理想信念排除各种反动思想的侵蚀，砥砺对党的赤诚忠心。

（二）始终坚持理论联系实际

理论联系实际，是党的实事求是思想路线的根本要求，是马克思主义学风和党的思想作风的重要体现。理论联系实际的前提是学懂弄通理论、掌握思想真谛。要认真学习马克思主义理论及马克思主义中国化最新成果，特别要认真学习习近平新时代中国特色社会主义思想，在弄通弄懂上下功夫。这是新时期我们认识世界、把握规律、追求真理、改造世界的强大思想武器。要准确掌握其中的立场观点方法、道理学理哲理，并用之优化思想方法，解决思想困惑，检视自身思想作风和精神状态，树立正确的世界观、人生观、价值观、权力观和政绩观、事业观。学习理论，一定要

联系实际，要联系自己的思想实际、工作实际，要带着问题学。学了就要做，在抓落实上下功夫，在指导工作上下功夫，以正在做的事为中心，要以思想、工作、作风等方面取得的实效，检验学习的成效。

（三）始终坚持密切联系群众

密切联系群众是党的群众路线的根本要求，是党的工作作风的重要体现。“得人心者，得天下”，我们要保持党长期执政的地位，就必须以人民为中心，与人民群众风雨同舟、生死与共，始终保持党同人民群众的血肉联系，是我们党战胜一切困难的根本保证，是党的作风建设的核心要求。党的干部必须把人民放在心中最高位置，始终以百姓为中心，始终关心人民群众的疾苦及急难重险事宜，要虚心向群众学习，拜群众为师，要让群众有更多、更直接、更实在的获得感、幸福感、安全感。

（四）始终坚持批评和自我批评

“中国共产党的伟大不在于不犯错误，而在于从不讳疾忌医，敢于直面问题，勇于自我革命，具有极强的自我修复能力。”不断增强自我净化、自我完善、自我革新能力，要经常对照党的理论、对照党章党规党纪、对照初心使命、对照中央的部署要求，严于自我解剖，主动查找，勇于改正自己的不足。要敢于认真地开展批评，本着对党、对党的事业、对同志高度负责的精神大胆开展批评，严肃认真提出批评意见，帮助同志及时发现错误，改正错误，团结同志一道前进。

（五）始终坚持发扬斗争精神

敢于斗争、善于斗争，是我们党鲜明的政治品格。面对错综复杂的国际形势，面对改革发展稳定的繁重任务，面对各种矛盾风险的挑战，突出强调斗争精神，唤起一股在困难面前遇强更强、愈挫愈勇的大无畏的精气神，无疑具有强烈的现实针对性。习近平总书记要求年轻干部，决不能碰到困难就打退堂鼓，遇上挫折就畏缩不前。要时刻保持“明知山有虎，偏向虎山行”的斗争姿态，勇立潮头、奋勇搏斗，在新的形势下，敢于做一名大无畏的英勇战士。

（六）始终坚持发扬艰苦奋斗精神

艰苦奋斗是我们党的政治本色，是党的优良作风的重要体现，是一种进取意识和开拓精神，是敢于攻坚克难、甘于担当奉献的高尚情操，党员干部应当以一往无前的奋斗姿态和永不懈怠的精神状态，拼搏苦干，在奋战新征程中留下奋斗足迹。

三、作风建设永远在路上

（一）要及时发现处置作风建设中的新问题

在全党整治不正之风高压态势下，“四风”等问题大有收敛，但也有的人不收手、顶风而上。2020 年全国查处违反中央八项规定精神的问题达 13.6 万多起。作风问题时有反弹，隐形变异，狡猾多端。我们必须以问题为导向，高度警惕，及时发现和处置作风问题的新表现新形式，彻底打掉作风问题的顽瘴痼疾。中央强调要高质量发展，要高效益的发展，要有高科技含量的发展。但有些地方有些班子形式主义、官僚主义仍然严重。对贯彻党中央决策部署仍然在做选择、搞变通、打折扣，特别是搞“包装式”落实、“洒水式”落实，“一刀切式”落实。有的部门为了应付上边的检查、督查，产生了严重的“痕迹管理”“留痕主义”。凡对上级部署的工作，从传达会议精神开始，都留有照片、录像、文件讲话、现场记录，并有意找一些所谓典型的全部影像文字材料，以备汇报和上级检查，浪费了大量的人力物力。习近平总书记讲：“要加强信息共享，不能简单以留痕多少、上报材料多少来判断工作好坏。……这方面要有个章法，把基层从提供材料的忙乱中解放出来。”时至今日，仍有的领导干部在搞假政绩。在搞“贴金工程”“面子工程”“有影响力的工程”，高额贷款融资，热心于建城市标志物，修大宽马路，建不必要的高架路、立交桥。群众讲，这不是发展，是给自己贴金，给后任挖坑。中央严肃批评处理的贵州省独山县举债近 2 亿元打造高 99.9 米的“天下第一水司楼”的祸国殃民的蠢事在有些地方还在发生。在一些工程招标中，仍存在“假招标、真关系”的乱象，索赂收礼仍时有发生。一些地方对农民利益受到侵犯仍无人问津等等。出现这些类似的问题并不可怕，可怕的是有些领导干部、有些部门对发生在自己身边的这些违法违纪事件，熟视无睹，袖手旁观，不管不问，等到上级追问、等到舆论哗然才去处理，这样即使当事人最后受到了严肃处理，但给党给国家造成的重大损失，却无法挽回。有些重大事件为什么不能早发现、早解决？为什么不能解决在苗头状态？这种现象需要认真对待、认真解决。

（二）从严从重打好持久战

作风建设永远在路上，永远没有休止符，要时刻绷紧正风肃纪这根弦，坚持打好持久战。要坚持从政治上把握作风建设问题。进入新阶段，风险挑战前所未有，必须确保党始终成为中国特色社会主义事业的坚强领导核心，就必须时刻抓好作风建设。党和国家各部门，广大党员干部都应从政治的高度看待加强作风建设的极端重要性、紧迫性。要不断提高政治判断力、政治领悟力、政治执行力，深刻认识不正确的政治本质和政治危害性，深刻理解在新的历史起点上加强作风建设的重要意义，准确把握作风建设的新阶段特征，聚焦突出问题，保持战略定力，不松劲、不懈怠、不停步，一锤接着一锤敲，不断抓出新成效。

第六节　深入持久开展反腐败斗争，为高质量发展构建崭新的政治生态

习近平总书记在党的十九大报告中强调："人民群众最痛恨腐败现象，腐败是我们党面临的最大威胁。只有以反腐败永远在路上的坚韧和执着，深化标本兼治，保证干部清正、政府清廉、政治清明，才能跳出历史周期率，确保党和国家长治久安。"

一、深刻把握反腐败斗争新态势

（一）充分认识新形势下反腐败斗争的极端重要性

我们党在第一个百年，取得了辉煌的成就。现在我国进入了新的阶段，开始了第二个百年新的征程。在新的征途上，我们面对百年未有之大变局，任务更艰巨，困难和问题也世所罕见。反腐败斗争一刻也不能停歇，永远在路上。腐败关系到党的生死存亡，关系到人心向背，关系到事业成败，这是被历史反复证明了的。

（二）充分认识反腐败斗争的新态势

习近平总书记指出："尽管党风廉政建设和反腐败斗争取得了历史性

成就，但形势依然严峻复杂，这是党中央从政治大局和工作全局高度作出的重大判断。”腐蚀反腐蚀的斗争长期存在，稍有松懈就可能前功尽弃，反腐败没有选择，必须知难而进。

（三）充分认识腐败问题的新表现

新的形势下，腐败问题表现得更为复杂、更为隐蔽、危害性更大。有的政治问题和经济问题交织，严重威胁党和国家政治安全。有的腐败问题和不正之风交织，“四风”成为腐败滋长的温床。有的自身腐败和“衙内腐败”交织，破坏发展环境和公平正义。有的境内腐败和境外腐败交织，反腐败斗争政治性和敏感性不断加大等等。各级领导干部必须切实担负起管党治党的政治责任，始终保持“赶考”的清醒，把反腐败斗争长期坚持下去。

二、继续加大反腐力度，持续保持高压态势

（一）从政治上看待腐败问题

必须引导党员干部从政治上看待分析腐败的严重性、危害性，引起全党高度的政治警觉。从党的十八大以来查处的中管干部违纪违法案件看，腐败分子往往集政治蜕变、经济贪婪、生活腐化于一身。党中央反复强调领导干部要守政治纪律和政治规矩，但仍有的置若罔闻，搞结党营私、拉帮结派，一门心思钻营权利；有的在换届中四处游说，请客送礼，搞非组织活动；有的政治野心不小，扬言“活着要进中南海，死了要入八宝山”；有的在其主政的地方搞“独立王国”，建山头、拉圈子，对中央决策阳奉阴违，为实现个人政治野心而不择手段等等。这些问题关系到党和国家政治安全，如果这些问题不解决，政治生态能好吗！习近平总书记指出：“腐败问题对党的执政基础破坏力最大、杀伤力最大，是最容易颠覆政权的问题，是党面临的最大威胁，反腐败斗争是一场输不起也决不能输的重大政治斗争，必须决战决胜。”

（二）严查严办党的十八大以来不收手人员

党的十八大以来，党中央加大了反腐力度，三令五申要求党员干部要遵纪守法，清正廉洁，可有的不回心、不收手，对此类案件要严查严办。从党的十九大后查处的腐败案件中看，有的位居要害岗位，表面伪装忠诚，背后对党中央大政方针说三道四、狂妄抵制，在政治上成伙作势、经济上

贪婪无度、道德上寡廉鲜耻。在一些权力部门，尤其在土地出让、工程建设、金融、国有资产交易、行政审批、执法司法、选人用人等领域，无法无天，胡作非为，不给好处不办事，给了好处乱办事，严重损害了党和政府的声誉，破坏了党的事业。有的将手中的权力，变成为亲属谋利的私器，有的干部子女家属倚仗权势，打着“做生意”名头，空手套白狼，攫取巨额不法利益。有的配偶利用职务之便，大肆插手工程项目，大发不义之财。有的亲属“靠山吃山”，开办关联公司，大搞损公肥私。还有的利用手中权力，在境内办事、境外收钱，有的跨境转移赃款，在境外投资、买房，搞“狡兔三窟”，随时准备“跳船”外逃等等。对这些大案要案如果掉以轻心，任其泛滥，或者查办不力，就会葬送我们的党，葬送我们的事业。我们必须痛下决心，坚定不移，一刻也不放松地查办好一切腐败案件。

（三）持续整治群众身边的腐败问题

要持续整治群众身边的腐败问题，让广大人民群众在反腐“拍蝇”中增强获得感，增强爱党爱国的政治觉悟，提高听党话、跟党走的自觉性。要坚决整治政法战线违纪违法问题，整治司法腐败问题，努力让人民群众在每一件司法案件中感受到公平正义。要推动扫黑除恶常态化，坚决打击黑恶势力及“保护伞”，决不让其再祸害百姓。要紧盯党中央惠民富民，促进共同富裕政策落实，对贪污克扣扶贫资金、惠农资金等腐败行为，绝不姑息。要持续纠治教育、医疗、养老社保等领域腐败问题，解决好群众的急难愁盼问题，让人民群众感受到党的关怀和温暖，感受到社会的公平和正义。

三、建立健全不敢腐、不能腐、不想腐的长效机制

（一）加强教育，重在治本

抓好干部的学习教育，是我们党的优良传统，必须抓实抓好。要让干部不想腐，要侧重于教育引导，真正在思想上筑牢腐败的防线。要教育引导干部认真学习党的理论，在当前要特别学好习近平新时代中国特色社会主义思想，补足精神上的钙，坚定理想信念，提高政治觉悟，牢记为人民服务的宗旨，事事想着党和国家，想着人民群众。经常学习党章，牢记入党誓言，不忘初心，牢记使命，经常反思检查自己是不是历行了共产党员

的义务，发挥了共产党员的模范作用。要经常学习英模先烈的英雄事迹，看看他们是如何为党尽忠、为国出力、为民造福的。要经常到群众中去，特别应到困难地区困难群众家中走一走问一问他们的收入、他们的生活。

（二）加强完善监督体系

干部腐败，很重要的原因是缺乏监督，腐败之风蔓延，与监督不力有关。要让干部不能腐，必须在完善监督体系、加强监督力度上下功夫。要坚持党内监督没有禁区、没有例外，强化自上而下的组织监督，改进自下而上的民主监督，发挥同级相互监督作用，让日常管理监督与党员领导干部如影随形，不留空白，要强化群众监督、舆论监督的作用，领导干部做了坏事，随时都有人揭发检举。要深化政治巡视，建立巡视巡察上下联动的监督网，继续健全派驻机构领导体制和工作机制，加强国家监督，形成纪律监督、监察监督、派驻监督、巡视监督“四个全覆盖”的权力监督格局。要把权力关进制度的笼子里。只要权力存在，就必须受到制约，否则就会被滥用。要合理确定权力归属，划清权力边界，厘清权力清单，扎细扎牢扎密制度的笼子。

（三）严厉制裁违规犯法腐败者

要使干部不敢腐，必须使党的法纪真正成为带电的高压线，有的胆敢以身试法，就要严厉制裁，使其身败名裂，不能有丝毫的迁就。2017年1月，习近平总书记指出：“不得罪成百上千的腐败分子，就要得罪十三亿人民。这是一笔再明白不过的政治账，人心向背账！”党的十八大以来，我们党反腐败决心大，要求严，处理及时，取得了压倒性胜利，但是对反腐败斗争形势的严峻性和复杂性一点也不能低估。我们必须一刻不停歇地坚持抓下去，必须坚持无禁区、全覆盖、零容忍，坚持重遏制、强高压、长震慑，标本兼治，建立健全不敢腐、不能腐、不想腐的体制、机制。

撰稿人：李新泰，原中共淄博市委书记、山东省委党校常务副校长、泰山学者

后　记

中国特色社会主义进入新时代，高质量发展成为时代主题。习近平总书记指出，“十四五”时期经济社会发展要以推动高质量发展为主题，“必须强调的是，新时代新阶段的发展必须贯彻新发展理念，必须是高质量发展”，“经济、社会、文化、生态等各领域都要体现高质量发展的要求”。

2019 年，21 世纪马克思主义研究院经教育部批准、由南开大学和中国社会科学院大学合办。该院成立两年多以来，在马克思主义基础理论创新、系统阐释习近平新时代中国特色社会主义思想、建设高端智库、开展学术活动等方面取得了很好的成效。

该院经济社会文化发展战略研究中心认真贯彻习近平总书记关于坚持新发展理念和视察天津提出的“三个着力”推动高质量发展的要求，发挥智库咨政建言功能，围绕天津先进制造业发展、产品追溯体系构建等方面的高质量发展进行了调研，锻炼了研究队伍，形成了一定的学术积累。在此基础上，研究中心组织相关人员进一步对当前我国各领域面临的有关高质量发展的重大理论与现实问题进行分析研究，形成报告，结集出版。在此，对各位参与者表示真挚的谢忱！

书中存在的不足不当之处，敬请读者和专家学者批评指正。

本书编委会

2021 年 11 月 1 日